李 彤 贾小强 季献忠 / 著

Digital transformation

企业数字化转型

技术驱动业财融合的实践指南

人民邮电出版社

北 京

图书在版编目（CIP）数据

企业数字化转型：技术驱动业财融合的实践指南 / 李彤，贾小强，季献忠著. -- 北京：人民邮电出版社，2021.2（2024.2重印）
（企业数字化转型与智能财务实践系列）
ISBN 978-7-115-54860-3

Ⅰ. ①企… Ⅱ. ①李… ②贾… ③季… Ⅲ. ①数字技术－应用－企业管理－研究－中国 Ⅳ. ①F279.23-39

中国版本图书馆CIP数据核字(2020)第176355号

内 容 提 要

数字技术并非始自今日，"大智移云物"和区块链技术近几年的快速发展和应用已经进入了一个从量变到质变的过程，需要企业站在更高的视角来理解数字技术对企业研发、生产、营销、运营带来的重大变化。这些变化正在影响新一代工业革命的演进路径，也在深刻影响区域经济和社会发展的范式与质量，加速全球产业分工协作和更高层次的一体化进程。

本书为"企业数字化转型与智能财务实践系列"的第2本，除了倡导企业要从战略层面高度重视这场扑面而来的数字化大潮之外，更从战术层面给出了企业主动参与这场变革的方法和实施路径，让企业特别是集团企业能够对照自身发展状况，选择合适的咨询、系统、设备、软件、实施等各类供应商、服务商，完成历史性的数字化转型。

本书内容新颖，案例丰富，语言通俗，适合企业管理者以及对企业数字化转型感兴趣的各界读者阅读。

◆ 著　　　　　李　彤　贾小强　季献忠
　　责任编辑　郭　媛
　　责任印制　周昇亮

◆ 人民邮电出版社出版发行　　北京市丰台区成寿寺路 11 号
　　邮编　100164　电子邮件　315@ptpress.com.cn
　　网址　https://www.ptpress.com.cn
　　北京虎彩文化传播有限公司印刷

◆ 开本：700×1000　1/16
　　印张：17.75　　　　　　　　　2021 年 2 月第 1 版
　　字数：273 千字　　　　　　　2024 年 2 月北京第 13 次印刷

定价：69.80 元

读者服务热线：**(010)81055296**　印装质量热线：**(010)81055316**
反盗版热线：**(010)81055315**
广告经营许可证：京东市监广登字 20170147 号

经济的发展、竞争的加剧以及技术的进步，给传统商业模式带来巨大冲击。层出不穷的商业模式和信息技术对企业财务模式及信息系统建设提出了新的要求。最近几年，我们深刻感受到，财务领域正站在向数字化转型的巨大变革转折点。在这个变革转折点上，我们更加深刻地体会到，以"大智移云物"和区块链为代表的新一代信息技术对财务领域的冲击和挑战。

一方面，随着线上与线下融合的新思想在企业运营中被广泛采用，传统的以事后处理为核心的财务模式因无法快速响应前端的管理需求而面临变革。企业需要实现对更广泛的业务（从记账、算账到报账、采购、税务等）的数字化处理，以适应前端的业务发展需求。另一方面，在社会发展和技术进步的推动下，经济波动的周期越来越短，企业经营变得越来越复杂和充满不确定性。同时，信息技术不断升级，信息、数据的产生和处理速度日益加快，使企业有能力对海量的财务数据和非财务数据进行收集、加工、分析和报告，同时也使企业可以获得更精细的数据、更实时的分析报告、更快的预测速度和更强的计算能力。传统的财务思维和技术已经无法满足企业的需求，企业需要不断引入新的思维和技术来应对这些挑战。

为此，笔者基于多年的财务专业积淀、技术研发经验和实践案例积累，组织编撰了"企业数字化转型与智能财务实践系列"丛书。本套丛书聚焦于新一代信息技术在财务领域的融合和应用，基于对财务核算和财务管理工作的创新与发展，全面探寻企业在数字化时代以数据赋能业务发展，实现数字化运营的行动路径。

笔者认为，实现数字化运营的核心有3点：用智能技术引领数字化运营、用业财税智能共享平台实现数字化运营、用中台思维建构数字化平台。

1. 用智能技术引领数字化运营

数字化运营涵盖信息系统自动化、智能化、在线化、实时化和业务流程的数字化等方面的要求。智能技术无疑是使数字化运营得以全面实现的基础技术和前提条件。

智能技术正被应用到财务工作的很多领域中，如应用财务机器人实现流程自动化，应用语音识别进行人机对话，应用图像识别进行发票审核，应用规则引擎进行管控决策。此外，还可以运用人工智能来洞察业务背后的规则。在不同环节中，人的手、眼、耳、脑的功能都会被相应的人工智能技术替代。

总体来看，帮助企业实现数字化转型的智能技术主要有3类：自然语言识别、机器学习和知识图谱。应用自然语言识别能带来更便捷的交互；引入机器学习、深度学习进行数据的自动分析，实现让数据自己"说话"；应用知识图谱进行知识的沉淀与积累，实现操作流程的自动化以及企业知识的沉淀。此外，机器人流程自动化（Robotic Process Automation，RPA）尽管严格来讲不属于智能技术，但它作为一种基于人类预设规则模仿人类行为的软件，被视为人工智能的前身，也是数字化时代企业实现会计处理自动化的重要技术工具。我们正在打造的财务机器人、业财税智能共享平台和智能管理会计平台就是这些技术在IT系统中的具体应用。

应用自然语言识别，系统具备了感知并认知自然语言的能力。用户可以通过自然语言给财务软件发出指令，让财务软件根据指令搜索并用语音回答用户，甚至用户能够用自然语言与之进行对话。当前，借助智能语言识别技术，实现用自然语音生成表格、用自然语音生成数据图表、智能提示、智能纠错的人机交互应用已经被嵌入元年科技业财税智能共享平台中。

应用机器学习技术，系统可以基于对业务知识的理解，进行科学预测、合理控制、智能分析，真正成为管理人员和财务人员的智能助手。同时，将机器学习与自然语言识别、知识图谱、图像识别等前沿的人工智能技术结合，还可以帮助企业实现商业智能（Business Intelligence，BI）的升级，实现自助式数据分析（自助BI），将之移动化、协同化，打造更易交互、更智能的新一代智能管理会计系统。

应用知识图谱技术，系统可以实现智能记账、全盘处理会计账务信息。例如，通过在业财税智能共享平台的税务共享系统上嵌入基于人工智能（Artificial Intelligence，AI）技术的智税图谱，系统可以自动检索与税务相关的政策法规，并与用户进行智能问答。

RPA 在财务领域的具体应用就是财务机器人。财务机器人可以替代人类，自动化地完成结构化、规则导向、可重复的财务工作，从而大幅提升财务人员的工作效率，并将大量财务人员从烦琐的财务工作中解放出来。由于财务机器人可以取代人工，完成低附加值的工作，高效完成重复性高并有逻辑性的工作，所以 RPA 技术已成为新一代智能共享系统中重要的技术支撑，可以挖掘 70%~90% 的财务共享流程自动化潜力，将财务人员的工作效率提高 1 ~ 3 倍。

2. 用业财税智能共享平台实现数字化运营

数字化运营的核心和关键就是实现业务的数字化，而实现业务数字化的前提则是实现对所有业务流程的在线化和显性化，不仅要把前端销售、物流线上化，而且要把后端的财务、采购、内部资源配置与前端的新型商业模式进行匹配。技术与业务结合越来越紧密和业务越来越依赖技术，是实现企业向数字化平台转型的必然趋势。

数字化运营实现的过程，可分为对外、对内两条线：对外记录所有交易过程，对内打通所有业务。然后通过一个统一的平台将整个业务串联起来，打通内外，实现互联互通。这个统一的平台就是业财税智能共享平台。

业财税智能共享平台是传统财务共享在"互联网 +"时代的革命性换代产物，其本质是基于新一代的信息技术，实现对企业更广泛的业务（从记账、算账到报账、采购、税务等）的数字化处理，并对企业的财务体系、业务流程、商业模式进行颠覆和升级。业财税智能共享平台包括 4 个部分：财务共享、采购共享、商旅共享和税务共享。通过财务共享，企业可实现财务部门与内部各分公司、子公司各部门的连接，进而实现所有交易的透明化、在线化处理；通过采购共享，企业可实现财务部门与内外部供应商、客户之间的连接，进而实现采购的互联网化，达到"一点结算、一点支付、一点核算"；通过商旅共享，企业可打通并接入众多商旅平台及供应商，实现在线申请、在线下单、系统自动执行预算、完成采购、统一结算；通过税务共享，企业可实现与税务机关之间的连接，进而实现税务信息的大集中，达到"一点开票、一点算税、一点看税"。

基于业财税智能共享平台，企业得以回归以交易管理为核心的企业运营本质。一方面，向前打通财务和交易，企业利用互联网开放和连接的功能，共享与合作伙伴、客户、供应商的交易数据；另一方面，向后支撑管理，企业业务流程的主线支撑管理会计信息，管理会计信息基于交易数据实时产生。

3. 用中台思维建构数字化平台

短短1年间，"数据中台"这一新概念以雷霆之势迅速渗透到整个企业界，甚至已达到"无企业不谈中台"的境地。笔者在一次调研中发现，有80%以上的企业已经在建设或在规划建设数据中台，这也从一个侧面反映了数据中台的普及程度。

在传统的信息化架构下，企业资源计划（Enterprise Resource Planning，ERP）系统、客户关系管理（Customer Relationship Management，CRM）系统、供应商关系管理（Supplier Relationship Management，SRM）系统、人力资源（Human Resource，HR）系统等在应用中呈现烟囱式的架构。这些系统彼此独立，每一个系统都有一整套完整的结构，既形成了大量数据孤岛，又造成了大量的资源浪费和数据损耗。数据中台则打破了这种烟囱式的信息化架构，通过在前台、后台之间增加一层系统，使新一代企业信息化架构从一系列套装软件系统的形式变为各种服务支撑下的一系列前端应用系统。这不仅将彻底解决企业的信息孤岛问题，提升数据采集和数据转换的效率与质量，还将基于中台"共享"和"复用"的特点，根除重复建设企业信息化系统的现象，为数据存储和数据管理带来便利。

具体而言，建设数据中台的目的是用数据赋能业务，打通底层数据，使数据得以共享，最终形成数据建模平台。数据建模平台可分为数据收集层、数据存储计算层和业务应用层。在数据收集层，企业将来自ERP、SRM等各个信息化系统中的业务数据、财务数据等结构化和非结构化数据直接汇入数据池中，实现统一、集中的数据收集；在数据存储计算层，企业通过数据建模，形成服务化的数据应用；在业务应用层，企业通过将数据融入具体的业务经营场景中，基于丰富的数据模型开展场景化应用，并以多样化的形式展现数据分析应用的结果，让数据赋能企业的业务发展。

数据中台应用了一系列的新技术，包括内存多维数据库、分布式计算、数据可视化、智能数据分析和机器学习等。内存多维数据库实现了提高数据时效性的革命性突破，分布式计算大大提升了数据计算的速度，数据可视化大大降低了决策的难度，智能数据分析让数据的价值被更充分地挖掘，机器学习令系统具备了自主分析的能力。所有这些新技术叠加起来，使新一代数据化平台拥有了更强的计算能力、更快的预测速度、更直观的决策支持信息和更加自动化的分析能力。

在具体应用上，智能管理会计平台是利用数据中台思维构建的智能共享平台之一。该平台将传统的管理会计与更加场景化、实时化的互联网大数据分析融合，并基于对新一代信息技术的深入挖掘和应用，对数据进行采集治理、存储计算和分析挖掘，形成有针对性的数据服务。

本套丛书的内容紧密围绕以上实现数字化运营的三大核心内容进行拓展，分别就新一代信息系统对智能技术的应用，以业财税一体化为核心的智能共享平台的构建和以中台思维为核心的智能管理会计平台的构建等问题进行详细的理论阐释和案例分析，希望借此为我国企业财务转型和数字化运营的探索之路带来有益的启发和切实的帮助。

由于编者水平有限，书中难免存在欠妥之处，恳请各位专家和广大读者批评指正。我们也希望本套丛书能抛砖引玉，引发大家对我国企业数字化转型之路的思考和探索，并借此推动和加速我国企业的数字化转型。

韩向东

北京元年科技股份有限公司总裁

数字技术有助于提高企业迭代升级的能力

人们常说"大破大立"。"破"是"立"的前提，但"大破"之后是否能"大立"是不确定的，这也是人们犹豫不决或者不愿意"大破"的原因。在"破"与"立"之间还存在着太多不确定的因素，导致人们对这个过渡时期缺乏信心。

市场环境瞬息万变，客户需求也千差万别，企业的管理手段也需要与时俱进，练"内功""向管理要效益"的主题依然没有过时。在信息化、数字化时代，客户的需求喜好、选择路径都在发生剧烈变化，整个商业环境已经完成了优化升级，企业自然要追随这种变化。但企业的转型变革不是小事情，如何针对市场的变化进行灵活应变是对企业的重大考验。企业要想解决破立之间的转型问题，就需要练就应对这些变化的能力。

企业转型升级需要具备的基础能力

笔者认为，企业的应变能力来自企业的基础能力建设，包括认知市场、洞察需求、摸清家底、模式重构、系统建设和持续优化六大能力，而数字技术在这六大能力的培养上可以给企业带来实实在在的帮助。

1. 认知市场

了解市场的动态变化，明确企业自身的技术、产品、能力在整个产业环境中的精准定位，是企业未来发展的重要基础。常用的 SWOT（Strengths，Weaknesses，Opportunities，Threats；优势，劣势，机会，威胁）分析方法能够大致勾勒出企业所处的位置，而收集大量的数据是完成 SWOT 分析的前提，越来越多的数字化营销工具让这些分析更加精细、准确。

2. 洞察需求

在明确企业的行业定位之后，就要更加深入地洞察、剖析典型客户的具体需求。分析客户在其产品、生产、运营、研发、营销、服务上的具体痛点；作为上游供应商，参与下游客户的需求分析，帮助客户满足其客户的需求，是企业更加精准定位自身在供应链中所处的位置，以及准确把握客户需求的有效办法。而这同样需要供应链数字化经营工具的支持。

3. 摸清家底

摸清家底其实并非易事，需要专门的数据采集和报表汇总方式，才能让管理者准确了解企业的运营状态，并根据未来市场的变化做出符合实际的预测和规划，以做到不贻误良机，也不丧失机遇。多年来构建的 IT 应用系统为企业的数字化运营奠定了很好的基础，但仍需要利用管理会计、数据分析方法，打破数据孤岛，根据客户需求制定多维度的经营分析方案，以提升客户管理决策的能力。

4. 模式重构

针对市场发展动态、客户需求的变化进行商业模式重构是一件经常发生的事情。不同的发展阶段，必须采用不同的商业模式，企业战略每隔 3 ~ 5 年必须重新确立。数字化的管理运营系统为企业商业模式重构奠定了良好基础，它也是企业保持良好应变能力的重要保障。

5. 系统建设

系统建设包含两个方面：一方面是软性的系统建设，包括组织机构重组、管理模式的变化等；另一方面是数字化的生产、运营和管理系统的建设，包括更换更加智能的数字化设备、运营系统和分析系统。"无系统不经营"可能是数字时代的常态化需求，商业模式变革、管理方式的升级换代都依赖 IT 系统的灵活性、易用性。IT 系统的灵活性、易用性也是企业应变能力的重要体现。

6. 持续优化

在数字化系统的支持下，企业更能够拓宽视野，展开更具前瞻性的战略规划，为企业提升业绩和优化管理建立符合市场变化的体系与应用系统，确保企业在不同阶段都能保持持续优化的能力。数字化技术为企业的持续优化提供了很好的基础条件，这对于企业建立持续优化的机制非常重要。

数字技术构建企业灵活应变的有效架构

尽管变化是这个时代不变的特征，但企业在一个时期内需要一个相对稳定的战略。转型并不意味着一切都要推倒重来，因此，企业既要应对市场的快速变化，又要保持企业战略和管理思路的相对稳定，从而需要一个快慢匹配、动静结合的架构。

中台架构在 2019 年流行和被企业普遍接受的原因，就在于其满足了企业在快速变化时代现实、迫切的需求。所谓中台是相对于前台和后台而言的。前台通常是指面向客户的市场、销售和服务部门或系统，后台则是指技术支持、研发、财务、人力资源、内部审计等支撑部门或系统。对前台来说，对客户需求做出快速反应是其基本职责。

在传统架构中，前台需要得到后台的指令，包括业务和数据的指令，但后台的反馈速度往往很慢，无法满足客户的需求，因此会造成很差的客户体验；后台系统是一套相对完整的系统，流程规范、管理制度严格，无法为了前台的需求而彻底改变，而前台的业务变化太快了，后台无法做出及时的分析和判断。产生这个问题的原因其实就是前台、后台系统本身属于两个管理体系。一个是面向市场，运转速度必须要快；一个是处于后台，更多地强调标准、规范，运转速度慢。要把前、后端结合起来，就必须再加一个中台平衡前、后端的运转速度，这样才能做到很好地协同。对企业来说，前端拥有大量订单并非都是好事。如果节奏掌握不好，生产、采购、物流和内部管理没有与前端营销密切配合，运转速度不匹配，很可能会影响企业的正常运营，带来无法挽回的后果。

企业培养认知市场、洞察需求、摸清家底这 3 种能力既需要了解前端市场的动态变化，又需要后端管理层在进行深入分析、判断后，迅速做出决策。很显然，前、后端的运转速度和管理特点大为不同，非常需要通过中台建设来平衡、匹配。模式重构是指要从管理架构上把握前、后台的分工，确保在组织、人力和管理目标上的专业化分工与总体目标一致。系统建设就是要通过数字技术、信息系统让重构的组织、制度和管理方法能够得到有效的延伸。持续优化是企业需要长期具备的能力，中台架构的搭建使得企业应对市场变化的能力大幅提升，在局部不断优化的基础上，企业获得整体优化的能力。

中台建设的目的之一就是解决重复建设和资源共享的问题。随着企业规模的不断扩张，共享程度低、数据孤岛、信息传递不通畅等问题越来越突出。新的商业模式和企业价值链要求企业后台的部分服务职能前移，使后台管理"能听得到前线的炮火"，更好地支持前台和客户的需求，快速为前台提供更多、更快的"炮弹"，也就是说，中台系统既要集中优势资源，又要为前台赋能。

商业模式和IT架构的关系类似于政治经济学里的生产力和生产关系的关系，数字技术带来的进步势必会促进商业模式的转型和优化，而新的商业模式必然要求企业具备新的技术体系来适应新的运营方式。这些年来，我国企业没有停止自主创新的步伐。新的商业环境变化也在呼唤新一代的企业IT架构，中台架构的出现正是我国企业为了适应竞争环境不断探索、调适的结果。

用数字技术构建企业转型的基础能力，从而进行企业整体的优化改造，已经成为企业的必然选择！

贺小滔

中国石油化工股份有限公司西北油田分公司总会计师

数字化转型：集团企业时不我待的成长蜕变

传播规律告诉我们，一项新技术的传播、发展、成熟、应用总会经历这个过程：新技术一推出即被媒体、公众过度关注，原来的技术失去新鲜感，甚至被质疑，然后被更新的技术迭代，再然后该技术应用逐渐广泛，成为大众所接受的常态，最后如果没人提起，就"泯然众人矣"。2018年的数字化转型、2019年的中台概念，大致都经历了从备受关注到渐失新鲜感的阶段。但人们对其内涵、本质以及相关影响的理解还远远不够，有很多具体的应用还有待深入探讨，其更多的价值还有待挖掘。尽管有部分思想开阔、眼光长远的企业家看到了这一威力无比的巨大冲击波，但更多企业在转型问题上还停留在观望、跟随的状态，既没有时不我待的紧迫感，又不知道该做怎样的整体规划来应对改变。

转型是主动求生的蜕变成长

软银集团创始人孙正义在2013年的软银世界大会上提出"要么数字化，要么'灭亡'"的论断，并通过出售阿里巴巴股权和募集大量资金，对数字化相关产业进行大幅度的持续投资。孙正义的论断像极了当年柳传志对ERP的判断——"上ERP'找死'，不上ERP'等死'"，尽管慷慨激昂，很容易吸引公众的注意，传达出置之死地而后生的悲壮气概，但也容易把问题夸张化，让企业徒生恐惧感。

正如 ERP 助力企业信息化管理早已成为企业"标配"的结果一样，对数字化转型初期的悲观情绪早已被褒贬参半的实际应用替代。没有一下子就能解决所有问题的完美系统，只有配合企业成长的不断迭代的系统。因此，与"灭亡""找死""等死"相比，对于企业信息化、数字化转型结果，可以用"蜕变"来准确描述。对企业来说，无论是战略调整、组织变化还是管理系统改造升级，都是彻底醒悟之后的断臂求生、丢卒保车，用自我革命的态度和手段让企业获得蜕变、成长。数字化转型从 20 年前概念萌生到如今已经变成司空见惯的现实，从生活的各个层面到企业运营的各个领域，数字化转型就是在原来的基础上不断优化、升级。

实际上，学会主动转型对优秀企业来说是一项必备技能，因为已经丧失良机的被动转型的成功概率不高。每一次技术进步带来的跨越式发展对每家企业都是公平的，甚至对后来者还有不带包袱的后发优势。如果自己不抓住机会，就会被别人弯道超车。当别人另辟蹊径，用新的方式解决问题，满足客户需求，而你没能做到的时候，这就意味着你没有行驶在时代前进的航道上，你也就丧失了存在的价值。

数字技术的进步不是单一维度的，而是多项技术的突破、发展、融合所引发的一种质变的过程。我们经常说的"大智移云物"，其中每一项技术都为其他技术的推广应用推波助澜。物联网的发展解决了数据探测、采集的需求，为大数据分析提供了基础保障，为人工智能应用提供了判断依据；移动技术的发展，尤其是 5G 时代的到来，不仅加快了数据传输的速度、提高了效率，更创造了多样化的应用场景；云计算的发展不仅解决了数据存储的问题，也改变了软件运行的环境和应用、维护方式，为移动化、人工智能应用带来更多的可能性。

集团企业因其产业规模、资金实力，对城市、区域、社会的发展价值更大。有生生不息的企业群体才会形成产业，有产业才会有人才聚集，有人才聚集就会带动其他产业的发展，因此，产业是促进城市进步发展的牵引力量。数字技术在过去更像是助力产业发展的好帮手、好工具，在今天，数字技术更是从产品、生产、运营的角度来改变企业的运营模式，推动产业转型。金融数字化一直走在前列，很多金融产品本身就是数字技术的应用成果。

因此，今天的新兴产业一定是数字技术和其他专业技术共同推动的结果，智能产品、智能设备、智能管理都是基于数字技术完成的。数字技术不仅是推动传统企业优化升级的工具，更是商业模式创新和企业转型的重要推动力。产业、金融和信息技术三者融合在一起，才能推动经济社会的优化升级和可持续发展。

转型要有时不我待的紧迫感

2019 年 6 月 23 日，比尔·盖茨在一场活动中提及自己犯下的最大错误：因经营不善，给了谷歌收购并推出安卓（Android）的机会。盖茨还进一步表示："非苹果操作系统只有一个，它值多少钱？如果它属于我们，将会有 4 000 亿美元从谷歌公司转移到微软公司。"

后悔药当然是没有的。微软公司失败的真正原因其实在于微软公司当年试图用 PC 时代的 Windows 操作系统和思维模式服务移动端用户，而没有看到移动互联网时代与 PC 时代需要的是两种截然不同的软件应用场景和商业模式。即便是如比尔·盖茨这样的成功者，在公司转型的关键时刻，也曾和普通企业家一样没能抓住这次机会。

年轻时的比尔·盖茨则非常敏锐地预测到 PC 时代的来临，不惜从哈佛大学退学创办微软公司，抓住了历史机遇，成就了微软公司的辉煌。比尔·盖茨表示，自己当年辍学创业是时不我待的成熟选择，虽然错过了几年的大学教育，但他从来没有停止学习；如果自己的儿女走自己的老路——辍学创业，他也会支持。

5G、人工智能、大数据、物联网等新技术不断涌现、相互融合，我国市场的消费升级、强大的产业配套能力、数字化的全球化 2.0 时代正在酝酿一个新时代，这是一个非常确定的发展趋势。集团企业的决策者们是否有年轻时的比尔·盖茨那样的决断能力，有时不我待的紧迫感？

首先，既要关注主业，也要勇于跨界。

尽管数字技术的变化让人眼花缭乱，但企业还是要重点关注自己的主业，充分思考如何用数字技术推进自己的产品、生产和管理方式的改变。但同时企业也要开阔思路，勇于跨界，延伸产业链条，突破传统主业的天花板，获得更大的发展空间。

其次，让数字技术走向舞台中央。

随着 BI 和 AI 技术的应用，企业家对信息技术、数字技术给企业经营带来深刻变化的感知越来越直接，参与感越来越强，很多应用场景其实都是企业家和企业高管精心设计的结果。数字技术的应用与生产线的选择一样成为企业关注的核心内容之一，功能强大、灵活便捷的数字研发与管理系统让企业家的创意有了更多实现的可能性。

最后，企业关注顺序变为合规、效率、成本。

数字技术让监管机构也有了更加便捷的监管方式，金税三期的上线以及更多税务管理系统的上线将大大增强税务征管和稽查能力，也促使企业走向更加合规的运营状态。因此，原来特别强调成本的企业，也慢慢变成首先要强调合规，因为违规带来的风险和成本越来越高。其次关注的才是效率和成本。

企业希望通过数字化管理系统来提升管理的透明性，用管理会计和业财税智能共享平台来反映企业运行的真实状态。在此基础上，企业再进行成本分析、流程优化，找出影响成本和效率的环节加以改进。

转型是谋定而后动的顺势而为

牵一发而动全身，集团企业面临数字化浪潮带来的转型，压力也更大，谋定而后动的顶层规划不可或缺。从未来发展的视角来做今天趋势性的排兵布阵可能要求太高，但顺势而为的审时度势是企业规划的必然选择。

首先，数字化改变了产业转移路径。

在工业革命和全球化的过程中，成本是产业转移的重要因素，在带动当地经济发展、成本上升之后，再发起一轮新的产业转移。随着我国劳动力成本的提高，部分在我国的外企回流、转移，部分中资企业外迁的最初动因也大多出于制造成本的考虑。但随着数字化技术的推进，尤其是机器人、智能设备、智能工厂的发展应用，劳动力成本在整个产品成本构成中的比例越来越小。

随着电商化、移动化应用等数字化营销场景的变化，了解客户需求、根据客户需求定制个性化产品、产品交付的客户体验感在产品设计与生产中的作用越来越大。产业转移的目标是离市场更近，而我国市场的消费升级和强大的产业配套能力成了更多产业驻留于此的强大理由。

其次，产品数字化和数字化产品。

CAD（Computer Aided Design，计算机辅助设计）、PLM（Product Lifecycle Management，产品生命周期管理）软件在产品设计方面一直起着非常重要的作用，为整个产品生命周期的数字化管理打下了良好基础。与此同时，赋予传统产品数字化的特征也是拓宽产品应用范围、提升产品管理水平和商业模式创新的主要途径。例如，在传统产品上附上 RFID（Radio Frequency Identification，射频识别）电子标签，就能方便地追踪产品的流向、客户分布情况；通过让产品联网，使得客户在应用产品的过程中可以将其与 App 联系起来，客户可以远距离观察产品的使用情况；在大型设备上安装相应的传感器等物联网装置，就能收集到设备运营状况，制订维修和零配件供应计划等。

一般的电子产品都可以方便地改造为数字化产品，家用电器、娱乐设备的数字产品越来越普遍，设备互联让客户对产品的控制和 App 应用更加顺畅，客户体验感更好。根据不断收集汇总的数据情况，企业可以设计出个性化、多场景应用的数字化产品。例如，加入游戏模式的互动环节、基于基础数据得出的建议等。

再次，数字化的智能制造。

智能制造的基础是数字技术，无论是三维打印，还是智能工作中心、智能工厂等，都是基于数字技术的应用。自动化、物联网设备的大量应用是一个必然趋势，企业应该根据自身的发展规划对这部分技术改革做相应的资金、人才规划。

最后，经营管理的数字化。

经过几十年的信息化建设，企业已经有了 ERP、CRM、HR、SCM（Supply Chain Management，供应链管理）等各类独立系统。分阶段建设的 IT 系统变成一种烟囱式架构，每个系统都有用户管理、权限管理、表单定义、流程管理等功能。管理者若想查看经营分析报告，需要分别从各个系统中获取数据，而烟囱式的 IT 架构阻碍了数据共享。要想利用互联网把企业连接在一起，打通交易各方，聚焦客户和产业链协同，同时发挥数据的更大价值，显然传统的 IT 架构已经无法达到这样的要求，企业需要重新设计基于中台的 IT 架构。

中台的基本思想就是不重复造"轮子"（应用系统），而是把共享的部分提炼出来，变成一个可以被其他业务单元引用的基本功能，为前端的业务赋能。新架构完全是基于云原生开发的，支持公有云、私有云部署，提供可定制化的功能，利用多维内存数据库技术打通业务中台和数据中台。随着企业数字化技术越来越成熟，企业业务流程的设计也从以管控为目的向以赋能为目的转变，逐步演变成"数据＋算力＋算法"的经营管理方式，真正实现企业的智能化运营。

段大为
科大讯飞股份有限公司高级副总裁兼 CFO

中国企业在未来发展进程中面临两大挑战：一是业务创新，二是管理变革。前者需要对企业所处的行业、赛道重新认识，并做前瞻性预判，完成自己的战略定位；后者则需要在新战略指导下，利用新科技，尤其是数字科技手段，完成管理模式、运营方式的转型，不断降本增效，实现企业战略目标。这两者背后的推动力量都是数字技术的快速发展。也就是说，未来中国企业的一个共同使命就是都要完成数字化转型，才能在数字时代保持竞争优势，立于不败之地。

《企业数字化转型：技术驱动业财融合的实践指南》就是在这样的一个大背景下进行策划、思考后的结果。丛书编委会和作者群体就这个话题进行了多轮讨论，结合经济政策环境、技术发展趋势和企业需求特点，几易其稿，终于完成了本书的撰写工作。

本书在简要介绍数字技术的发展规律和趋势之后，着重从业务、财务和技术三个层面进行具体论述并给出一些建议。针对的读者对象包括制造业、服务业的企业群体，关注财务转型、企业数字化的师生群体，并以此向各位专家学者请教。

把握数字技术的发展规律

在数字技术发展规律的篇章中，我们着重引用了美国 Gartner 咨询机构每年都要发布的新兴技术成熟度曲线图，让我们更加清晰地理解，每一项新技术的兴起、成熟和应用都有其自身规律。一开始在概念阶段的喧嚣并不意味着在后期应用落地时的满堂喝彩，反而会陷入一个阶段的沉寂，甚至被质疑。在经过一段时间的迭代优化之后，新技术的应用模式更加成熟，才会逐渐显示出其强大的商业价值。等到被普遍应用之后，可能会被公众熟视无睹，不再对它过多关注了，可能这才是这项技术真正发挥最大应用价值的时候。

企业既要不断关注技术发展的前沿趋势，也要对其是否适合企业自身的应用把握好节奏。太早追赶也许投入的成本过大，收益不大；追踪太慢，则失去了领跑机会。这需要企业的技术功底，也需要战略眼光。

数字技术不仅对企业自身的行业应用有很大的影响力，甚至改变了整个商业模式、产业生态。同时，数字技术也对业务开展、经营管理、财务控制、业财税融合等管理层面的影响非常深远。财务数字化、企业整体数字化转型的进程永远在路上，需要企业不断地引入新技术、新理念和新应用，让企业自身的业务转型与管理转型和谐共振，才能达到企业发展的最佳境界！

业务运营的数字化

在业务篇中，我们着重论述了数字化营销、智能制造、采购数字化、商旅数字化几个部分。

消费互联网的兴起让人们看到借助互联网等数字化手段是提升营销业绩的有力武器，以科特勒为代表的营销理论在数字时代有了新的解读方式，数字技术让营销行为更趋近于经营本质，整合营销成为主要的营销方式。

互联网让内容的传播速度更快、影响更广。内容营销通过社交平台、新媒体等渠道瞬间传播到千家万户，让内容产生销售机会成为一种必然，对内容本身的管理就显得更为重要。

产品数字化让企业对产品流向的把握更加精准，也有了基于大数据的分析基础。互联网改变的整个营销环境让企业的获客之道焕然一新，实体门店的流量被虚拟世界的流量所取代，不断提高流量转化率成为提升数字化营销业绩的主要目标。人们对移动终端的广泛使用，让移动化的营销方式成为数字化营销的重要内容和主要手段。

智能制造是制造企业数字化转型的核心内容，产品研发的数字化进程是制造业数字化的基础，发轫已久，积累丰富。从产品研发到智能工厂，再到工业互联网，中国企业在智能制造领域有了很多尝试，5G 技术的应用让工业互联网有了新的发展思路和路径。

采购与营销是企业数字化转型的重要两翼，也是打通整个供应链管理的两大核心。传统的采购模式已经无法适应时代发展的需要，必须采取电商化、数字化采购方式，解决采购流程不顺畅、采购与供应商之间缺乏有效协同、采购系统和财务系统在管理流程及数据共享上的分割状态等问题。

企业对商旅管理的重视程度与日俱增。一方面商旅支出是企业成本的组成部分，另一方面，商旅管理的效率低下，直接影响到差旅体验和商务出行效果。本书建议将商旅管理纳入企业全支出管理范畴，让商旅管理与整体采购管理结合起来，并融合财务、预算、行政、人事等相关规则，使流程合规、报销便捷，甚至达到"消灭报销"的理想境界。

财税管理的数字化

财务管理的数字化涉及财务共享、管理会计、税务共享等几个话题。

最初的财务共享中心以"降本增效"为己任，而随着经济环境的变化和信息技术的发展，财务共享服务的模式和价值也在不断进化。

在财务共享 1.0 阶段，企业把标准化流程、重复性的工作集中起来，既满足集团管控、财务大集中的要求，又能提高工作效率，减轻分子公司的专业压力，让分子公司的灵活性和集团政策落实、资源协同得到更好的融合。在财务共享 2.0 阶段，共享系统与采购交易系统、税务管理系统相集成。在大数据、云计算、互联网、人工智能等技术的渗透下，可以建立以数据共享为核心的智能财务共享体系，进入财务共享 3.0 阶段。大量业务交易产生的实时数据，为数据建模、分析提供了准确、全面、系统的数据来源，成为企业业务调整的依据和决策指导办法。

管理会计在数字技术的推动下，也呈现出中台化、大数据化、实时化、场景化、运营化、自动化、智能化、移动化与可视化的发展趋势。数据中台打通了底层数据，管理会计不需要依赖于财务会计提供的信息就可以自动进行数据处理。管理会计提供的信息量更大、信息更复杂、颗粒度细、更实时化、频率更高，而财务会计提供的信息更规则化、定时化。企业可以基于业务信息，首先形成管理会计的完整信息，再基于管理会计信息生成财务会计规则化、格式化的信息。企业的信息结构就变成管理会计是财务会计的底层，重塑了财务会计和管理会计的关系。

同样，税务管理的数字化也迫在眉睫。随着金税三期工程的深入应用，更多的业务和财务数据都已经反映在国家税务总局的数据库中。企业在税务数字化的总体思路和应用部署相对滞后，已经严重影响了企业的战略规划和运营绩效，税务共享服务中心是企业提升税务数字化管理水平的重要手段。

税务共享中心以集团集中为核心，利用互联网等信息化手段，通过信息共享、IT 共享、服务共享和知识共享实现税务机关、纳税人等有机结合的统一整体，消除信息传递的中间环节，实现资源配置的优化。同时承载大企业集团全税种、全主体、全业务、全流程的税务管理应用工作，实现低成本、高效率、低风险的企业税务管理目标。

数字化转型的技术支撑

技术进步和商业应用始终是相辅相成、互相促进的关系。数字技术推动了整个商业环境的变革，商业变革反过来又对技术应用模式提出新的需求，企业要完成数字化转型需要应用大量数字技术。本书在技术篇章中，重点论述了商业智能与大数据、内存计算、云计算与中台架构、人工智能、区块链等新一代信息技术，企业利用这些技术搭建适应数字时代的新 IT 架构，并支持更多数字化应用在企业的落地实施。

云计算的出现使得计算机的运算能力得到大幅提升，IT 应用不再依赖于局域网内服务器的性能。而 IDC（互联网数据中心）和网络通信能力的不断增强，让云服务成为 IT 应用的常规模式。企业上云成为企业数字化的基础条件，企业各类软件的应用模式也出现了革命性的变革。移动通信的快速发展，让更多用户可以通过手机等终端设备的移动应用就可以完成工作，呈现出崭新的应用场景。

云计算支持企业把业务运营在线化，并且链接交易业务和经营管理的全流程。同时，企业对基于数据的实时决策要求越来越高。管理会计模型越来越趋向于脱离基于 ERP 的数据仓库，而直接连接业务数据，建立管理会计模型，实现业务流程、数据实时联动和闭环管控的模式，这也将成为互联网时代财务管理模式转型的必然趋势。

数据的收集、存储、分类和应用让企业管理的形态发生了巨大改变，大量原来不被关注和收集的数据被收集起来，企业内部数据和外部互联网的大数据关联起来。通过数据整理、AI 建模，为数据分析和场景化应用打下坚实的基础。

算力的不断提升为人工智能的深化应用铺平了道路，人工智能开始进入感知智能和认知智能阶段。运算智能让系统"能存会算"，感知智能让系统"能听会说，能看会认"，而认知智能让系统"能理解，会思考"，也就是可以联想推理，而内存计算和多维数据库对分析型应用至关重要。

商业智能从单纯地以企业内部数据为主，变成了覆盖企业内外部相关数据的全面分析工具，让企业决策更加接近于市场变化的实际情况，"凭感觉、拍脑袋"的人工决策将逐步让位于基于大数据的分析结果而进行的智能决策模式。在管理会计领域，未来真正的挑战就在于如何突破认知智能阶段。在这个阶段，系统要基于对管理科学的理解，进行规划、控制、预测和分析，给企业管理层更加精准、及时的决策分析依据，助力智能决策。

突破认知智能阶段所依靠的是以机器学习为核心的智能技术。机器学习可以用来解决多变量、很难用一个规则来计算的计算模型。通过机器可以采集大量的预测参数，对数据的输出进行快速计算。基于机器学习技术，系统可以基于对业务知识的理解，科学预测、合理控制、智能分析，真正成为管理和财务人员的智能助手。结合自然语言处理、知识图谱、图像识别等前沿的人工智能技术，机器学习还可以帮助企业实现商业智能的升级，实现自助式数据分析平台（自助 BI），辅以移动化、协同化，打造融合战略规划、经营计划、开放式预算、滚动预算、经营预警到绩效管理等应用的，更易交互、更智能化的新一代智能管理平台。

从早期的会计电算化到 ERP 普及，财务系统一直在中国企业信息化的进程中扮演着重要角色。2019 年蓬勃兴起的中台概念给企业构建新的 IT 架构带来的新的理念和方向。以财务共享、管理会计、数据分析为基础的智能财务系统将再次承担历史重任。从业财税一体化的平台建设开始，逐步推进到采购、商旅和更多领域的智能共享，直至完成企业整体的数字化转型。而自然语言、语音识别等 AI 技术的应用，让企业的运营管理更加智能化。

长期以来，传统的套装软件和各自开发应用带来的"烟囱式"架构让企业难以适应数字时代的需求，以"业务中台＋数据中台"的大平台架构，为企业改变带来了新的契机。利用互联网、云原生、微服务、AI 等最新技术应用，企业可以灵活搭建业财税一体化的财务共享、管理会计和场景化的数据分析应用。底层的用户权限主数据流程被完全打通，具备了实时管理报告的基础。利用新的技术，为新的应用需求搭建新的 IT 应用架构，这将成为企业数字化转型必须要完成的基础性工作。

企业在进行数字化转型的过程中，关注和把控非技术的管理也至关重要，尤其是要注意数字化转型过程中的各类风险。企业数字化转型毫无疑问也是"一把手工程"，高层领导不仅是转型的支持力量，也是转型效果的最终受益者。希望企业不要在如何开启数字化转型问题上纠缠太久，避免陷入为技术而技术的陷阱，保持改革的连续性。

结论

每一次技术进步都是生产力的解放和升级，对生产关系的升级发展产生巨大的推动力量。随着数字时代的到来，以 ERP 为核心的传统 IT 架构已经明显落后于时代。原来的紧耦合流程需要被重新解耦，并根据不同的应用场景重新进行组合。微服务架构的需求更加强烈，让原来分散重复的职能设置和管理流程重新被梳理整合，不断发挥集约化、共享化的运营优势。与此同时，经过长时间运营的企业管理系统积累了大量的数据，将得到进一步挖掘整理，更好地发挥数据价值的作用。

正像林毅夫教授所指出的那样，中国经济在不久的将来一定会成为世界经济的中心，一定会催生新的经济理论来解释新的经济现象，而这些理论必将为其他地区的经济发展提供有效的理论指导。不断壮大的中国企业应用市场也正在呼唤我们自己的世界级企业软件。只有真正把握市场需求，不断吸收借鉴技术发展成果，不是亦步亦趋地盲目跟随，才能开发出适应未来发展趋势、不负企业需求的时代精品！

本书的出版目的就是给更多企业提供在技术驱动下的业财融合的实践指南，推动更多企业根据自身需要，完成数字化转型的历史重任。

目录

第 ③ 章

智能制造 / 035

第 4 章

财务篇

第 6 章

财务数字化之财务共享　/　094

第 7 章

财务数字化之管理会计　/　112

第 8 章

税务数字化 / 147

技术篇

第 9 章

商业智能与大数据 / 164

第 10 章

云计算和中台架构 / 195

第 11 章

人工智能的应用 / 213

第 **12** 章

搭建适应数字化的 IT 架构　/　233

第 **1** 章

数字技术的
发展趋势

　　迭代、升级、转型是企业成长过程中的必经之路，数字技术已经颠覆了整个商业社会，利用数字技术完成商业转型也是企业的必然选择。尽管深入生活、工作各个领域的、复杂的数字技术让人有些眼花缭乱，影响选择和决策，但我们必须重新梳理各种信息线索，找到事物发展的规律，搞清楚我们现在处于什么阶段，未来会往哪个方向发展。

　　如果选择得当，展现在面前的就是一次重大的发展机遇；如果选择不当，错失良机，则这波浪潮与你无关。因此，在开始关于数字化转型会给企业带来何种深刻变化、企业怎样完成蜕变成长的话题之前，有必要对我们现在所处的环境有一个基本的认识。从更高的维度、以多维的视角来分析，并根据所处的环境和现有的条件，清晰规划未来的发展方向。

1.1　技术革命的发展规律

1.1.1　技术发展的成熟度曲线

　　技术发展有其自身规律，一项技术从概念阶段到成熟应用阶段的过程中会受制于各种外在条件。因此，考察一项新技术如何走向成熟应用也是分析技术发展规律的重要内容。美国著名 IT 研究和咨询机构——Gartner 公司在 1995 年提出的新兴技术成熟度曲线（The Gartner Hype Cycle for Emerging Technologies）就是一个很好的反映技术发展规律的指标。Gartner 公司的新兴技术成熟度曲线如图 1-1 所示。Gartner 公司通过分析预测，把各种新兴科学技术发展阶段以及要达到成熟阶段所需的时间绘制在一条曲线上，有助于人们了解市场当前的热点技术以及技术的未来发展趋势。每年的曲线图报告几乎是对最新技术的一次总结和对比，可以给人们带来很大的启发。

以时间作为 x 轴，以期望作为 y 轴，可将新兴技术与公众、媒体的关注度关系分为 5 个阶段。

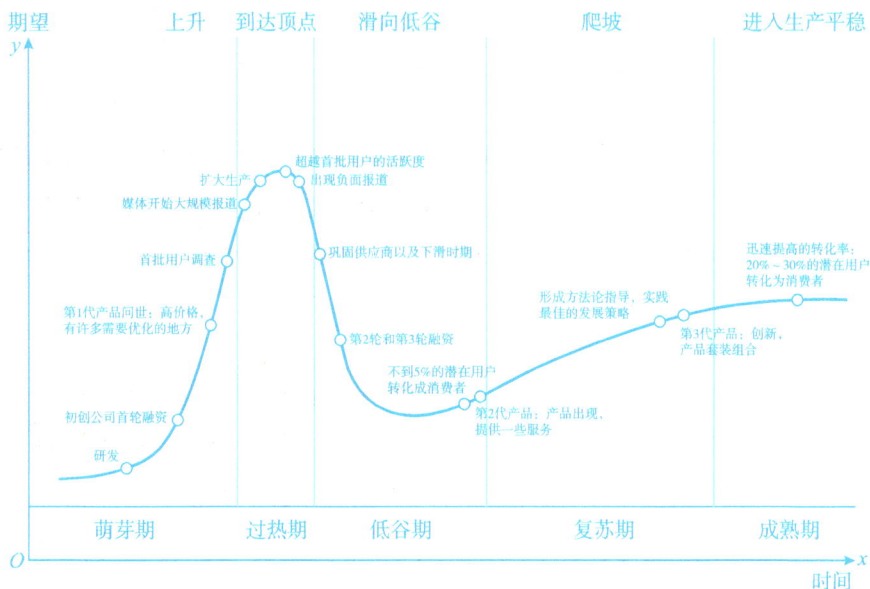

图 1-1　Gartner 公司的新兴技术成熟度曲线

第 1 阶段（萌芽期，Innovation Trigger）：当新技术的诞生被业界和媒体关注时，大众或者业内人士对新技术的期望值越来越高。

第 2 阶段（过热期，或称期望膨胀期，Peak of Inflated Expectations）：公众的期望值达到顶峰，有少量用户开始使用该项技术生产产品。

第 3 阶段（低谷期，或称幻灭期，Trough of Disillusionment）：随着这项技术的缺点、问题、局限逐渐暴露，失败的应用案例比比皆是，公众的期望值逐渐降低，只有少数幸存者才能继续获得投资。

第 4 阶段（复苏期，Slope of Enlightenment）：经历此前的种种失败后，此项技术可带来的经济效益逐渐清晰并得到更广泛的理解；技术发明者陆续推出第 2 代、第 3 代产品；技术得到尝试性的应用。

第 5 阶段（成熟期，Plateau of Productivity）：生产平稳期，该技术产生的效益可以被证明和接受。越来越多的组织对降低的风险水平和增长的速度感到满意。

回顾 2000 年的互联网泡沫破灭到今天某些公司取得的蓬勃发展，大部分公司的每项技术几乎都经历了上述 5 个阶段。时至今日，仍然有大量的新技术正处在不同的发展阶段。

1.1.2　战略性技术发展趋势

战略性技术发展趋势的定义是：具有巨大的颠覆性潜力、脱离初期阶段且影响范围正不断扩大、用途正不断增多的技术。这些趋势在未来 5 年内迅速增长、高度波动、预计达到临界点。Gartner 公司认为 2020 年十大战略性技术发展的趋势具体如下。

1. 超自动化

超自动化是一个为了交付工作，涵盖了多种机器学习、套装软件和自动化工具的集合体。超自动化不但包含丰富的工具组合，还包含自动化本身的所有步骤（发现、分析、设计、自动化、测量、监控和再评估）。超自动化的重点在于理解自动化步骤的作用范围、彼此之间的关联以及它们的组合与协调方式。

该趋势由机器人流程自动化开始，但仅机器人流程自动化还称不上超自动化，超自动化需要组合多种工具来帮助复制任务流程中人类所参与的部分。

2. 多重体验

用户体验将在两个方面发生巨大的变化：用户对数字世界的**感知**以及用户与数字世界的**交互方式**。会话平台正在改变人与数字世界的交互方式，而虚拟现实（Virtual Reality，VR）、增强现实（Augmented Reality，AR）与混合现实（Mixed Reality，MR）正在改变人们对数字世界的感知方式。感知与交互模式的同时改变将在未来带来多感官与多模式体验。

这一模式将从精通技术的人转变为理解人类的机器。计算机将代替人类承担人机交互的重担。这种与人类进行多重感官交流的能力将创造一个更丰富的环境，从而能够传递更丰富的信息。

3. 专业知识的民主化

专业知识的民主化致力于通过给用户带来极简的体验且在不需要接受大量成本高昂的培训的前提下，为人们提供专业技术知识（如机器语言、应用程序开发）或业务领域专业知识（如销售流程、经济分析）。"公民化"
（如公民数据科学家、公民解决方案整合者）、公民程序开发和无代码模
式都是专业知识民主化的例子。

这一民主化趋势将使以下 4 个关键方面加速发展。

（1）数据和分析的民主化

从针对数据科学家的专用工具扩大到适用于一般开发人员的普及工具。

（2）开发的民主化

在自主开发应用程序中使用人工智能工具。

（3）设计的民主化

少代码、无代码的场景持续增加，更多的应用程序开发功能实现自动化，
为公民开发者提供支持。

（4）知识的民主化

非 IT 专业人员通过使用工具和专家系统，可以应用超出自身具备的专
业知识和受到的培训以外的专业技能。

4. 人体机能增强

人体机能增强就是研究如何使用技术增强人的体能与认知。

（1）体能增强

通过在人体内植入或外置可穿戴设备等技术部件，改变人类固有的身
体机能，从而增强体能。

（2）认知增强

通过传统的计算机系统和新兴的智能空间里的多体验接口中获得的信
息和应用来得以实现。

在未来 10 年，由于越来越多的人追求增强机能，人类体能与认知增强
技术将会变得越来越普遍。这将产生一种全新的"消费化"效应，员工将
持续增强自身的机能，并进一步拓展。

5. 透明度与可追溯性

越来越多的消费者意识到其个人信息的价值，并提出控制个人信息的
要求。企业和机构也认识到保护与管理个人数据的风险日益增加，而政府
正在实施严格的法律法规，确保企业和机构能遵循这些法律法规。透明度
与可追溯性已成为支持此类数字道德与隐私需求的关键要素。

透明度与可追溯性是指用于满足监管要求、维持使用人工智能和其他先进技术中所需遵守的道德规范。企业和机构在建立透明度与信誉措施时，必须专注于以下 3 个领域。

① 人工智能与机器学习。

② 个人数据隐私、所有权与控制。

③ 符合道德的设计。

6. 边缘计算

边缘计算是一种在信息来源、存储库及使用者附近进行信息处理、内容收集和交付的计算拓扑结构。边缘计算试图将网络流量与计算处理保留在本地，以减少时延，以及发挥边缘能力和赋予边缘更大的自治性。

目前，边缘计算主要关注制造、零售等特定行业中由嵌入式物联网系统提供的离线或分布式能力。但随着边缘被赋予越来越成熟和专业的计算资源及越来越多的数据存储，边缘计算将成为大部分行业和应用的主导要素。机器人、无人机、自动驾驶汽车及可操作系统等复杂的边缘设备将加快这一转变。

7. 分布式云

分布式云是指将目前集中式的公有云服务分布到不同的物理位置，原来的公有云服务提供商继续负责分布式云的运营、治理、更新和迭代。这对于目前大多数公有云服务所采用的集中式模式来说是一次巨大的转变，并且将开辟云计算的新时代。

8. 自动化物件

自动化物件是指使用人工智能自动执行那些以往由人类执行的任务的物理设备。最典型的自动化物件有机器人、无人机、自动驾驶汽车、自动驾驶船及各种设备。自动化物件的自动化超越了固化的程序所能实现的自动化程度，并能够借助人工智能做出与所在环境和人类进行更自然交互的高级行为。随着技术的改进、监管机构的批准以及社会接受度的提高，自动化物件将被越来越多地应用于公共场所。

随着自动化物件的普及，笔者预计独立的智能物件将转变成无论是否有人操作，都可以让多台设备一起工作的协作式智能物件组合。例如，不同种类的机器人可以在同一个装配流程中同时运行。在快递行业中，最高效的解决方案可能是由自动驾驶汽车将包裹运到目标区域，然后由车上的机器人和无人机进行最后的派送。

9. 实用型区块链

实用型区块链可以通过实现信任、提供跨业务生态透明度和实现跨业务生态价值交换、降低成本、减少交易结算时间及改善现金流等方式来重塑整个行业。由于可以追溯到资产的来源，出现以次充好的产品的概率大幅降低。资产追踪技术对其他领域也具有很大的价值，包括追踪食物在整条供应链中的足迹以识别污染来源、追踪各零部件以协助产品召回等。实用型区块链还可用于身份管理。区块链中的智能合约可以使系统在事件发生时自动触发行动，如在收到货物时付款等。

由于可扩展性与互操作性不佳等各种技术问题，区块链在企业中的应用还不成熟。尽管存在这些挑战，但由于区块链所具有的颠覆性和带来收入增长的巨大潜力，企业机构应开始评估这项技术，即便是认为这项技术在近期不会快速普及的企业机构也不例外。

10. 人工智能安全

人工智能与机器学习将被继续用于提升各种应用场景中人类决策的能力。虽然这给实现超自动化和使用自动化物件进行业务转型带来了良机，但同时也因为物联网、云计算、微服务及智能空间中高度连接的系统增加了大量的潜在攻击点，从而给安全团队与风险领导者带来了新的挑战。安全团队与风险领导者应专注于 3 个关键领域：保护人工智能赋能系统、利用人工智能提升安全防御机制和做好攻击者对人工智能的恶意使用的心理准备。

1.2　破解数字化焦虑

今天，数字技术的发展已经进入了颠覆所有行业的时代，让更多从业者感受到巨大压力并陷入不同程度的"数字化焦虑"状态。

1.2.1　如何理解"要么数字化，要么'灭亡'"

"要么数字化，要么'灭亡'"这句话是孙正义在 2013 年 7 月 23 日的软银世界大会上发表的著名演讲《向世界挑战》中提到的主要观点。人们在很大程度上是在被逼无奈的情况下才选择数字化，这说明大家还没有意识到不数字化的危险性。

1. 未来都是数字化世界，而不是其他

这一点并非孙正义的首创，而是美国麻省理工学院教授及媒体实验室的创办人尼葛洛庞帝在其 1996 年出版的《数字化生存》（*Being Digital*）一书中提出的。按照他的解释，人类生存于一个虚拟的、数字化的生存活动空间，在这个空间里人们应用数字技术（信息技术）从事信息传播、交流、学习、工作等活动。

2. 彻底改变企业的运营方式，企业从传统走向数字化

企业运营的目标是提高营收、利润，降低成本。客户群体选择产品的方式、渠道都是数字化的，那么企业的营销、采购行为也必须是数字化的，否则，企业将无法获取更多客户，无法降低采购成本，更无法构建高效、便捷、成本更低的运营管理体系，也就无法再继续生存下去。

3. 改变社会结构和社会关系

数字技术改变生产、运营方式之后，会给社会结构带来深刻变化，会促使出现新的社会阶层，改变原有的社会关系，包括社会管理运营等。数字化带来的生产力提高势必要与新的生产关系达到新的平衡。

4. 创造机遇和颠覆翻转速度更快

按照摩尔定律，机能会不断进化。而人类的细胞从 4 000 年前到现在就没变过，单片机的晶体管数量在 2018 年已经超过人脑细胞数量。通过人机互动和人类与智能机器人的和谐共处，人们会创造出大量新的机会。与此同时，竞争速度也会更快，如果没有更好的企业战略，企业落伍或被击垮的速度也会更快。

1.2.2　企业数字化转型路径

企业数字化转型并非只是简单地把某一个应用系统云化、互联网化就

可以达到目的，而应该从战略高度来看待所在产业的变化、技术进步、客户定义和商业模式变革等方面，全面综合考虑。这轮数字化的影响可能会决定企业未来 10 年的发展。在具体实施上，企业可以采取阶段性安排，从局部应用扩展到企业全局，甚至整个供应链。

1. 产品设计的数字化

产品设计的数字化，这一部分通过应用 CAD 和 PLM 软件可以实现；产品功能本身的数字化、智能化可能会改变传统产品设计理念，赋予原有产品更多的数字化特征，这也是产品创新的重要内容。

2. 生产方式的数字化

生产方式的数字化可以通过智能设备、软件的应用得以实现，这其中设备本身的数字化水平和软件系统是关键要素。

3. 管理方式的数字化

ERP、CRM、SCM 等应用软件的使用就是管理方式数字化的重要体现，这个过程也经历了 2 年多，已经成为企业现代管理的标准配置。移动化应用让管理方式更加方便、快捷。

4. 营销阶段的数字化

互联网营销是一个热门话题，从快消品开始，微信、微博、抖音等移动化应用成为新营销的重要手段。这里面也包含渠道管理和投资经营模式的数字化，尤其是在新形势下，渠道的来源和种类更加多样化。

5. 采购端的数字化

营销端数字化做得越好，对企业经营的提升作用越大，但对企业采购端的压力更加明显，采购端数字化管理的迫切性也更强。采购是企业供给侧结构性改革的牵引力，采购决策的来源是企业战略，采购过程是落实企业经营战略的重要一环。除了运营成本、销售成本之外，大部分物料、服务的采购成本占据了企业成本的绝大部分。

数字化转型并不等同于数字化、信息化或 IT 本身，而是企业对如何利用技术手段从根本上改变绩效的彻底反思。数字化转型必须从首席执行官（Chief Executive Officer, CEO）开始，需要跨部门的协作，将以业务为中心的理念与快速的应用程序开发模式相结合。这种全面的变化通常包括追求新的商业模式，进而包括产生新的收入来源。

企业的数字化转型可以采取"点线面体"的发展路径。

①"点"是指业务职能，如采购、销售、核算、预算等；"线"是指流程与制度，如客户产品购买流程。

②"面"是指业务单元（Business Units, BU）事业部或价值链，如研发、供应链与生产、市场与销售、售后服务（"上面"：战略与规划；"下面"：IT 与新兴技术）。

③"体"由不同的面组合而成，也可以分为关键能力，如技术、人才、资金等不同层级。

除了"面"之外，企业的"内核"更为重要，这些内核包括管理、数据、企业文化，最为核心的是商业模式和价值主张。企业数字化转型是"点线面体"同步进化，从量变到质变的结果。企业数字化和数字化转型正在经历一个复杂的过程，即每家企业的特点不同，所处的数字化阶段不同，采取的数字化转型策略必然也是千差万别，因此企业必须因地制宜，走适合自身发展特点的数字化转型之路。

业　务　篇

第 **2** 章　数字化营销

著名营销专家菲利普·科特勒说，市场变化比市场营销更快（Market changes faster than Marketing）。在数字化时代，行业格局面临着一个被彻底颠覆、洗牌的过程，这也是后进企业弯道超车的机遇。企业竞争重新回到起跑线，企业如果不及时进行数字化营销转型，则其原有的优势可能就会迅速丧失，企业会被后来者，甚至被外行超越。

2.1　营销理论的变迁

2.1.1　科特勒营销理论

根据西方国家的营销发展历程，菲利普·科特勒把近 70 年的营销发展历程分为了 7 个阶段：战后时期（1950—1960 年）、高速增长时期（1961—1970 年）、市场动荡时期（1971—1980 年）、市场混沌时期（1981—1990 年）、一对一时期（1991—2000 年）、价值驱动时期（2001—2010 年）以及价值观与大数据时期（2011 年至今）。

这个时间表与我国的具体发展时间不太匹配，阶段特点也不太一样，中国的营销发展历程也可以类似地分为 5 个阶段。

①计划经济时期（1949—1978 年）：工业生产都是国家计划和分配，没有营销问题。

②短缺经济时期（1979—1988 年）：需求旺盛，乡镇企业蓬勃发展，产能不足。

③外贸经济时期（1989—2000 年）：以外贸订单为主，营销对象主要是外贸公司和外商。营销行业开始逐步兴起，一些知名品牌崛起，部分品

牌也迅速陨落。

④**充分竞争时期**（2001—2010 年）：加入 WTO（World Trade Organization，世界贸易组织）后，国内市场和国际市场同步增长，真正进入营销时代，营销实践呈多样化发展态势。

⑤**互联网时期**（2011 年至今）：互联网和移动应用冲击着传统行业，营销模式更趋互联网化、数字化，部分企业存在互联网焦虑，有业务咨询和系统优化的需求。

从战略性的营销导向划分，菲利普·科特勒将营销导向分为产品导向、客户导向、品牌导向、价值导向、价值观与共创导向，并根据进化路径将营销路径分成营销 1.0 到营销 4.0 共 4 个阶段。

①营销 1.0：以产品为中心的营销方式。这一阶段主要解决企业如何实现更好的"交易"的问题。产品功能、差异化卖点成为帮助企业完成产品销售、获取利润的重要手段。

②营销 2.0：以消费者定位营销。产品不仅需要有功能差异，更需要向消费者传递使用产品后的愿景和美好状态，让消费者有代入感。消费者关注的焦点从产品功能逐渐转移到产品和企业品牌上。

③营销 3.0：价值驱动营销。这一阶段主要是合作性、文化性和精神性的营销，营销 3.0 时代与营销 2.0 时代一样，也致力于满足消费者的需求，但营销 3.0 时代的企业必须具备更远大的服务整个世界的使命、愿景和价值观。

④营销 4.0：共创导向营销。以大数据、社群、价值观营销为基础，企业将营销的中心转移到如何与消费者积极互动、尊重消费者作为"主体"的价值观，让消费者更多地参与营销价值的创造。营销 4.0 就是以价值观、连接、大数据、社区、新一代分析技术为基础造就的，致力于洞察与满足客户需求，帮助客户实现自我价值。

针对不同区域、不同产品，企业采取的营销模式是不一样的。实践是检验真理的唯一标准，适用于企业产品的推广、销售的模式都是有效的营销模式。直到今天，营销依然需要开发细分市场、选择目标市场、确定产品定位、制定 4P（Product，Price，Place，Promotion；产品，价格，渠道，促销）策略。在新时代的背景下，营销理论的发展也需要与时俱进。

2.1.2　技术进步让营销行为更趋经营本质

技术手段的不断发展变化，让营销模式也日新月异，营销行为越来越趋近于企业经营本质。成功的营销工作不仅体现在产品销售上，更重要的是客户对企业价值的认同。麦肯锡认为，营销战略就是企业选择价值、定义价值、传递价值等一系列活动的组合。

营销 4P 策略、市场细分、目标市场选择、市场定位等具体的营销方法从不同侧面阐述了营销的具体工作导向，但是营销的本质没有变化，即**需求管理、建立差异化价值、建立持续交易的基础**。

1. 需求管理

市场机会就在于未被充分满足的需求上，营销管理的主要任务就是刺激、创造、适应及影响消费者的需求。企业应该更专注地挖掘客户最本质的需求，以精益求精的态度打造满足客户需求的创新产品。

2. 建立差异化价值

没有形成差异化的产品就意味着企业发展的营销策略是无效的。"差异化价值"也是建立整个竞争战略的核心，没有实现差异化价值的营销，只能陷于价格战，变成成本的"血拼"。

3. 建立持续交易的基础

产品的销售完成只是营销工作的一个阶段性成功，完成产品销售代表着与客户的关系维护才真正展开。而对一个老客户的维护成本可能要远远低于挖掘一个新客户的成本，对老客户的需求洞察、价值传递和共创价值使客户成为企业的重要资产。取得价值认同的客户或使用者必将不断追踪企业研发方向，促使企业不断更新服务，这类客户或使用者也就成为企业持续交易的对象。

因此，无论是传统时代还是现在的数字时代，营销的本质没有变化。**需求管理、建立差异化价值、建立持续交易的基础**依然是有效营销、可持续性营销的核心。

2.1.3　整合营销

在各种数字化工具的支持下，营销工作也在发生变化。除了传统的广告、内容传播，还包括人员推销、事件营销、直接赞助、增值服务等各种营销手段，更多地往接近客户的方向发展，给销售赋能。在实务中，企业由销售驱动模式向营销驱动模式转变，形成市场营销（"空军"）、渠道（"陆军"）、生态（"海军"）和销售团队紧密结合的立体"作战"模式。整合营销（Integrated Marketing）就是对各种营销工具和手段进行系统化整合，以获得协同效应的理念与方法。

整合营销传播（Integrated Marketing Communication,IMC）的 4 个阶段和每个阶段需要完成的主要任务如下。

1. 客户洞察

根据自身产品、所在行业市场和客户的定义、分类及需求挖掘，制定市场营销的目标和策略。

（1）明确沟通目标客户

了解客户的购买行为模式，梳理分析客户与公司品牌或产品的接触点，了解不同身份客户对产品的关注点。

（2）产品市场分析和行业市场分析

根据产品价值以及品牌影响力，制定在具体行业市场的销售目标。可以在此基础上再细分市场以及确定在每个细分市场上的主打产品。了解、分析市场上的竞争对手的产品策略和营销手段。

（3）制定产品或行业品牌目标及策略

在明确目标客户并进行市场分析之后，根据自身产品的特点制定相应的营销方案，拟定相应的竞争策略。

2. 价值输出

价值输出意味着企业的产品和服务价值才是客户决定是否购买的重点，包括功能性的使用价值和给客户带来更大回报的价值。根据营销目标的具体需求特点，挖掘企业产品和服务的内在价值，制作传播内容。

（1）明确产品定位及核心价值

定位是非常重要的一个营销概念，产品定位也是基于对市场需求和竞品分析的基础上，找出自身产品或服务中的差异化定位，明确其核心价值。

（2）建立以 KM 为核心的客户化营销资料体系

建立以知识管理（Knowledge Management,KM）为核心的客户化营销资料体系，对行业或产品市场业绩、解决方案、案例、相关技术及产品、服务支撑等非常重要。要培养员工尤其是营销部门的员工善于利用 KM 体系，并为 KM 体系不断更新内容，优化使用 KM 体系的用户体验，提高营销效率和质量。

（3）采用不同的内容包装形式

不同的内容包装形式为不同的传播渠道服务，演讲 PPT、图文、视频等都是常用的内容包装形式。在实际传播过程中，要学会采用不同的方式，甚至几种方式混合的方式，以求达到最佳的传播效果。

3. 精准直达

基于不同的渠道进行有针对性的价值传递。

（1）传播渠道

从基础传播、自媒体及自有平台传播、外部媒体及互联网推广、体验中心、线下市场活动、样板等维度来梳理传播渠道。

（2）传播节奏

结合产品或方案生命周期规划，把握传播节奏。

4. 效果评估

"一切不以销售业绩为目标的营销都是耍流氓。"这句流行于朋友圈的话就是对营销效果评估的最好阐述。营销目标一定要回到原点：为销售业绩服务。不能把营销手段的花样翻新变成目的而失去营销的初衷，即营销必须聚焦在为销售业绩服务的出发点上。

2.2　内容营销

2.2.1　让内容产生销售机会

调查表明，首次接触销售人员之前，消费者会独自完成整个购买流程的近 57%，90% 的企业对企业业务（Business to Business，B2B）买家会在网上搜索关键词，70% 的 B2B 买家会在线观看相关视频内容。一些优质的内容，如电子书、在线直播可以让客户留下他们的联系方式，以一种非常自然的方式将流量变成线索。

为潜在客户提供针对性内容，销售机会能够增加 20% 以上。企业可通过内容培育潜在客户，针对不同客户类型在合适的时机提供合适的内容，将潜在客户拉入购买流程，并最终实现购买。

1. 用高质量的内容，吸引潜在客户

①**内容要有影响力**。企业通过阐述专业内容成为行业意见领袖（Key Opinion Leader,KOL），影响潜在客户的购买决策；鼓励行业意见领袖、典型客户分享心得，以吸引新客户。

②**内容要有对象感**。表达的内容要有明确的读者对象，针对客户的具体困难发表看法，帮助客户应对各种挑战，如工作职责、关键绩效指标（Key Performance Indicator，KPI）等。

③**内容对客户来说有保留价值**。保证撰写的内容对客户有用，而且逻辑通顺、文字优美、行文流畅，具有保留价值。

2. 在不同阶段，配备相应内容

处在不同阶段的客户，对内容的需求也不一样。营销部门要针对不同阶段的潜在客户配备相应的内容，帮助销售团队尽快进入销售谈判阶段，并最终完成销售工作。

前期配备图文，后期配备案例，同时也可以通过不同的形式，如视频（直播）、图片、活动等进行排列组合。

内容营销既要支撑前端社交渠道、活动、业务拓展、搜索引擎优化的内容需要，又要为营销部门进行电话访问、线索培育做准备，同时要准备销售型内容配合销售团队真正进入"打单"阶段。

3. 事件营销

完全独立地运作事件营销，撬动公众的关注度，需要大量资源和资金的投入，还需要广告、软文等各种营销途径的综合应用，难度太大，并非一般企业可以学习、复制的。因此，很多企业在采用以下一些策划思路。

①**"蹭热点"**。在已经出现热点事件的情况下，顺势推出与自己产品或服务相关的新闻，吸引公众的关注。

②**"傍品牌"**。把自己的企业、产品、服务与耳熟能详的大品牌联系起来，

公众会在关注这些大品牌动态的情况下，关注到这个不太知名的品牌的产品和服务。

③**逆向思维**。在公众的观点趋向一边倒的情况下，运用逆向思维，阐述逆向观点的充分论据，也会给公众一个扩大思考方向和范围的选择。

④**危机处理**。在特定情况下，企业自身的产品或服务的意外事件可能成为公众关注的热点，化"危"为"机"并非易事。在互联网使意外事件迅速发酵的情况下，企业的决策速度和决策质量同等重要。

2.2.2 内容管理系统

内容管理系统（Content Management System，CMS）在今天的营销战略中也变得更加数字化，更加适应时代的发展。CMS 对客户的核心价值体现在以下两个方面。

1. 内容的生产、分发和交付

强大的 CMS 可以让企业随时编辑内容、预览各个渠道的用户体验效果，进行业务流程审批，再把内容发布到各个渠道。

例如，快餐连锁企业就需要根据季节和地理位置的不同，为各个地区的消费者提供不同的套餐，因此，业务人员需要经常调整商品的内容。当需要修改一张产品图片时，业务人员需要更新官网、微信公众号、小程序、App、店内大屏、点餐机、POS 机、饿了么、美团外卖等 9 个渠道。

CMS 采用一个平台实现所有渠道的用户体验管理，在当前和未来的渠道中提供一致的用户体验。例如，企业业务遍及中东、东南亚、非洲等海外市场，这些地区的语言完全不同，文字也不一样。CMS 对产品信息进行所见即所得的编辑，翻译人员通过 CMS 可以直接预览产品信息翻译后的呈现效果。一旦推出新的产品，企业就可以快速、方便地把产品信息、使用手册等内容分发出去，让客户了解产品的更新内容和价值。

2. 用户数据

CMS 让企业实现用户数据的完整闭环，即先进行用户数据采集，借助大数据及机器学习技术进行实时分析，为每个用户生成用户画像，然后利用营销自动化技术进行个性化的内容推送、服务。

CMS 强大的内容管理和数字营销系统能为企业培育更多的潜在客户，提高成交转化率。某汽车制造行业厂商通过 CMS 建构公司的官网、城市站、区域站等经销商站点，通过系统发布活动内容、车型、相关金融和售后服务信息，从而吸引用户访问，培育销售线索。通过 CMS，企业对每个访客的行为数据、访问渠道进行分析，提供一对一的个性化体验，使该汽车制造厂商的官网的销售线索数量提升 4 倍，占全年销售线索的 25%。

企业通过把内容和电商整合在一起，改变过去把企业官网和电商平台割裂开来的做法。企业通过官网内容积极与用户互动，把用户转化成粉丝，鼓励其把购买后的体验分享到社交媒体上，帮助企业传播品牌理念，带来口碑效应，从而提高销量。

CMS 能够帮助企业大规模、一致性、多渠道地创建、推送产品信息，在这些内容被用户使用的过程中，系统会自动搜集用户的信息，并且进行实时分析，形成 360° 用户画像。用户画像可直接用来驱动个性化内容呈现和推送，从内容到营销的整个过程都可以做到实时分析，这也是企业把官网建成营销中心的重要价值。

2.3 获客之道

2.3.1 产品数字化

产品数字化不是指数字化产品，而是指给产品提供数字化标签，方便营销环节的识别、追踪和统计分析。实现产品数字化的方法有以下两种。

（1）第一种：产品贴标

给产品增加一个身份标签，每张标签的数字视为产品唯一的身份码。只需要将这个身份码加载到产品上，即可完成产品的数字化。

（2）第二类：在线赋码

通过设备对产品进行赋码。常见的方式是采用喷 EP（塑环氧）和雕刻的方式来完成。

采用油墨喷码机，将系统为产品生成的身份码直接喷印在产品的瓶子上、袋子上、包装盒的外部或者包装盒的内部；或用激光雕刻将身份码直接雕刻在产品各种形式的包装上，这样会更加牢固耐磨。

产品数字化的应用价值有很多，以下列举 3 种。

（1）应用一：**品牌保护，建立消费者对企业产品的信任**

常见的身份码就是二维码，用户通过手机扫描二维码进行产品真伪的鉴别，这同时也是企业邀请终端消费者关注企业微信公众号、获取消费者地理位置或其他信息的途径。用户在进行防伪查询的同时，也配合企业开启了数据搜集的精准入口。

（2）应用二：**产品追溯，数据打通整个产品生命周期**

把产品数字化应用到整个产品生命周期中，对消费者和企业都有好处。例如，乳制品企业在产品上市之前就从奶牛、奶羊开始布局数字化应用。从养殖开始，每只奶牛、奶羊都有自己专属的耳标，记录其出生、生长、产奶等情况。再到奶罐、奶罐车的身份标识，奶粉生产车间的投料管理、灌装管理到每一听奶粉都建立了**身份数字标签**，也就是产品的质量追溯码。质量追溯码记录着原料的批次、生产批次、生产班组、精确到时分秒的生产日期等其他企业内部质量管控的信息。消费者拥有这些信息会对产品质量更放心，对企业也更有品牌归属感。

（3）应用三：**数字化营销**

数字化营销通常分为**前端接触层、中间应用层**和**底部数据层**。二维码就是企业与消费者进行**前端接触**、智能互动的最好介质之一，也是手机端应用程序、App 等中间应用层的数据来源，更为底层数据分析提供了基础数据，助力企业根据最真实的数据分析结果，做出下一步的行动计划和决策。

总之，产品数字化是数字化营销的基础，为更大规模的营销活动、数据分析奠定了坚实的基础。

2.3.2　从入口思维到全触点营销

用户通过什么渠道获得信息，我们就去占领这些渠道。入口思维就是如此，线下店铺、地面广告、信息流广告、App、PC 网站等都是流量入口，客户信息的总流量就是来自这些入口的线性叠加。

触点是指在用户正常生活中可能提及产品或需求的场景，在用户交互中可能激发的需求。企业营销触点包括市场触点、渠道触点、服务触点，通过用户在线化、多触点刺激，引导用户提高购买频率。

1. 市场触点

真正的用户决策不是企业去说服用户，而是让用户自己说服自己。企业通过营造一系列的触点，让这些触点自然而然地影响用户的大脑，从而影响他的判断和决策。

①**客户推荐、转发**。用户口碑很重要，要鼓励用户去给其他潜在用户推荐产品；KOL 的转发评论也是影响潜在用户的重要因素，要去发现、培养 KOL 更多了解自身产品价值，鼓励他们发表正面的意见。

②**官网**。官网是一个很重要的流量入口，要加强官网内容建设，优化用户体验，并且和微信进行匹配连接，加强用户识别能力。

③**会销**。通过营销自动化系统，从会前邀请、审核到会议签到、会中互动，再到会后的调查问卷，完成一站式闭环环节。

④**在线直播**。将线下活动在线化，用直播的形式提高用户参与率，通过线上直播与用户进行互动，从而获取用户数据。

⑤**让物料成为新的流量入口**。在发放的物料上附上二维码，作为流量入口。不同物料上的触点后面会埋入不同的标签。用户拿到这些物料并扫描二维码后，就给用户推送不同的内容，针对不同阶段的用户进行培育。

2. 渠道触点

与直销不一样，渠道是企业在当地的代理商，他们通常无法获取终端用户的数据，这就要求组织在线化，将渠道商团队全部放到在线化的体系中。营销自动化系统可以免费把在线直播、案例、电子名片等工具提供给渠道商，帮渠道商进行赋能管理，把产品卖得更好。

3. 服务触点

不仅要有对用户购买产品的决策流程的洞察，还要有对用户使用产品的过程的洞察。开启用户购后旅程，将服务触点也纳入营销触点，为扩展销售、交叉销售做好准备，让产品更深层次地进入用户生活的场景，成为用户的必需品。

2.3.3　提高流量转化率

商家的共识是：获客成本越来越高，靠单一营销方式，已经很难吸引有效用户。商家需要运用组合式营销来构建自己的流量池，最终打破营销僵局。商家既要"撒网"，打响知名度，切入市场，获得流量，快速地建立品牌；又要精准，在获得流量的同时，快速将流量转化成销量，带来实际的营销效果。

1. 幂增长式营销

幂增长营销是指通过自传播方式获客的方法，原始用户通过分享（奖励、福利、趣味内容等），帮助商家拉新客户，以达到"以老带新"的目的。幂增长式营销被认为是目前成本较低的获客方式。与传统营销相比，幂增长式营销的不同之处有以下两点。

①**强调分享**。通过老用户的分享行为带来新用户。

②**后付奖励**。将原来拉新获客的广告费用，分解成老用户推荐的奖励费用与新用户注册的奖励费用。而这些奖励基本上都采取后付模式，即用户只有注册或完成相应行为之后才能获得奖励，从而降低了企业的广告投放风险。

2. 跨界营销

面对同样的客户，提供不同产品的商家形成联盟也是经常使用的营销方式。跨界商家之间的联合既可以为企业和消费者带来新的选择，又能让双方获得较低成本的流量导入。

①**保持新鲜感**。引入不同的跨界合作伙伴，让同一批消费者有不一样的新鲜感，也会激发消费者的购买欲望。

②**收益要分享**。跨界合作毫无疑问也是商家抱团取暖的一种方式，但是合作双方一定要保持同样的态度，参与到营销活动的策划中。尤其是要说清楚利益分配的问题，否则双方受益规则不明确，会影响后续合作。

③**资源要相当**。能做到跨界合作的商家，企业规模、影响力应该相当，同时资源投入也要基本相当，要动员自身资源全力配合，确保营销效果。否则，资源少的一方只能出让利益，以达到双方投入与产出的基本平衡。

跨界合作营销是为了减少营销成本，获得低成本流量，提高流量转化效率。无论采取何种方式，其实都不是简单的单一策划，而需要制订一套完整的营销计划，动员相关人员、部门相互配合。

2.3.4　B2B 营销特点

B2B 是指企业对企业的业务模式，其营销理论在很大程度上与企业对消费者（Business to Consumer，B2C）业务是一致的。但在具体的营销方法上还是有很大的差别，具体表现在以下 4 个方面。

①**标的类型**。B2C 业务的标的基本上是个人或家庭使用的日用消费品，而 B2B 业务销售的标的基本上是企业需要的大宗商品、产线设备、备品备件、办公用品或 IT 系统、培训等服务类产品。

②**标的金额**。日用消费品的价格通常无法与企业用途的标的物的价格相提并论，即使是办公用品也是如此。除非极端案例，否则 B2B 业务的标的金额通常远远大于 B2C 的商品或服务的标的金额。

③**决策机制**。消费者的决策通常是由自己做出的，其周期远远短于企业决策的周期。企业决策通常会由一个或几个团队进行集体决策，决策周期漫长。

④**销售流程**。无论是在商场还是在网站上，只需要让 B2C 业务的消费者看完样品或图片，满足其对价格和产品质量的要求，他们就可以确定是否购买；而 B2B 业务的产品或服务通常需要比较复杂的展示、演示和说明，销售流程比较复杂。

2.3.5　提升线索精度

采用下列方法可以达到进行线索精细化管理和提高线索成交效率两个重要目标。

1. 线索清洗

线索清洗作为建立线索池的第一步工作，分为机器筛选和人工筛选。机器筛选主要针对重复手机号、错误手机号、手机号位数不对、停机手机号、空号、传真号、竞品工作人员身份识别、定点活动与手机号所属地判断等，初步筛选出不符合要求的线索。人工筛选（现在京东商城已经实现机器人识别）针对无人接听、长期关机、空号、停机、呼入限制等进行线索清洗。针对线索整体数据结构进行清洗后，需要对已清洗的数据进行评分，以便后续对各个渠道的线索数据进行打分。

2. 线索分类（渠道、活动、意向时间）

为了对线索进行评分、评级，提炼不同渠道的线索质量、线索级别，需针对不同线索来源、广告渠道、媒体细分频道、来源活动信息、购买意向进行数据管理。针对各个公司运营管理实际情况，进行分类定级。例如，对线下渠道、线上自媒体、百度搜索、精准营销按业务实际分类打分。

3. 线索质量分级标准

线索质量分级标准分为线索质量优先度排序及渠道线索打分模型。对线索本身的线索质量进行优先度排序，下发给各专营店进行实时跟进，将实时跟进结果分类反馈到数据系统。例如，将线索分为真实有效线索、战败线索、高意向线索等。渠道线索打分模型是指对不同渠道的线索质量和效率进行评分，可反推市场营销活动质量及传播效果的一种持续 PDCA（Plan，Do，Check，Action；计划，执行，检查，处理）优化手段。渠道线索打分模型针对实际情况，可分为战胜、战败、2 次战败、3 次战败、结案关闭、战败原因等。

4. 用户行为数据时间轴

根据用户行为的时间顺序数据，来判断、分析用户的购买时间阶段。建立用户行为数据时间轴，为一线销售人员提供清晰的用户画像，提高线索转化率。

5. 广告、监测、销售反馈的线索模型

所有用户触点数据，通过数据管理平台（Data Management Platform,DMP），针对检测到的用户行为轨迹、用户画像进行线索评分。

6. 广告投放管理与精准投放

基于媒体投放效力管理和大数据应用的用户标签体系，开展精准投放。

7. 低质量线索机器人过滤

一条真实线索也不能放过。被判断为低质量的线索，经过机器人引导模式，逐个电话排查沟通，若判断为购买意向客户，则转接给人工客服。

该项技术已经成熟应用于各大行业。

2.3.6　线索战绩管理

线索战绩管理，包含整体线索看板、销售看板、战败审核、线索分配、过程数据、话术应对、预约到店、客户行为时间轴、到店登记、回访记录等基于线索从获取到邀约到成交的全链条数据管理模型。

2.4　移动营销

移动互联并非 PC 互联的翻版，而是一个新的领域，值得单独讨论。

移动设备是为客户提供体验的媒介，这些体验与他们目前所处的情境相关。但一个比较容易被忽视的真相是：移动体验关注的并不是设备，而是人！

2.4.1　移动体验面临的挑战

移动设备和移动渠道带来了许多新机会，但如果没有合适的人员、流程和技术，移动体验（客户在使用移动设备时的体验）就会出现很多问题。

1. 移动体验在执行中存在落差

人们往往太过关注移动设备的响应式、自适应式体验，但事实上更应关注、了解每一位客户所处的场景，不要忽视他们与企业的互动方式（现在和以前的）、他们所处的位置、他们正在做的事情以及他们所使用的设备。如果没有客户不同触点的数据整合，则存在数据孤岛。

2. 如何选择快速发展的移动技术

移动技术变化速度令人目不暇接，使企业难以确定要采用哪一种技术。创建灵活、可扩展的移动体验至关重要，这样可以满足新客户的期望，同时企业也不会被过时的技术束缚。

3. 移动体验只是客户体验的一部分

客户通常会通过多种渠道与企业互动，所以需要了解他们在与企业进行互动的过程中是如何选择互动渠道的，企业需要了解完整的信息。

4. 难以衡量移动营销成功与否

客户可以使用移动设备搜索、比较产品，但如果客户通过计算机或在商店购买，那么该如何界定移动渠道在该销售中发挥的作用呢？存在结果归属问题，也就难以衡量哪种渠道更有影响力，如何改进也难有定论。

5. 移动渠道增加了复杂性

客户行为模式已发生变化，企业投入移动渠道的力量导致企业部署了大量的单触点解决方案（通常由完全不同的团队进行管理），这加剧了营销部门、IT 部门业务的复杂性，获得单一客户视图变得更加困难。

2.4.2　什么是先进的移动营销理念

移动营销的重心不是移动设备，移动交互是一种消费者的心理状态。先进的移动营销理念不是管理移动渠道项目，而是要持续优化客户洞察、智能数据、场景驱动的内容来构建持续的营销流程。

1. 像移动营销领导者一样思考

将消费者的移动属性视为一个过程，而不是一个项目。确保移动体验的流程具有前瞻性，能够轻松融合新技术。在每个阶段都确保进行数字化实验和测试。

2. 将客户放在策略的核心位置

了解客户的需求，思考如何将所有触点都联系在一起。描绘客户旅程，识别终点和转化路径。整合客户体验，打造一致的客户体验。

3. 采用智慧的方法使用数据

整合客户所有触点的数据，了解所有数据的相关性，建立每位客户的单一视图。进行详细的客户洞察，选择体验内容。追踪所有触点上发生的交互。

4. 理解移动情境

根据客户所处的情境提供内容，了解客户行为在客户旅程中如何变化，像管理销售一样严格地管理用户体验。

5. 衡量、学习和优化

在总体和个体层面分析结果，使用从所有移动渠道中收集的 KPI，不断寻找方法，优化移动体验。

2.4.3　7 步实现领先的移动营销

1. 从客户体验开始

一切都取决于客户体验。以了解客户每次与品牌互动的情境作为基础工作，并根据客户的历史行为、地理位置和需求，识别客户所需要的体验。

（1）移动体验基础架构

规划移动客户体验，询问客户从什么渠道得到自己需要的信息；列出客户与品牌的所有触点；绘制客户的购买旅程和移动状态；确定客户体验和内容组件；绘制设备的数据流；收集当前所有可用的数据和移动渠道并进行分析，了解客户正在使用哪些信息；突出实时客户交互的机会；设立可以反映体验成功与否的指标。

在未经优化的网站上，客户几乎找不到他们所需的信息，更别说快速查找了。卓越的移动体验架构使客户快速、便捷地访问他们所需的内容。

移动营销领先者们首先会做的是，运用他们对客户移动旅程中的所有触点的理解，对移动体验的基础进行一些基本改进：改善移动渠道的可发现性，简化导航和搜索，优化响应式站点的布局；启用移动渠道偏好，记住客户的愿望清单和登录的详细信息，以减少点击次数和客户对移动网站交互的不满情绪；减少移动交易摩擦，提供一键支付功能，引导用户定期购买。

（2）移动体验

移动网站基础架构准备就绪之后，企业就可以开始开发更有效的移动应用程序，还可以使用更加先进的技术。这样，无论客户在家还是在路途中与企业互动，企业都能够有机会优化客户体验。

（3）移动忠诚度

当企业开始收集和分析关于移动客户的详细整合数据时，企业就可以运用移动渠道提高客户互动频率和忠诚度。当企业了解客户的情境信息后，企业可以将客户的地理位置数据和其历史行为、偏好和需求的洞察相结合，以便提供相关的个性化产品和信息，从而促进进一步的交互。

2. 建立单一客户视图

使用移动设备只是客户生活的一部分，消费者本身具有移动属性。消费者会使用各种渠道与企业进行交互，关键是要理解这些不同渠道是如何相互配合的。

如果能够获得一个包括客户的在各个沟通渠道行为的单一视图，企业便可以了解移动渠道在客户旅程中扮演的角色，但这意味着需要了解客户每次与企业交互时的行为。无论渠道、设备和地理位置的多样性如何，通过整合之前来自不同触点的孤立数据，企业就可以获得实时的客户洞察。

当将这些场景洞察与对客户过去互动和行为的全部认识结合在一起时，企业便获得了强大的能力，能够实时、规模化地塑造每一次移动体验。如果能将所有信息进行汇总和分析，包括每一封打开的电子邮件、每一页浏览过的网页和每一则转发的社交信息，企业便有可能全面了解每位客户。这意味着，无论客户选择什么渠道与企业进行交互，企业都可以提供真正个性化的体验。

3. 不要创建更多孤岛

移动营销领先者们明白，移动渠道不是孤立的，它是众多交互渠道之一。无论是否通过移动渠道，每一次的客户体验都需要由同一个系统、同一个技术平台和相同的整合数据的方式来打造。

从移动项目的角度来看，开发移动应用程序通常会增加额外的孤岛和不必要的复杂性。许多企业还会设立多个互相独立的团队，在不同平台上开发移动应用程序。因此，当需要修改移动应用程序时，需要多个团队参与其中。编写、管理和更新所有代码的时间和成本就会难以控制。

4. 不仅要缩小尺寸，而且需要重新思考

传统移动网站设计方法是创建响应式站点，将内容折叠起来以缩小页面尺寸，以符合移动设备实际可用的屏幕大小。应运而生的自适应式设计可以根据客户所使用的设备类型为其提供独一无二的客户体验。

5. 着眼未来

随着设备、平台和技术的不断涌现和消失，企业很难预测接下来会发

生什么或者发生的事情将产生多大影响。

移动营销领先者们使用的平台使他们可以快速添加出现的新设备，并根据所有变量（包括浏览器、屏幕分辨率、HTML5 和 JavaScript）模拟该设备将要提供的体验。如果未来出现新的变量，企业可以很容易地在平台中添加这些变量。

6. 简化工作

移动营销领先者们会寻找方法来消除复杂性，而不是增加复杂性。移动营销领先者们不是为每一个移动相关问题建立互相独立的解决方案，而是专注于在移动端以及其他所有渠道上打造杰出的个性化移动客户体验。

7. 随时随地衡量一切

不能孤立地衡量移动营销的效果。将移动营销的衡量指标与电子邮件打开率、链接点击率、社交互动和商务活动的相关数据结合，以便真正了解客户当前的状态，这一点至关重要。一旦企业知道客户在哪里（不仅是地理位置，还有他们最易于接受的内容），企业就可以为他们提供情境式的体验，明显提升营销效果。

2.5　数据分析

数字化营销的一个重要基础是数据，企业通过收集数据、分析数据、使用数据，以达到营销的目的。消费者需求越发个性化、碎片化，数据与技术的发展越来越快，数字营销方式也可以更为多样化。

2.5.1　用户画像的构建及应用

用户画像就是通过数据的收集、对比、分析形成的对用户各项特征的描绘。用户在不同触点形成的行为数据都将成为数据收集的源头，最终形成的用户画像对企业进行精准化营销具有非常重要的意义。

用户画像包含以下 5 个方面。

①**目标**：描述人、认识人、了解人、理解人，逐步递进。

②**方式**：非形式化手段，如文字、语音、图像、视频等；建立在严格数学逻辑基础上的形式化手段。

③**组织**：结构化和非结构化。

④**标准**：常识、共识和特定的知识体系。

⑤**验证**：依据事实和推理过程进行验证。

用户画像是基于一种知识体系或者判断逻辑的工具，如符号和概念的关系。标签和模型也有类似关系。标签就是用户特征的符号表示；模型就是总结的用户特征，指向的是与业务对应的特征用户群体，就是现实世界中的本体事物。

标签就是某一种用户特征的符号表示，用户画像可以用标签的集合来表示，每个标签都规定了观察、认识和描述用户的一个角度（化整为零），而用户画像是一个整体，各个维度并不孤立，标签之间都有逻辑联系，最后形成一个完整印象。

验证在用户画像过程中非常重要。一方面要看标签体系准不准，要看建好的模型是否反映了现实、机器学习的准确率、搜索结果的准确率；另一方面也要看标签体系全不全，现实逻辑是否都已经在模型中体现出来了，机器学习的召回率高不高、搜索范围是否覆盖完全。但这两部分无法同时满足，也无法完全满足。

2.5.2　用户画像的关键难点

1. 数据是否全面、数据收集是否及时

在解决实时采集用户数据、用户多渠道信息打通、多渠道产品信息打通、用户数据挖掘建模等方面的难题以后，企业才能精准描述用户特征。

企业用户的标识信息通常是手机、固话、序列号、微信 ID、Cookie（储存在用户本地终端上的数据）、MAC（媒体访问控制地址）、IMEI（国际移动设备识别码，即手机序列号），如果是会员客户，则能了解到用户名、邮箱等更准确的信息。而能获取到这些用户信息的触点大约就是官网商城、

第三方线上渠道、客户经理、第三方线下渠道、论坛社区、微信、微博、客服或者其他智能应用。

从数据打通的需求来看，企业应该站得更高，看得更广，观察审视用户信息存在的各类渠道，无论是网上浏览、登录、交易的数据，银行开户或理财留下的身份证号、账号、手机信息，还是直接通过手机或邮箱与潜在客户交流的数据等，都是可以收集的数据。

当然，我国在网络信息安全和对客户私密信息的保护等问题上已经出台了各种法规，企业在进行数据收集的时候，一定要遵循各种法律法规的规定，不要触碰法律红线。

2. 全渠道 ID 是否打通

这是构建用户画像的一个重要环节。例如，从数据信息来看，用户 A、B、C 在 3 个不同网络空间或其他实体渠道内有 3 个不同的 ID，分别描述了不同的特征信息，可以分析不同 ID 之间是否具有某种联系，相互联系的 ID 反映出它们有可能代表同一个用户。这对用户画像的丰富性、准确性起到非常关键的作用。

对于低密级业务，可以仅适用多重 ID 中的任意一个，最大限度地打通全渠道 ID，获得跨平台的一致体验；高密级业务则需要适用特定 ID，或者多种 ID 的组合，保证数据的准确性和安全性。

3. 标签体系是否拉通

传统的数据拉通通常采用人工手段，存在成本高、标准不统一、难以大规模开展的弊病。随着人工智能和自动化手段的大量应用，机器学习算法加上少量人工辅助，企业可以建立统一的数据模型，以适应海量数据的分析需求。

4. 数据应用能力

以售前的精准营销作为数据应用的典型场景来看，售前的精准营销是一个对潜在客户数据不断收集、清洗，不断互动、培育之后的循环流程。企业通过实时竞价广告、网络广告等在线营销手段，发送短信或邮件以及开展市场活动等社会化营销方式获得大量的潜在客户，再对潜在客户进行评级、分组，培育潜在客户，一旦有需求产生就可以获得销售预警，再进入智能化销售体系，包括与 CRM 等系统的对接和与内部 ERP 或办公自动化（Office Automation，OA）管理系统的整合，最终获得精准客户，并对其进行个性化的营销服务。

2.5.3　构建 360° 用户画像体系

传统的用户画像数据仅仅来自业务系统，事件信息、关系信息等多类信息缺失或不足，很难形成准确的、全方位的用户画像。企业引入大数据技术，可以构建用户 360° 的立体画像。用户维度包括以下 9 个方面。

①**基本信息**：用户全称、证件类信息、客户性质信息。

②**产品信息**：产品类型、购买时间。

③**联系信息**：营业地址、电话、网址等。

④**事件信息**：重大事件（开业、生日等）、违约事件（逾期、提前还款）、可疑事件。

⑤**关系信息**：同事、校友、社交好友等。

⑥**沟通信息**：用户建议、申请、沟通、回访、投诉、调查信息等。

⑦**财务信息**：用户利润贡献度。

⑧**风险信息**：信用评级、黑名单。

⑨**资产信息**：与用户资产相关的信息。

1. 个性化精准营销——售前

传统营销采取一对多的方式，即确定目标群体，针对目标群体执行营销计划，但成本高、准确性差。企业引入大数据技术可以根据用户当前需要或用户生命周期的重要事件，实现个性化的智慧营销。

某家电制造企业，在新品发布时招募"粉丝"参加活动就采用了社会化营销方式。对问题和需求进行确认：期望通过发短信、邮件的方式，从老客户中找到最可能参加活动的"粉丝"。对这个问题和需求进行分析，并给出了解决方案：愿意参加活动的一定是对品牌认同和忠诚度高的用户；利用企业的 CRM、客服、销售等数据，对用户忠诚度进行综合评定，选择忠诚度较高的用户作为招募对象。评定维度是：接触渠道的多少、购买品类的多少、投诉次数的多少等。最终结果是：招募到一半的"粉丝"，成本却只有以往活动的 40%。

2. 个性化精准营销——售中

对已经完成销售的"售中"客户进行个性化推荐也是体现数据应用能力的典型场景。收集用户行为数据，包括其登录、浏览、跨屏、回访等数据，进行全网的用户行为数据分析，设计出个性化的登录页面、个性化商铺、个性化搜索、个性化电子邮件营销（Email Direct Marketing，EDM）、个性化微信营销等，对现有用户的最新需求进行精准的定义，打通多终端数据，识别用户的精准需求，降低客户的跳出率，提升转化率、复购率。

针对具体问题进行个性化分析，然后给出个性化解决方案。例如，针对某团购网站下单率低的问题。经过对点击率，主动访问、通过导航和搜索过来的用户首次进入和离开的品类变化率，首次进入商圈和下单商圈较接近等数据进行分析得出结论：用户忠诚度比较低、大多数用户都有强烈的需求才会访问该网站、用户具有区域性购买特征。根据这些分析结果进行推荐引擎的优化。

根据用户画像中的品类偏好、商圈偏好、消费能力等标签，利用用户标签删减、权重清零等机制，进行品类过滤，避免过度营销，减少用户反感；利用覆盖多行业、多客户的全网数据特点，构建用户全网的潜在需求标签，解决冷启动问题，让目标用户转化为种子用户。最终实现点击率、下单率的提升。

3. 个性化精准营销——售后

售后增值服务：用户呼入服务热线和用户线下维修的过程积累的各个环节的数据都可以作为用户画像构建的数据来源。

用户画像是对用户的深入挖掘，除了获得基本的信息、地理位置、设备等客观信息之外，如兴趣偏好等是自由度很大的标签，在很多应用场景，广告主（或需求方）更需要用户兴趣、价值观层面的标签。例如，环保类的电动车品牌想要触达的是有环保意识、喜欢小排量的车的用户，这就涉及用户的价值观层面，因此这些标签不能仅仅通过用户行为直接生成，需要更深入的建模。随着数据技术的进一步提升，对人心理、价值观层面进行深度分析将逐渐得到重视和应用。

第 **3** 章　　**智能制造**

　　智能制造（Intelligent Manufacturing, IM）就是通过智能设备、生产系统、管理系统构成的智能系统和人工协作共同完成制造过程。智能制造涵盖了以往一直强调的自动化生产、柔性制造的概念，超越了原来的计算机集成制造系统(Computer Integrated Manufacturing Systems,CIMS)概念，是集设计、生产、工艺、管理等多种系统于一身的集成化的人机协同系统。

　　智能制造至少包括产品数字化、生产智能化、管理智能化、工业互联网、数据驱动等5个方面，从产品设计覆盖到生产，从企业内部扩展到整个供应链。

3.1　数字化的产品研发

　　产品设计的数字化工作由来已久，现在已经成了具有一定规模的制造企业的常规选项。从 CAD 、CAE、CAPP、CAM（计算机辅助4C）到PDM、PLM，这些都是有关产品研发、数据维护、产品全生命周期管理的重要概念，是提升产品设计的效率和质量的核心工作，也是企业数字化建设的重要基础。

3.1.1　计算机辅助设计

　　计算机辅助设计（Computer Aided Design,CAD）是指利用计算机及其图形设备帮助设计人员进行设计工作的技术。这项技术最早诞生于20世纪60年代由美国麻省理工学院提出的交互式图形学的研究计划，用于制作和手绘图纸相仿的计算机设计图纸。由于当时硬件设施昂贵，只有美国通用汽车公司和美国波音航空公司使用自行开发的交互式绘图系统。随着计算机的价格变得更便宜，其应用范围也逐渐变广。

CAD 主要使用交互式图形显示软件、CAD 应用软件和数据管理软件 3 类软件。

①交互式图形显示软件用于图形显示的开窗、剪辑、观看，图形的变换、修改，以及相应的人机交互。设计人员可以边构思、边打样、边修改，随时可从图形终端屏幕上看到每一步操作的显示结果，非常直观。

② CAD 应用软件提供几何造型、特征计算、绘图等功能。构造应用软件的 4 个要素是：算法、数据结构、用户界面和数据管理。把用户坐标系和图形输出设备的坐标系联系起来；对图形作平移、旋转、缩放、透视变换；通过矩阵运算来实现图形变换，满足面向机械、广告、建筑、电气各专业领域的各种专门设计。

③数据管理软件用于存储、检索和处理大量数据，包括文字和图形信息。为此，需要建立工程数据库系统。工程数据库系统的特点是：数据类型更加多样，设计过程中实体关系复杂，库中数值和数据结构经常发生变动，设计者的操作主要是一种实时性的交互处理。

常用的 CAD 软件基本上是三维制图软件，较二维的图纸和二维的绘图软件而言，其能够更加直观、准确地反映实体的特征，能够更充分地表达设计师的意图而二维的图纸无法绘制出曲面。

因为绘制目标不同，有些企业还常存在多种 CAD 系统并行的局面，需要配置统一的、具备跨平台能力的零部件数据资源库，将标准件库和外购件库内的模型数据以中间格式（如通用的有 IGS、STEP 等）导出到三维构型系统中，这种零部件数据资源库被称为"零部件图书馆"或"数据资源仓库"。

我国 CAD 技术起源于国外 CAD 平台技术基础上的二次开发，随着我国企业对 CAD 应用需求的提升，国内众多 CAD 技术开发商纷纷开始开发基于国外平台软件的二次开发产品。应用 CAD 技术可以提高企业设计效率、优化设计方案、减轻技术人员的劳动强度、缩短设计周期、使设计更加标准化，越来越多的人认识到 CAD 是一种巨大的生产力。

CAD 技术一直处于不断发展与探索之中，目前的研究热点有计算机辅助概念设计，计算机支持的协同设计，海量信息存储、管理及检索，设计法研究及其相关问题、支持创新设计等。我们可以预见 CAD 技术将有新的飞跃，一场设计变革正在到来。

3.1.2　计算机辅助工程

计算机辅助工程（Computer Aided Engineering,CAE）主要是以有限元法、有限差分法、有限体积法以及无网格法为数学基础发展起来的一类软件工具，是用计算机辅助求解复杂工程和产品结构强度、刚度、屈曲稳定性、动力响应、热传导、三维多体接触、弹塑性等力学性能的分析计算以及结构性能的优化设计等问题的一种**近似数值分析方法**。CAE 既可以对现有工程和产品进行性能与安全可靠性分析，又可以对其未来的工作状态和运行行为进行模拟，及早发现设计缺陷，并证实未来工程、产品功能和性能的可用性和可靠性。

有限元法的基本思想是将结构离散化，用有限个容易分析的单元来表示复杂的对象，单元之间通过有限个节点相互连接，然后根据变形协调条件综合求解。由于单元的数目是有限的，节点的数目也是有限的，所以称之为有限元法。这种方法灵活性很大，只要改变单元的数目，就可以使解的精确度改变，得到与真实情况无限接近的解。

1. CAE 的关键技术

（1）计算机图形技术

CAE 系统中表达信息的主要形式是图形，特别是工程图。在 CAE 系统运行的过程中，用户与计算机之间的信息交流是非常重要的。交流的主要手段之一是计算机图形。所以，计算机图形技术是 CAE 系统的基础和主要组成部分。

（2）三维实体造型

工程设计项目和机械产品都是三维空间的形体。在设计过程中，设计人员构思形成的也是三维形体。CAE 技术中的三维实体造型就是在计算机内建立三维形体的几何模型，记录下该形体的点、棱边、面的几何形状及尺寸，以及各点、边、面之间的连接关系。

（3）**数据交换技术**

CAE 系统中的各个子系统、各个功能模块都是系统有机的组成部分，它们都应有统一的几类数据表示格式，使不同的子系统间、不同模块间的数据交换顺利进行，充分发挥应用软件的效益，而且应具有较强的系统可扩展性和软件可再用性，以提高 CAE 系统的生产率。为了达到各种不同的 CAE 系统之间能进行信息交换及资源共享的目的，要建立 CAE 系统软件均应遵守的数据交换规范。

（4）**工程数据管理技术**

CAE 系统中生成的几何与拓扑数据，工程机械，工具的性能、数量、状态，原材料的性能、数量、存放地点和价格，工艺数据和施工规范等数据必须通过计算机存储、读取、处理和传送。这些数据的有效组织和管理是建构 CAE 系统的又一关键技术，是 CAE 系统集成的核心。采用数据库管理系统（Data Base Management System，DBMS）对所产生的数据进行管理是比较好的技术手段。

（5）**管理信息系统**

工程管理的成败，取决于管理信息系统能否做出有效的决策。一定的管理方法和管理手段是一定的社会生产力发展水平的产物。市场经济环境中企业的竞争不仅是人才与技术的竞争，而且是管理水平、经营方针的竞争，也是管理决策的竞争。决策的依据和出发点取决于信息的质量。所以，建立一个由人和计算机等组成的能进行信息收集、传输、加工、保存、维护和使用的管理信息系统，有效地利用信息控制企业活动是 CAE 系统具有战略意义、事关全局的一环。工程的整个过程归根结底是管理过程，工程的质量与效益在很大程度上取决于管理。

2. CAE 的作用

①增加设计功能，借助计算机分析计算，确保产品设计的合理性，减少设计成本。

②缩短设计和分析的循环周期。

③CAE 分析替代了资源消耗极大的"物理样机验证设计"过程，起到"虚拟样机"的作用，能预测产品在整个生命周期内的可靠性。

④采用优化设计，找出产品设计最佳方案，降低材料的消耗或成本。

⑤在产品制造或工程施工前预先发现潜在的问题。

⑥模拟各种试验方案，减少试验时间和经费。

⑦进行机械事故分析，查找事故原因。

3.1.3 计算机辅助工艺过程设计

计算机辅助工艺过程设计（Computer Aided Process Planning，CAPP）是指借助于计算机软硬件技术和支撑环境，利用计算机的数值计算、逻辑判断和推理等功能来制定零件机械加工工艺过程。借助于 CAPP 系统，企业可以解决手工工艺设计效率低、一致性差、质量不稳定、不易优化等问题。CAPP 系统可以帮助工艺师完成零件从毛坯到成品的设计和制造过程。

自从挪威人尼贝尔（Niebel）于 1965 年首次提出 CAPP 思想，于 1969年正式推出世界上第一个 CAPP 系统 AUTOPROS，并于 1973 年将其正式商品化以来，CAPP 领域得到了极大的发展。在这期间经历了检索式、派生式、创成式、混合式、专家系统、工具系统等不同的发展阶段，并涌现出一大批 CAPP 原型系统和商品化的 CAPP 系统。其中，制造规划（Manufacturing Planning）、材料处理（Material Processing）、工艺工程（Process Engineering）以及加工路线安排（Machine Routing）这些词汇在很大程度上都是指工艺过程设计。CAPP 属于工程分析与设计范畴，是重要的生产准备工作之一。

CAPP 系统基本的构成模块包括：控制模块、零件信息输入模块、工艺过程设计模块、工序决策模块、工步决策模块、数控（Numerical Control,NC）加工指令生成模块、输出模块、加工过程动态仿真等。在计算机集成制造系统的架构下，CAPP 上与 CAD 相接，下与 CAM 相连，是连接设计与制造的桥梁。设计信息只有通过工艺设计才能生成制造信息，设计只能通过工艺设计才能与制造实现功能和信息的集成，CAPP 在实现生产自动化中有非常重要的地位。

工具化 CAPP 在商业上获得了极大的成功，这使 CAPP 真正从实验室走向了市场和企业，促进了工艺标准化建设，实现了与企业其他应用系统——CAD、PDM、ERP 等的集成，有力地促进了企业信息化建设。但也存在以下不足。

①大多数企业 CAPP 的应用仅仅是对纸质工艺卡片的电子化管理，以及实现对工艺信息的计算机自动统计汇总和权限的管理与控制，这种程度仅仅是实现对传统工艺管理的电子化管理。

②大多数企业 CAPP 的应用还不能有效地、完整地总结本企业（或行业）的工艺设计经验和设计知识，因为没有标准化的有效的工艺知识库，这导致企业的工艺编制仍然主要依靠有经验的工艺师，CAPP 系统的智能化程度仍然很低。

③ CAPP 与 PDM 中的管理功能冲突。CAPP 是连接设计与制造的桥梁，上游要与 PDM 集成，下游要与 ERP、MES（Manufacturing Execution System，制造执行系统）集成。ERP、PLM、MES、CAPP 中的管理功能各有偏重，有各自明确的分工和定位。

④大多数企业的 CAPP 系统的绘图环境可以与北京数码大方科技股份有限公司（CAXA）软件集成，而与其他 CAD 软件还不能完全集成，而大部分企业设计部门所采用的绘图软件都是 CAD 绘图软件，这样就导致在 CAPP 系统里面进行工艺附图的设计和更改比较费时、费力。

⑤随着三维制图软件的发展和推广应用，三维制图成为我国制造企业产品设计的主要趋势。因此，CAPP 系统的绘图环境还有待进一步优化和完善。

3.1.4　计算机辅助制造

计算机辅助制造（Computer Aided Manufacturing，CAM）是指利用计算机进行生产设备管理控制和操作的过程。CAM 的核心是计算机数值控制（简称"数控"），输入信息是零件的工艺路线和工序内容，输出信息是刀具加工时的运动轨迹（刀位文件）和数控程序。

美国麻省理工学院于 1952 年首先研制成数控铣床，通过程序指令来控制机床。此后发展了一系列的数控机床，包括称为"加工中心"的多功能机床，能从刀库中自动换刀和自动转换工作位置，能连续完成锐、钻、铰、攻丝等多道工序，这些都是通过程序指令控制运作的，是柔性制造的重要组成部分。

数控编程就是根据来自 CAD 的零件几何信息和来自 CAPP 的零件工艺

信息自动或在人工干预下生成数控代码的过程。常用的数控代码有国际标准化组织（International Organization for Standardizatian,ISO）和美国电子工业协会（Electronic Industries Association,EIA）两种系统。一般的数控程序是由程序字组成，而程序字则是由用英文字母代表的地址码和地址码后的数字和符号组成。每个程序都代表着一个特殊功能，如 G00 表示点位控制，G33 表示等螺距螺纹切削，M05 表示主轴停转等。一般情况下，一条数控加工指令是由若干个程序字组成的。

CAD、CAPP、CAM 在应用场合、操作人员、系统功能上按照生产布局合理安排，在信息流上做到集成一体、无缝连接，网络技术的成功应用已经为此奠定了基础。智能化 CAM 软件有两个方向：大数据匹配策略和软件的智能化。

CAD 和 CAM 一体化软件的特点是优越的参数化设计、变量化设计及特征造型技术与传统的实体和曲面造型功能结合在一起，加工方式完备，计算准确，实用性强，可以从简单的 2 轴加工到以 5 轴联动方式来加工极为复杂的工件表面，并可以对数控加工过程进行自动控制和优化，同时提供了二次开发工具，允许用户扩展。

相对独立的 CAM 系统软件主要通过中性文件从其他 CAD 系统获取产品几何模型。系统主要有交互工艺参数输入模块、刀具轨迹生成模块、刀具轨迹编辑模块、三维加工动态仿真模块和后置处理模块。

3.1.5　产品数据管理

产品数据管理（Product Data Management,PDM）是一门用来管理所有与产品相关的信息和所有与产品相关的过程的技术。较为具体的定义是：PDM 技术以软件技术为基础，是一门管理所有与产品相关的信息（包括电子文档、数字化文档、数据库记录等）和所有与产品相关的过程（包括审批或发放、工程更改、一般流程、配置管理等）的技术。PDM 可以提供产品全生命周期的信息管理，并可以在企业范围内为产品设计与制造建立一个并行化的协作环境。

凡是最终可以转换成计算机描述和存储的数据都是 PDM 的管理范围：

产品结构和配置、零件定义及设计数据、CAD 绘图文件、工程分析及验证数据、制造计划及规范、NC 编程文件、图像文件（照片、造型图、扫描图等）、产品说明书、软件产品（程序、库、函数等"零部件"）、各种电子报表、成本核算、产品注释、项目规划书、多媒体音像产品、硬拷贝文件、其他电子数据等。

因此，以数据为核心的 PDM 的主要功能在于：数据归档、检索与定位、统一编码、结构管理、过程管理、数据处理、系统集成、信息提取等。PDM 这些强大的功能为企业的数据分析和大数据处理带来巨大便利。

3.1.6　产品生命周期管理

企业的研发成本只占企业总成本的 5%，但是却决定了产品总成本的 70%。对于产品中出现的一个错误，越到产品生命周期的后端修正，产生的成本越会呈指数级的增长。

CAD、CAM、CAPP、PDM 从设计、制造、工艺和产品数据的维持都是紧紧围绕着产品研发的相关工作，产品生命周期管理（Product Lifecycle Management,PLM）则从产品的全生命周期的角度统揽这四大功能方向。从更大的范围来说，和 ERP、SCM、CRM 一样，PLM 也是一种企业信息化的商业战略和一整套的业务解决方案，PLM 把人、过程和信息有效地集成在一起，覆盖整个企业、所有产品，从概念到报废的全生命周期，支持与产品相关的协作研发、管理、分发和使用产品定义信息。

从系统构成的角度看，PLM 主要由以下 4 个部分组成。

①产品数据管理：起着数据中心仓库的作用，它保存了产品定义的所有信息。通过这些中心仓库，企业管理各类与研发和生产相关联的物料清单（Bill of Material,BOM）。

②协同产品设计（Collaborative Product Design,CPD）：让工程师和设计者使用 CAD、CAM、CAE 软件以及所有与这些系统配合使用的补充性软件，以协同的方式在一起研发产品。

③产品组合管理（Product Portfolio Management,PPM）：是指一套工具集，它为管理产品组合提供决策支持，包括新产品和现有产品。PPM 工具

集有 3 个部分：用于日常工作任务协调的项目管理；用于一次处理多个项目的纲要管理；用于理解产品如何共存于市场的组合管理。

④客户需求管理（Customer Needs Management,CNM）：是指一种获取销售数据和市场反馈意见，并且把它们集成到产品设计和研发过程之中的软件。正如在名称上所体现的，它是一个分析工具，可以帮助制造商开发基于客户需求、适销对路的产品。

生产过程的智能化有赖于智能工厂和智能产品，而智能产品就是依靠 PLM 开发出来的：一部分由研发人员设计，另外一部分由用户自行设计。PLM 在智能生产、个性化定制和个性化服务等智能制造的主要方面发挥着重要作用，是工业 4.0 和工业互联网应用的重要基础，给企业带来巨大价值。

1.PLM 实现个性化定制和个性化服务

柔性化生产是未来制造企业升级转型的重要方向之一。以汽车行业为例，个性化定制并不仅仅局限于车身颜色、外饰等，还可能涉及发动机及其他重要的零配件。这涉及很多设计工作，因为必须保证定制的零配件与其他配件相匹配。在投入生产前 PLM 已经把完好的产品数据参数保存下来，维修人员可以像翻开一本病历卡一样，对症下药。

2.PLM 实现智能生产

生产过程的智能化，有赖于智能工厂和智能产品。其中，智能产品是依靠 PLM 开发出来的：一部分由研发人员设计，另外一部分由用户自行设计。设计软件的基础都是 PLM。

3.PLM 让制造企业在"微笑曲线"两端创造价值

制造企业转型要从研发和服务入手。相较于传统的实物生产，知识（核心技术、研发）的生产更能为企业创造价值。PLM 让企业提高"知识产品"的生产效率，即企业要尽可能地采用已有的部件、知识和方法，解决新的问题、满足新的需求。同时，PLM 还可以用于开发、生产、服务过程的协同。

4.PLM 实现企业对大数据的有效利用

PLM 除了是一个产品数据管理的平台以外，更是一个知识应用的平台。PLM 管理的不仅是数据，更是一种知识资产。随着数据的不断丰富，数据之间的关联整合不断完善，数据能够发挥的作用将越来越大。实际上，企业从来不缺数据，也不缺知识，就是缺乏对数据管理和知识沉淀的环境。

3.1.7　集成产品开发

产品开发不仅与 CAD、CAM、CAE、CAPP 等四大计算机辅助系统的工具有关，还关乎 PDM 和更大范围的 PLM，产品开发是一个系统工程，是与企业战略、财务投资、产品营销、原料采购息息相关的管理思想。因此，深刻理解集成产品开发（Integrated Product Development,IPD）的理念和管理办法是解决好产品开发问题的关键。

IPD 的核心思想，概括起来有以下 6 个方面。

①新产品开发是一项投资决策。IPD 强调要对产品开发进行有效的投资组合分析，并在开发过程设置检查点,通过阶段性评审来决定项目是继续、暂停、终止还是改变方向。

②基于市场需求进行产品开发。IPD 强调产品创新一定是基于市场需求和竞争分析的创新。为此，IPD 把正确定义产品概念、市场需求作为流程的第一步，要求开始就把事情做正确。

③跨部门、跨系统的协同。IPD 强调采用跨部门的产品开发团队，通过有效的沟通、协调以及决策，达到尽快将产品推向市场的目的。

④异步开发模式，也称并行工程。通过严密的计划、准确的接口设计，把原来的许多后续活动提前进行，这样可以缩短产品上市的时间。

⑤重用性。采用公用构建模块（Common Building Block，CBB）提高产品开发的效率。

⑥结构化的流程。产品开发项目的相对不确定性，要求开发流程在非结构化与过于结构化之间找到平衡。

IPD 框架是 IPD 的精髓，它集成了代表业界最佳实践的诸多要素。具体包括异步开发与共用基础模块、跨部门团队、项目和管道管理、结构化流程、客户需求分析、优化投资组合和衡量标准等 7 个方面。

3.2　智能工厂

智能工厂是由自动化设备、生产线或工作中心构成的、不同智能车间组成的，因此，自动化生产过程、三维打印智能工作中心、MES 和管理层面的 ERP 系统都是构成智能工厂的重要元素。

3.2.1　生产过程自动化技术

生产过程自动化技术是指利用计算机控制技术，通过数据的采集和程序运算控制执行器，以达到控制生产工艺过程目的的一种技术。

生产过程自动化涉及计算机控制技术、自动化仪表应用技术、可编程逻辑控制器（Programmable Logic Controller,PLC）应用技术、工厂电气控制技术、集散控制系统（Distributed Control System,DCS）控制技术应用、电工技术应用、电子电路应用技术、单片机应用技术、化工单元操作技术、机械制图、小型自动控制系统、自动控制装置检修与维护、自动化程序控制设计等技术的广泛应用。

生产过程自动化系统中的软件和控制装置能够对设备进行调节，使其在最佳速度下运行，从而大大降低能耗，它们还能够确保产品质量，降低次品率，减少浪费。生产过程自动化系统还能预测何时需要对生产设备进行维护，从而减少了对设备进行常规检查的次数。常规检查次数的减少可以减少停止和重新启动机器所花费的时间和能源。

生产过程自动化技术不仅能够监测和显示工厂的运行状况，还能模拟不同的运行模式，找到最佳策略以提高能效。这些程序的独特优势是能够"学习"和预测趋势，提高了企业对市场变化的响应速度。

一般的场景是，操作员通过在各个区域安装的大量传感器、自动化系统收集温度、压力和流速等数据，然后利用计算机对这些信息进行储存和分析，再用简洁明了的形式把处理后的数据显示到控制室的大屏幕上，操作员只要观察大屏幕就可以监控整个工厂的每台设备，并且自动调节各种设备，优化生产过程。在必要时，操作员也可以中止自动化系统，进行手动操作。

生产过程控制系统在石油、化工、电力、冶金、轻工、建材、核能等工业生产中被广泛应用，是自动化技术的重要组成部分。在现代化工业生产过程中，生产过程控制技术在实现各种最优的技术经济指标、提高经济效益和劳动生产率、改善劳动条件、保护生态环境等方面起着越来越大的作用。

3.2.2　三维打印

三维打印是快速成型技术的一种，它是一种以数字模型文件为基础，运用粉末状金属、塑料或其他可黏合材料，通过逐层打印的方式来构造物体的技术。

三维打印机与普通打印机工作原理基本相同，只是打印材料不是墨水和纸张，而是金属、陶瓷、塑料、砂等不同的"打印材料"。三维打印机与计算机连接后，通过计算机控制可以把"打印材料"一层层叠加起来，最终把计算机上的蓝图变成实物。三维打印的常用材料有尼龙玻纤、耐用性尼龙材料、石膏材料、铝材料、钛合金、不锈钢、镀银、镀金、橡胶类材料。

三维打印通常应用在模具制造、工业设计等领域。例如，宁夏共享集团利用三维打印技术制作铸件模具，改变了传统繁重的翻砂制作模具的工艺流程，甚至可以完成原本手工无法完成的复杂模具的制作过程。

三维打印技术后来被逐渐用于一些产品的直接制造，在珠宝、鞋类、工业设计，建筑、工程和施工，汽车、航空航天、牙科和医疗产业、教育、地理信息系统、土木工程等领域都有应用。但目前来看，三维打印技术无法应用于大量生产，更适合一些小规模制造，尤其是高端的定制化产品。

3.2.3　企业资源计划管理系统

企业资源计划（ERP）管理的概念是 1990 年由美国 Gartner 公司提出来的，是从 20 世纪 60 年代就开始出现的物料需求计划（Material Requirement Planning,MRP）、制造资源计划（MRP II）概念的升级和扩展。除了 MRP II 已有的物料需求计划、生产计划、库存管理、订单管理、采购管理、财务管理等功能外，ERP 还增加了质量管理、业务流程管理、产品数据管理 / 存货 / 分销与运输管理、人力资源管理和定期报告系统等功能。

1990—2000 年，ERP 在我国所代表的含义非常广泛，几乎是企业级应用软件的代名词。但现在看来，ERP 基本上还是回归于其核心功能，与负责产品开发的 PLM、市场营销的 CRM、SCM 一起构成了企业级管理系统的

4 个骨干系统。

ERP 的主要功能有销售与市场、分销、客户服务、财务管理、制造管理、库存管理、工厂与设备维护、人力资源管理、生成各类报表等。每个领域其实都有更加专业和深入的系统补充到整个企业信息化架构中，如工作流服务、采购管理系统、管理会计和财务共享服务中心、金融投资管理、质量管理、运输管理、项目管理、法规与标准和过程控制等补充功能，为智能制造企业提供数字化升级服务。

ERP 是将企业所有资源，包括物流、资金流、信息流进行整合集成管理。ERP 系统支持离散型、流程型等混合制造环境，应用范围从制造业扩展到了零售业、服务业、银行业、电信业、政府机关和学校等事业部门，通过融合数据库技术、图形用户界面、第四代查询语言、客户服务器结构、计算机辅助开发工具、可移植的开放系统等对企业资源进行了有效的集成。

随着新技术的进一步发展，原来 ERP 没有涉及的 CRM、SCM 等企业管理的其他领域的应用更加丰富，ERP 的模块功能也进一步增强。在微服务需求不断扩展的今天，ERP 的架构也面临重新解耦后再重组的过程。随着业务中台、数据中台的深化发展，将会出现一个符合互联网和人工智能时代的企业管理新模式、信息系统新架构，为新一代的 ERP 应用带来更符合企业需求的新范式。

3.2.4　制造执行系统

制造执行系统（MES）是一套面向制造企业车间执行层的生产信息化管理系统。MES 是由美国 AMR 公司（Advanced Manufacturing Research, Inc.）在 1990 年 11 月提出的概念，旨在加强 MRP 的执行功能，通过制造执行系统把 MRP 同车间作业现场控制联系起来。这里的现场控制包括 PLC、数据采集器、条形码、各种计量及检测仪器、机械手等。MES 设置了必要的接口，与提供生产现场控制设施的厂商建立合作关系。

企业在实施 MRP II 的时候包括了车间作业和采购作业，MES 则侧重于车间作业计划的执行，充实了软件在车间控制和车间调度方面的功能，以适应车间现场环境多变的情况。MES 是一个用来跟踪生产进度、库存情况、工作进度和其他进出车间的操作管理相关的信息流的系统。

MES 可以为企业提供包括制造数据管理、计划排产管理、生产调度管理、库存管理、质量管理、人力资源管理、工作中心或设备管理、工具工装管理、采购管理、成本管理、项目看板管理、生产过程控制、底层数据集成分析、上层数据集成分解等管理模块，为企业打造一个扎实、可靠、全面、可行的制造协同管理平台。

专用的 MES 是针对某个特定的领域问题而开发的系统，如车间维护、生产监控、有限能力调度或监控与数据采集（Supervisory Control and l Data Acquisition,SCADA）系统等；集成的 MES 是针对一个特定的、规范化的环境而设计的，如今已拓展到许多行业，如航空、装配、半导体、食品和卫生等，在功能上它已实现与上层事务处理和下层实时控制系统的集成。

MES 是企业 CIMS 信息集成的纽带，是实施企业敏捷制造战略和实现车间生产敏捷化的基本技术手段。我国从 20 世纪 80 年代就开始尝试引进国外先进的车间控制系统，也有不少制造企业采购海外的 MES，但总体来说，我国 MES 的应用明显落后于发达国家，过度依赖人力进行生产。随着劳动力成本的提高和工业互联网、大数据、智能制造战略的推进，更多企业开始逐步完善 MES。

3.3 工业互联网

3.3.1 行业发展回顾

日本在 1989 年提出的"智能制造系统"国际合作计划（IMS 计划）是当时全球制造领域内规模最大的一项国际合作研究计划，也是世界上最早由政府推进的智能制造计划。但在 1995 年正式实施后，由于其影响力日渐减弱，日本于 2010 年无奈地退出了 IMS 计划。与此同时，另外两个词（工业 4.0 和工业互联网）渐渐引起关注。

1. 工业 4.0

众所周知，工业 4.0 概念肇始于德国。在德国工程院、弗劳恩霍夫协会、西门子公司等德国学术界和产业界的建议和推动下形成。工业 4.0 作为一个研究项目得到了德国联邦教研部与联邦经济技术部的联手资助，最早在 2013 年汉诺威工业博览会正式推出，并很快被列入《德国 2020 高技术战略》中所提出的十大未来项目之一，上升为国家级战略。

所谓工业 4.0 是基于工业发展的不同阶段做出的划分。简单来说，工业 1.0，也就是第一次工业革命，是蒸汽机时代，工业 2.0 是电气化时代，工业 3.0 是信息化时代，工业 4.0 则是利用信息化技术促进产业变革的时代，也就是智能化时代。智能化时代就是我们现在所处的时代，"大智移云物"、量子通信、5G 等多项新技术都可能是第四次工业革命的推动力量。

工业 4.0 的技术基础是利用网络实体系统及物联网来实现智能制造，信息物理系统（Cyber-Physical System，CPS）曾一度被认为是智能制造的核心，旨在将生产中的采购、生产、销售信息化、智慧化，最后达到快速、有效和个性化的产品供应。但创造新价值的过程正在发生改变，产业链分工将被重组。可以从以下 3 个方面来理解工业 4.0 体系。

一是"智能工厂"，从智能工作中心、智能车间到整个工厂的智能化，让生产设备、生产线以及围绕生产过程的自动化、物联网化、网络化的生产系统相互协同，高效运作。

二是"智能生产"，是指生产过程中涉及的各类生产物流管理、人机互动以及三维技术在工业生产中的应用等。新一代智能生产技术可以吸引中小企业参与，成为其使用者和受益者，从而形成一个共享共生的生态体系。

三是"智能物流"，通过互联网、物联网、物流网，整合物流资源，充分发挥现有物流资源供应方的效率，让需求方能够快速获得服务匹配，得到物流支持。

"工业 4.0 的提出为德国提供了一个机会，使其进一步巩固作为生产制造基地、生产设备供应商和 IT 业务解决方案供应商的地位。"德国国家科学与工程院前院长、SAP 公司前董事长孔翰宁（Henning Kagermann）教授明确指出了工业 4.0 提出的大背景。但随着 5G 的推出，实现 CPS 的方法可能要超越传统方式，第四次工业革命将不只有德国这一个国家参与，而且将使我们进入一个更加多元、内容丰富的新时代。

2. 工业互联网

2012 年，美国通用电气公司（General Electric Company,GE）首次提出了工业互联网（Industrial Internet）的概念，宣称工业互联网将智能设备、人和数据连接起来，并以智能的方式利用这些交换的数据。同年，在 GE 的倡导下，GE 与 AT&T、思科（Cisco）、IBM、英特尔（Intel）在美国波士顿联合宣布成立工业互联网联盟（Industrial Internet Consortium,IIC），以期打破技术壁垒，促进物理世界和数字世界的融合。IIC 强调工业互联网是一个开放、全球化的网络，把人、数据和机器连接起来，通过各个节点的数据采集、交换、提炼、分析、协同，最终实现整个产业链对市场变化做出快速反应。工业互联网平台把设备、生产线、工厂、供应商、产品和客户紧密地连接起来，帮助制造业拉长产业链，形成跨设备、跨系统、跨厂区、跨地区的互联互通，从而提高效率，推动整个制造服务体系智能化。这有利于推动制造业融通发展，实现制造业和服务业之间的跨越发展，使工业经济各种要素资源能够高效共享。

美国的工业互联网和德国的工业 4.0 都是从自身优势的角度来展开对工业企业的数字化升级改造之路。德国以其高端设备见长，所以要提以 CPS 为核心的工业 4.0 概念；而美国是互联网的发源地，强调从网络连接的角度来让机器互联。两者其实是意思相近，都在强调工业革命和网络革命在工业领域的发展交汇，或者这本身就是第四次工业革命发展变化的重要内容。因此，GE 提出的工业互联网也曾被称为美国版的"工业 4.0"。

工业互联网包含以下 3 种重要元素。

①**智能机器**：将机器、设备、团队和网络通过先进的传感器、控制器和软件程序连接起来，用以进行数据采集和信息传递。

②**高级分析**：使用各种分析模型、预测算法、自动化和材料科学、电气工程及其他关键学科的深厚专业知识来理解机器与大型系统的运作方式。

③**工作人员**：建立员工之间的实时连接，连接各种工作场所的人员，以支持更为智能的设计、操作、维护以及高质量的服务与安全保障。

3.3.2 从 CPS 到 5G 时代的工业云

德国工业 4.0 的一个重要概念就是 CPS，即将生产设备和数据、信息连接在一起，互相交互、协同运行。

这实际上是一个发源于 2005 年美国 3G 时期的物联网技术解决方案，包括 CPS 物联网芯片和 CPS 对芯片数据的操作终端。到了 4G 网络开始普及的 2012 年，CPS 成为德国工业 4.0 的核心技术，掀起一阵"覆盖全球的工业物联网运动"。2019 年，随着 5G 技术与窄带物联网（Narrow Band Internet of Things,NB-IoT）方案的成熟，5G 时代的中国工业互联网革命有哪些变化？

按照德国工业 4.0 的规划，所有的工厂设备数据都在 CPS 上进行汇聚。CPS 除了可以预测每台机器的工作时长，也能通过给机器设备安排合适的工作任务来保证 CPS 下各大工厂产出产品的质量和速度达到最优。CPS 工业物联网方案除了资源配置优化和数据监控等功能外，还可取代大部分工人的人力工作，最终实现工厂的"机器自治"。

2013 年，CPS 技术在实际应用中有了一些著名案例：波音、空客、奥迪和奔驰等超现代化工厂中都有内嵌式的 CPS。这些 CPS 应用都是与机械设备关联在一起的小型硬件系统，这种硬件系统往往只处理一台机器的运作数据，而真正的 CPS 则是无数台机器互通互联所搭成的一个"工业物联网"。

"工业物联网"下的 CPS 除了可以了解机器运转状况外，还能自动分析和调配工厂机器的工作内容，使整个系统内的机器实现最优化运作，其复杂程度远远超过嵌入式 CPS。也正因为如此，CPS 的实践案例只存在于麻省理工学院的一个分布式机器人花园中，并无大规模的工业落地应用。

2015 年，英特尔、高通、德州仪器和华为等一众全球领先的公司推出了可以接入 5G 网络的 NB-IoT 技术。2016 年，云计算的技术进步以及与 NB-IoT 方案的融合，支持成本优势明显的 NB-IoT 技术的企业逐渐增多，云计算开始逐步替代 CPS 在未来规划中的数据分析能力，在智能制造和工业互联网的实践中，已经基本抛弃了原有的 CPS 物联网方案。与 CPS 有关的 CPS 物联网芯片也随着 IC 巨头的转身而成了历史产物。

中国一直在追随德国工业 4.0 和美国工业互联网的发展趋势。与德国和美国的制造企业相比，我国虽然也有数量不少的大型企业，但更多还是以中低端制造为主，CPS 高昂的建设成本和没有成熟的应用案例的原因让 CPS 在中国的推广一直没有大幅度的进展，实际上这也一直困扰着业界。

值得庆幸的是，随着低成本 NB-IoT 方案的诞生和 5G 应用的普及，基于物联网技术的工业互联网时代，将使我国企业无须重蹈覆辙，可以毫无包袱地另辟蹊径，也许能实现弯道超车的愿景。

3.3.3　内联外通的工业互联网

无论是营销端还是采购端，互联网应用逐渐从个人消费扩展到企业营销和采购两端，企业对外运营两翼的突飞猛进对企业内部生产运营的压力空前增加，传统制造和管理模式已经无法跟上经过互联网放大的市场变化速度，亟须通过智能制造和工业互联网系统建设提速。必须打通和优化原本割裂的节点、缓慢的流程转换，使整个工业企业的设计、生产、营销、采购、运营等环节都进入互联网化、智能化，只有这样这些环节才能与营销、采购两端的运转速度达到一个新的平衡，避免企业运营走向崩溃。

通过市场服务自发形成的公共服务平台，如阿里云、京东云、腾讯云、华为云等，能够吸引更多企业的主动加盟，并作为这些企业运营不可或缺的重要组成部分，这样的运营模式更为健康持久，已经在营销、采购领域服务了大量的中小企业，再把服务延伸到工业领域显得顺理成章。

行业龙头企业牵头非常适合打造针对该行业、该领域的企业级工业互联网平台，上下游和相关合作伙伴在一个相互认可的标准和规则中形成新的线上线下生态圈，真正实现良性循环的供应链运营体系。参与配套的中小企业更愿意参与建设一个规模和品牌影响力更大的公共服务平台。

3.4　数据驱动

没有数据采集，工业互联网将是无源之水。调查数据显示，企业的数据只有 20% 来自互联网，80% 的数据来自企业自身的生产经营，这些数据被处理后，可以为智能制造提供有力支持。

3.4.1　制造数据的分类和采集方式

由于行业不同、应用场景不同，制造数据的分类也不尽相同。

在流程行业，制造数据分为工艺数据、过程数据以及实绩数据。工艺数据主要是指温度、压力、电流、电压等直接影响生产效率、产品质量的数据。过程数据是指生产过程中所使用或者产生的数据，如物料、计划、生产速度等。实绩数据包括投入产出数量、合格率等。

在离散制造行业，主要的制造数据包括设备数据、生产过程数据、质量数据等。

①设备数据：设备运行状态信息、实时工艺参数信息、故障信息、维修或维护信息等。

②生产过程数据：生产计划、产品加工时间、加工数量、加工人员、加工参数、产品完工率等。

③质量数据：产品质量信息、工艺质量信息等。

目前，制造数据的主要采集方式有设备自动采集、人工终端反馈采集、其他外围终端采集等。

1. 设备自动采集

这类系统有些是由设备厂家提供，在离散制造行业用制造数据采集（Manufacturing Data Collection，MDC）系统（通常称为机床监控与数据采集系统），在流程制造业用 SCADA 系统实现设备数据的自动采集。设备自动采集的优点是企业对自家设备研究得很深入，但对其他厂家，特别是竞争对手的产品的兼容性就差很多。因此，在市场上更多采用第三方厂家提供的专业数据采集系统。

设备自动采集数据的手段主要有带网卡的数控机床（通过机床网卡，实现对设备状态的远程自动采集）、PLC 采集（通过设备 PLC 输出接口，结合其通信协议，实现对设备状态采集，包括温度、压力、流量、液位等）、硬件采集（针对一些比较老旧的设备，因其无数据输出接口或者没有通信协议，可通过此种方式进行数据采集）。

2. 人工终端反馈采集

对于不能实现自动采集的生产工序，可通过现场工位机、移动终端、条码扫描枪等数字化设备进行数据采集，包括生产开工时间、完工时间、生产数量、检验项目、检验结果、产品缺陷、设备故障等数据。

3. 其他外围终端采集

采用 RFID 与其他设备集成等方式实现制造数据采集。

① RFID：RFID 是一种非接触式的自动识别技术，它通过射频信号自动识别目标对象并获取相关数据，识别工作无须人工干预，可应用于各种恶劣环境。

②与其他设备集成：如三坐标测量机等检测设备，可通过与设备进行集成，读取产品检测信息，用于质量管理与追溯。

3.4.2　制造数据的状态管理

在制造数据采集的基础上，需要对采集到的相关数据进行分析并指导生产的改进与优化。

1. 设备状态数据分析

对采集到的各种数据进行加工处理后，以各种方式进行输出和展现，使相关人员第一时间了解设备生产的实时情况，如实时状态、加工工艺数据等，便于相关人员做出及时、科学的管理决策。

2. 生产工艺数据优化

主要表现在以下两个方面。

①设备工艺参数监控：将采集到的设备工艺参数，如温度、压力等，与设定的标准参数进行实时比对与管控，从而实现对生产过程进行实时、动态、严格的工艺控制，确保产品质量的稳定性。

②工艺改进与优化：对制造过程中的主要工艺参数与完工后的产品合格率进行综合分析，便于进行工艺改进与优化。

3. 生产过程追溯

通过产品制造过程中的数据实现对产品制造历史的追溯，达到问题复现、质量追溯等目的。

3.4.3　制造数据采集的发展方向

随着物联网等技术的发展，制造数据采集在设备兼容性、数据丰富性、数据价值挖掘等方面都实现了快速发展。下面分别从数据的采集广度、采集深度及应用的高度等方面进行阐述。

1. 采集的"广度"

采集的对象可分为两类：一类是本身就具备数字化功能的设备，如数控机床、热处理设备、机器人、自动引导运输车（Automated Guided Vehicle,AGV）、自动化立体仓库等数字化设备；另一类是"哑设备"，即指本身不具有数字化功能，但可以通过改造或者借助信息化手段，使相关信息能进入数字化系统的设备、设施、物料、人员等。例如，对普通机床通过增加智能采集硬件，对物料通过添加二维码、RFID等方式，对人员通过刷卡或者信息系统进行相应的数据采集。

通过对更多设备、设施、物料等的数据采集，实现更广的兼容性，这是制造数据采集在广度方向的发展趋势。

2. 采集的"深度"

充分发挥数字化设备及相关信息化系统越来越好的开放性，以及利用越来越强大的传感器、物联网等采集技术，使采集的数据种类更丰富、准确度更高、实时性更强，并且成本更低，从而性价比更高地采集到更多的各种数据，为大数据深度挖掘与价值体现提供数据原料基础。

3. 应用的"高度"

数据是智能制造的基础，结合制造业行业知识对这些数据进行充分的挖掘与利用，对制造企业具有非常重要的意义。

利用这些数据，首先可实现设备或生产过程的可见性，设备或生产处于什么状态，一目了然。通过与设备维修、维护等行业知识的结合，可以知道发生了什么事情，这是数据的认知性应用。

通过大数据分析，预测将来可能出现的故障或问题，实现设备的可预测性维护，避免因为设备的宕机而影响整条生产线的正常运转，实现流畅生产。

自适应是数据最高层级的应用，是指通过数据采集、状态感知、实时分析、自主决策，甚至是机器的自我学习，系统根据实时状态进行动态调整与优化，甚至是自我修复，实现高效、高质、无忧的智能化生产。

　　总之，传感器技术的突飞猛进及成本的迅速下降，使传感器无处不在，实时的数据采集成为可能，各种设备运行和生产制造大数据的快速积累，为工业互联网平台提供源源不断的高质量数据，并与行业知识深度结合，可以充分发挥工业互联网平台的价值，更好地促进企业的智能化转型升级。

第 **4** 章　采购数字化

随着互联网技术的普及应用，营销环节的数字化给企业业绩提升带来非常明显的直接效果，但企业管理是一个系统工程，每个管理节点的痛点产生都会影响企业系统性运营的顺畅和效能。营销效果越好，对后端的生产、采购、运营的倒逼压力就会越大。传统的、封闭的供应链环境和采购系统，已经无法支持企业部门之间的协同和快速发展，落后的理念和管理系统导致企业支出巨额的无效成本，企业急需通过数字化手段进行采购系统重构和升级。

4.1　采购面临的挑战

每个采购人员都梦想着，周一在公司的采购工作能像周日在家购物那样方便、优雅。但是现在的采购过程却面临着以下诸多挑战。

4.1.1　采购流程不顺畅

采购政策和工具以流程为导向，存在各种严格的管控和评估手段，但却忽略了用户体验和成果。因此，采购人员觉得现有的采购流程过于烦琐、缓慢和僵化，在他们看来，采购流程是绊脚石，而非一种有用的工具。

不可否认，许多企业已经在部署电子采购系统，甚至是云采购工具。但是，在不改变既有烦琐采购流程的前提下，仅仅部署一些新的软件或工具，并不能解决根本性的问题。

4.1.2　采购与供应之间缺乏有效协同

　　企业的采购需求需要与供应商的各项承诺相对应，采购需求会具体到物料种类、采购数量、采购时间、交货地点、成本预算，这需要供应商对这些具体要求——对应匹配。如果需要供应商重新生产，则需要工厂的承诺；如果需要转库，则需要供应商给予转库承诺；如果需要安排运输，则需要与供应商确认运输承诺。因此，供应商与企业采购部门之间的有效协同至关重要，但在实际运行中，由于缺乏一致的采购和供应理念，以及缺乏有效的系统支持，企业采购与供应商协同这一部分面临很大挑战。

　　企业整体性、系统性的运营能力一般包括产品研发、智能制造、市场营销、业务拓展、成本控制和供应链协同等部分，而采购环节是其中重要的组成部分。核心物料通过协议采购、非核心物料和有关服务通过社会化采购的管理理念，可加强企业与供应商之间的有效沟通和协同。

4.1.3　采购系统与财务系统的分隔

　　采购部门基本上沉浸在自己的专业领域，与财务部门有联系，但在流程对接、系统对接上来说基本上还是隔断的，采购部门很少与财务部门沟通有关采购的问题。

　　企业领导会经常需要财务部门提交有关经营数据，但很多数据其实来自业务部门，出现的问题很多也是业务端造成的。如果业务端不做改变就会增加财务管理的难度和财务风险，但在过去的管理模式中，业务问题只与业务部门进行沟通，而业务部门也不会从财务的角度看问题。采购部门也上线了采购系统，财务人员会使用采购系统吗？或者财务管理的价值体现在哪里？首席财务官（Chief Financial Officer,CFO）或者财务部门的领导所面临的采购问题有哪些呢？

　　第一，业务流程管控。这是一个老生常谈的问题。实际上很多业务流程和财务之间的数据是隔离的，流程之间也是相对隔离的。财务部门做了很多工作，包括数据抽取、分析、展现等，但几乎都是事后分析。即使财务人员有能力做到实时分析，但由于很多业务流程并不在统一的数据共享平台里面，所以财务人员无法做到实时分析。因此，财务分析没有与业务联系起来，财务决策也就缺乏控制力。

即使是上线了 ERP 系统的企业，在信息化方面非常有经验，但也没有哪一家企业领导敢说所有的采购合同都在系统里面。同时，财务部门能看到合同签订的状态、执行的状态，能看到合同的付款节点，可以据此提前做付款计划。这其实会带来很多管理问题，如对某些产品、某些采购业务可能管控得比较好，而某些采购业务则管控得较差。

第二，财务结算风险。 采购流程不打通会带来很多结算风险。如果一家企业的采购流程分散在两个不同 ERP 系统内，采购员负责和供应商进行对账和"三单匹配"（采购单、出入库单和发票）。在采购员完成"三单匹配"、把发票交到财务部门之前，财务部门是不知道到底收了多少货、应该准备多少资金的，这导致有些发票交过来的时候就已经临近付款日期甚至过期了。在这样的情况下，财务结算实际上存在很大的风险。

第三，效率和准确性。 至少 90% 的企业在采购、开发票、收发票、验真、结算这些环节中，财务人员会做重复工作，或者说完全通过系统无须重复、人工干预就可以完成的情况很少。有些企业做得好一点，有些企业做得差一点。

这些问题是怎么造成的呢？因为过去的管理系统关注的重点和解决问题的方向和现在的需求是有一定偏差的。企业通常会遵循"二八原则"，即首先解决那 20% 最主要的问题，然后逐步解决剩下的问题。10 多年前部分企业开始做 ERP，整个企业靠 ERP 支撑起运营、战略分析等，为财务端提升效率所做的风险管控等可能就放在后面。过去企业最关注的就是如何通过 ERP 解决原材料、辅料等问题，有很多遗漏，财务部门也有一些自己的需求和想法。部分企业的采购管理系统其实还是有待提高的。

另一个原因，就是覆盖的业务范围。过去企业关注的重点往往在计划、订单和供应商协同上，这些都是以业务为导向的。例如，为解决实际业务问题而建设的各种体系，可能会忽视业务流程执行完之后就会面临的结算、对账、发票等各种各样的问题。

4.2　从传统采购走向共享采购

4.2.1　采购模式的分类

随着企业采购需求管理领域的不断扩展，不同类型物料的采购模式不同，采购管理需要具备相当的灵活性，以支持不同的采购管理模式；作为企业整体管理需求，又要强调采购管理系统的集成性，同时兼顾到与财务、税务的协同，集团与分、子公司的协同。

企业需要采购的东西很多，有用于满足产品设计、生产需要的生产性物料，有用于满足办公需求的办公和辅助性物料，也有用于支持企业更好地运营的咨询、培训等服务性采购需求。如果按照采购对象的价值高低和合格供应商的数量多寡来划分，可以将采购模式分为**战略型、杠杆型、获取型和多样型** 4 种类型。

1. 战略型采购模式

战略型采购模式的特点有产品价值高、产品独特、产品对企业的经营非常重要、只有少数的供应商有能力提供产品和服务、供应商转化困难。例如，高端的机械加工设备、部分关键原材料，包括管理信息系统及相关服务等。

采购策略是选择战略供应商。在技术和研发方向上，与供应商采取战略合作方式。采购过程的控制尤其重要。

2. 杠杆型采购模式

杠杆型采购模式的特点是产品价值较高、有较多供应商、企业内部采购的需求量较大。例如，电子材料、结构件、重要的车辆设备、大量使用的通信及计算机设备等。

采购策略是减少供应商数量，集中采购以降低成本；进行供应商评估，严格监控产品和服务的质量。

3. 获取型采购模式

获取型采购模式的特点是产品价值低、产品具有标准的质量和技术要求、供应商转换成本较低。虽然有很多供应商可以提供产品，但搜索比较替代品以及采购管理的成本很高。例如，保洁用品、办公用品、劳动保护用品、食品等。

采购策略是自主采购、通过通用电子目录自助采购、采购自动处理系统，以尽量减少采购部门的工作。

4. 多样型采购模式

多样型采购模式的特点是产品价值不高；大量供应商可供应产品；产品相对标准化，容易获取；供应商转化成本低。例如，通用的物资、包装材料、办公设备、低价值办公自动化设备、计算机设备、标准网络设备和交通工具等。

采购策略是低价格采购，重点在于价格分析；电子招标，竞价采购。

在过去投资的 IT 系统中，至少 80% 的系统都投入在生产性物资管理上，用于解决生产性物资的相关问题，很少覆盖到其他产品，如行政办公类的产品采购。

有些企业负责行政办公用品采购的人员是保洁人员，同时保洁人员还兼职保管员。员工领办公用品就找保洁人员，库存快没有的时候，保洁人员向采购部门申请采购。这些采购不一定会被纳入公司管理系统，也不会有供应商对账和结算，更没有采购合同管理等内容，但统计出来，整个公司的采购量也不少，但在前期管理中没有将其纳入进来。

传统的采购模式基本涵盖了原材料物资、生产辅料、备品备件，覆盖的业务范围包括采购计划、采购订单、寻源管理、供应商协同等工作领域，信息系统应用的实现分别是在计划管理系统、ERP 里面的采购模块、SRM 里面的前端寻源管理和针对供应商准入标准采取的招标平台上。

传统的采购模式基本上属于战略型、杠杆型的采购模式，并没有涵盖企业所有的采购对象和采购行为，在系统管理实现方式上，也没有实现全流程的打通和协同，尤其是和财务系统的协同对接。

4.2.2 采购共享模式

如前所述，如今谈采购已经不能继续沿用企业在信息化早期时的策略，数字化、互联网技术高速发展，企业需求瞬息变化，企业应该抓住机会，把流程打造得更加顺畅，以能更加敏捷地应对市场变化。因此，企业要把所有采购范围都纳入采购管理体系，所有的采购流程与其他部门的协同流程都要纳入采购管理体系，形成整体的、一站式的采购管理体系。

采购管理的发展经历了 3 个阶段：着重生产型物料采购管理的 ERP 阶段；强调供应商管理和战略物资采购的 SRM 阶段；覆盖全部采购品类与覆盖从采购到支付共享流程的一站式 BSM（Business Spending Management，企业支出管理）阶段。这既是企业逐步深入采购管理的发展步骤，又是采购管理系统不断应用新理念、新技术的一个发展历程。也就是说，企业在设计、规划采购管理体系时，要从全流程协同和采购门类全覆盖两个角度出发。

北京元年科技股份有限公司（以下简称"元年科技"）的采购管理方案不同于传统的管理模式的管理方案。

首先不同于 ERP 中的采购管理。ERP 要解决的问题是如何提高效率，打通部门隔阂，它解决的是执行端的问题。SRM 往往着眼于业务部门，以采购部门为导向，解决一些专业的采购问题。元年科技提出一站式 BSM 方案就是要解决困惑企业很久的双重难题：采购部门的专业问题和企业整体支出问题。企业需要把复杂的采购过程，包括商旅支出全部纳入这个平台进行管理、分析、控制。BSM 也是现在国外非常流行，且被大家接受的一个采购管理新流派。

BSM 方案的重点就是简化和整合。首先，简化采购系统的复杂性，减少采购员、业务员在采购系统上所花的时间。为每一位采购员建立一个统一的采购门户，简化应用。其次，把适用企业的第三方平台整合到这个平台中，如第三方电商平台、资信平台等。

其次是高度自动化。基于创新的技术可以给采购管理本身带来全新的提升空间。有研究报告显示，50% 的企业首席采购官（Chief Procurement Officer,CPO）认为他们的采购流程的效率是有待提高的。从传统的采购订单、审批，到对账、核算，未来可以引入更多技术，包括机器人技术，以提高采购效率。

再次是智能风险管控。包括财务、资金等环节，有很多机会整合第三方的资源去做智能的管控。

最后是行业化应用。例如，财务部门对固定资产的管理，财务部门需要了解固定资产实物调拨的申请是谁提出来的、固定资产实物要调到何处等问题。这些都是元年科技的 BSM 方案所关注的，可以帮助企业客户整合和简化，降低风险。企业通过行业化应用 BSM 方案，可使业务管理的范围更加精确。

4.2.3　一站式支出管理

采购部门与财务部门有很多要协同、整合的地方，领导也会给财务人员提很多要求，如管控业务的风险、降低采购成本等，其实这些事情在现有的 IT 架构下，对财务人员而言是非常困难的。以采购为例，在以 ERP 为核心的 IT 系统中，财务是流程的最后阶段，到"三单匹配"结束后，业务人员将发票交到财务部的时候，财务人员才知道发生了什么、买了什么、什么时候要付款。所以说财务人员要做到采购业务的风险管控其实是非常难的，因为财务人员既不知道采购人员买了什么，又不知道买得对不对，更不知道什么时候要付款，如何控制风险？但是在企业内部，这个业务的风险控制的职责，有很大一部分是放到了财务人员身上，对财务人员而言，这是一个非常难处理的问题。

财务人员不知道采购明细，也没有参与采购过程，结算一定会有相应的风险。当业务人员将发票交到财务部要求付款时，财务人员才可以判断这笔款项应不应该付、有没有钱付、发票是不是已经超期了。这些对财务人员来说都是风险。

因为财务人员没有参与前端的采购过程，后端处理时需要录入大量重复的信息，要重新做相关要素审核，这些都会使财务人员工作的准确性和效率大大降低。因此，在新的财务共享框架下，企业需要做一站式支出管理。ERP 是一个执行系统，SRM 是采购部门的系统，对财务人员没有太多的价值，所以需要有这样的一个一站式采购管理方案来解决财务人员与业务人员工作上的矛盾。企业需要做相应的整合，不光要整合所有的资源，还要整合所有的流程，让财务人员从前端开始参与采购过程，而不是到最后时才参与进来。同时企业需要高度自动化，整合相应的对账、结算等内容，需要有相应的智能风险管控，帮助降低财务风险，包括财务结算的风险。

整个平台架构覆盖了采购全流程、全功能，以及云上的协同。很多企业拥有大量优质供应商，如果这些企业能够在云端进行相应的协同，就可以发挥更大的价值。

元年科技设计的一站式支出管理系统的特色如下。

①打通采购的全流程。ERP 也好，SRM 也好，对于财务而言这个流程是断开的，企业需要有一个平台来整合从供应到寻源到合同，到采购到发票到支出分析以及到最后的用户协同。这样一整套的流程，可使财务人员从前端开始参与整个采购流程。

②整合互联网的资源，优化采购流程。ERP 的核心是管理生产物料，但是很多办公物料以及其他行政类采购没有得到有效的管理。而元年科技的采购共享平台就可以让所有办公物料、行政采购都能够得到统一的规范性管理。

③整个采购流程是贯穿始终的。前端的采购可以连接后端的结算和支付的流程，以及再后端的财务核算。只要发起一个采购流程，所有的流程都会自动往下执行，而且最终形成财务凭证，风险管理、整个政策的管控在这个流程中都能得到统一的展现。

④关于结算和账务的处理。整个流程是内置在系统里面的，所以从订单开始到开票，到发票管理再到最后的验证记账，是一个完整的流程。特别是引入电子发票之后，寄送发票这一流程也基本上用不上了，用户可以直接从发票库里面下载增值税专用发票、增值税普通发票等。

⑤提供传统的采购系统甚至 ERP 系统都不提供的功能。实物资产的管理对财务人员来说是非常令人头痛的。实物资产在资产系统里面得不到很好的管理，但是财务人员又需要对它进行管理。元年科技的一站式支出管理系统的另外一个特色功能是对合同的管理，大家都知道企业很多的支付是要与合同相关联的，但是财务部门因为这个小的功能而上线一个合同系统不合算。这些都是元年科技针对我国企业的特殊需求设计的一些特殊功能。

本章提到了很多全新的技术，这些技术会对财务人员的职业生涯和事业产生非常重大的影响。根据麦肯锡的预测，50% 的工作内容可以通过现有的技术的自动化来实现。目前我国的会计从业人员超过 1 400 万，这些人几乎都有转型的需求。

为了实现财务数字化转型，元年科技提供了一整套工具和平台。所谓工欲善其事，必先利其器，有这样的一整套工具可以帮助财务人员更好地完成转型工作。

4.2.4　采购共享模式的特点

一是一站式整合的平台。这个整合首先体现在和采购相关的领域都会被纳入元年科技的方案中，涉及采购后收发票、发票验真、付款、资金计划和相关费用，而这 4 个环节是息息相关的。传统做法是把每个环节都割裂在不同的领域，元年科技的一站式方案就是要把闭环联通，同时发挥元年科技在管理会计、财务共享、税务共享等方面的优势，再辅以传统的供应商管理、寻源管理等，打造一个云端的协同社区，将其作为一个云端的资源共享和协作平台。

一些企业非常想借助现有的优质供应商进行转型。那么有没有一种可能是把这些优质资源共享出来，产生一种全新的合作方式、业务模式？元年科技的云端协同社区就能帮助这些企业完成这样的转型目标。

其次就是外联内通。横向的层面就是把过去很多断开的环节全部打通，并且把数据都实时反馈到采购共享系统。纵向的体现就是把费用、商旅、采购、生产物资采购管理等全部纳入一个平台。

企业通常都会有很多系统，员工每次都要登录各种系统，出差还要自己垫钱，然后再报销。而通过元年科技的一站式方案，在同一个系统里就可以订机票、酒店等，并且员工在大部分情况下不需要垫钱。

二是融合互联网。通过这种方式最大限度地简化过程。对于一些标准产品，目录整合的标准化是最难的，光完成这项工作就至少需要几个月。元年科技共享平台，前端提供电商式的平台，后端提供电商式的购物体验，还能和整个税务系统打通，完成发票验真、税务规划等工作。

三是智能对账和结算。供应商自助上传对账单，完成智能对账和差异预警，支持用 RPA 功能生成发票，提高对账环节的效率和准确性，同时控制风险。

四是满足我国企业深入应用的需求。包括费用类商品库存管理、资产实物管理、复杂采购管理等。

五是创新技术。技术创新如果不应用到具体场景中，对企业管理者来说没有价值。如果企业能对未来的市场需求进行更准确的预测、能对市场的波动进行一定程度的预测，企业就能制定出有利于企业发展的商业决策，这也是创新技术在未来的一个应用方向。

在采购付款环节采用机器人技术；在供应商管理环节要进行供应商考核，可以运用物联网、VR技术，对关键供应商的现场情况进行管理和考核。

采购主管将与其他业务线主管通力协作，确保随着业务的发展，采购部门能够满足整个企业的需求。采购主管会想方设法节约成本（这也是他们的绩效评估标准之一），同时他们也希望能在其他领域创造切实的收益。

业务部门和运营部门在进行采购时，不再只是执行战术采购活动，而是与业务部门经理和采购部门经理通力合作，以取得更出色的业务成果。尽管部分核心寻源、缔约和供应商管理活动将改由共享服务中心负责，但是采购专员将通过与业务部门密切合作，确保将这些活动集成至供应链中，并满足客户需求。同时，采购专员还将更加积极主动地参与创新、设计供应链方面的探讨，并将外部寻源功能纳入探讨范围。具体来说，采购专员期望在以下领域开展变革，如图 4-1 所示。

关键领域	过去	新的期望
风险、可持续发展和品牌	· 专注于管理供应商风险和防止业务中断	· 采购部门必须确保建立透明且可持续的供应链，兑现并强化品牌承诺 · 由愿景驱动的采购部门将杜绝违规雇佣出现在他们的供应链中
价值管理和报告	· 专注于以逐步节约更多成本和提高效率为衡量标准	· 以客户满意度（包括内部客户和外部客户）作为关键指标 · 高级分析技术将帮助采购部门量化和管理软性收益
战略合作伙伴关系的建立	· 与战略伙伴合作谈判时，关注的是价格、条款和条件，双方的谈判是一场零和博弈	· 通过实时共享信息和开展协作，合作双方将共同承担风险，同时在更多领域实现互利共赢 · 企业将利用商业网络，识别最佳供应商，并扩大合作范围，建立超越传统买卖关系的合作关系
供应商绩效管理	· 根据基准或过往活动，评估供应商绩效 · 缺乏相关流程和控制措施，无法妥善管理不断增加的外部员工，这可能会给企业带来风险	· 实时功能和大数据将提高采购部门的分析能力，从而大幅优化绩效管理，借助以服务形式交付的准确评分卡和仪表盘，采购部门能够开展全方位的评估，从中发现模式、最佳实践以及优势和劣势 · 通过了解、洞悉和管理供应商与外部员工，采购部门能够最大限度地降低违法风险

图 4-1 采购管理的变革方向

4.3　数据是实现数字化采购的关键

要构建数字化采购体系并非易事，要求企业掌握一整套"复合知识体系"，具体涵盖以下五大要素：数据、技术工具箱、直观的用户体验、技能与人才，以及新政策、新流程和新运作模式。其中数据是最重要的关键因素。

4.3.1　数据

数字化采购体系的核心是数据，而且是海量数据。企业运营离不开数据，包括：预测客户需求，了解哪些产品或服务可以更好地满足这些需求；确定合适的供应商，并确定合理价格。

实际上在大多数企业，采购部门都无法有效利用海量数据分析供应商、市场和众多其他因素，因此很难做出商业决策。一般情况下，他们只收集交易数据，偶尔收集细项数据。有些企业的采购部门并不注重收集背景信息，尤其是与流程步骤有关的流程数据，如审核和批准采购申请、确立合同以及招标流程等方面的数据。此外，他们也没有充分利用各种重要的外部数据和第三方数据。

要打造真正的数字化采购体系，企业应当有意识地获取比现在多得多的内部和外部数据。

采购体系内的所有数据，不仅包括采购流程数据，还包括与采购活动相关的其他流程所产生的数据。其中包括发票和付款数据，用于了解价格和流程的合规情况，以及流程信息，如谁批准了价格变化及其具体金额。

采购体系以外的数据，如深入而全面的行业和市场信息。这些数据其实更为重要，特别是在协商合同的具体条款时，企业需要依据这些数据计算总拥有成本和价格杠杆，从而判断该采购哪些物资，以及该从哪些供应商处购买。不过，由于相关数据过于庞大，这已成为大多数企业采购体系的薄弱环节。对任何单一企业而言，仅凭一己之力恐怕很难解决这个问题。

构建完备的采购体系需要获取两类数据。一类数据用于创建具有参考价值的信息，如供应商基本信息、市场概述或各地区商品或服务平均价格的描述性分析。另一类数据用于分析采购决策与结果之间的相关性，建立预测模型，最终实现人工智能。这也是企业应当竭尽所能采集更多信息的原因。

4.3.2　技术工具箱

如果说数据是数字化采购的燃料，那么技术就是数字化采购的引擎。这里所说的技术，并不是支持业务流程的 ERP 类系统，而是连接数据并赋予数据特定的含义的技术，尤其是 AI、自然语言处理、数据分析和机器人技术。通过将数据和上述先进技术结合在一起，企业能够实现各种业务活动和流程的自动化或优化，在特定情况下，还能超越简单的自动化，实现高级的智能化。

假设将端到端采购流程中的所有行动和任务都绘制在二维矩阵上：一根轴代表决策的复杂性，另一根轴代表结构化数据与非结构化数据的比例。

任何同时涉及高度结构化信息［如供应商名称、类别、商品代码、离散项描述或 SKU（Stock Keeping Unit, 存货单位）编号］和基于规则（"如果是 X，则执行 Y"）的活动或流程，都应该实现自动化，以加快执行速度和提高效率。这便是流程自动化机器人的工作。

例如，利用 RPA 技术，企业可以将采购申请自动转换为采购订单，只要确保所有必填字段完整且准确，整个过程无须人工干预。某些采购工具已经支持基本的自动化，如自动验证和分配类别或总账代码。在图谱的另一端，当某个活动或流程需要人工判断，并涉及大量非结构化信息时，利用预测模型和人工智能技术更为适宜，智能代理能够处理并帮助用户做出更好、更明智的决策。例如，在选择供应商时，智能代理将应用一个复杂的模型，根据所采购物品的采购历史记录、供应商评级和绩效以及最近推荐的供应商报价，推荐供应商。

4.3.3　直观的用户体验

为了实现数字化采购的最大价值，企业需要提供直观且有吸引力的用户体验，以鼓励采购人员使用在线采购工具。使用数字化工具的人越多，采购的效率就越高，企业可以采集的数据量也越大。如果用户体验糟糕，人们就会想方设法绕开数字化工具，或者是不进行采购（因为流程太过复杂或者太耗时），或者寻找其他途径进行采购。

对于数字化采购来说，一般通过一个门户网站，以简单明了的方式呈现相关信息，方便用户做出正确的决策。"杂乱的事情"全部都在后台发生，用户完全意识不到。系统借助智能算法，向用户提供采购建议，而不是迫使他们手动搜索数据库，也就是说用户无须主动搜索便能发现自己可能感兴趣的商品。

4.3.4　技能与人才

创建和运作数字化采购体系，并非只是采集更多数据和使用数字化工具那么简单。要创造真正的价值还需要一个关键要素，即构建一个由各领域专家组成的跨职能团队，其中包括以下 4 类人才。

数据科学家和 AI 专家，他们知道如何构建模型来处理数据，并建立不同模型间的关联性。

品类及行业专家，他们能够判断出这些关联性是有意义的，还是只是巧合。

IT 专家，他们熟悉技术工具和软件应用程序，了解如何将这两者结合在一起创造出有针对性的解决方案，并将它们整合到公司现有的 IT 基础设施中，从而真正创造价值。

设计专家，他们擅长设计有吸引力的用户体验，使用户愿意使用企业提供的工具，而不是排斥它们。

事实上，采购部门应当培养上述 4 类人才，以取得最大效益。只投资其中一项远远不够，而投资了所有领域却没有以数字化的视角进行整体规划，也是不行的，而这往往是大多数企业面临的难题。单单寻找充足的品类及行业专家就已经是很大的挑战了，再加上招募合格的数据科学家和 AI 专家，其难度可想而知——人才缺口其实是实现采购体系数字化的最大障碍之一。

4.3.5　新政策、新流程和新运作模式

数字化采购为采购人员和供应商提供了全新的协作与互动方式，使所有相关方都可以更加方便地获取数据。不过为了充分利用这些新功能，企业应该重新审视其政策和流程，确保每个员工都了解自己在新采购流程中的角色和职责，以及如何做出明智的决策。此外，采购部门的运作模式很可能也需要大幅改动甚至推翻重来，从而与新的工作方式相匹配。

4.4　采购共享的应用场景

4.4.1　某综合集团的采购共享实践

一家综合集团通过元年科技采购共享 BSM 平台制定了企业后端的一站式整体采购方案，打造了 3 个闭环：第 1 个闭环针对前端用户，就是一个平台；第 2 个闭环是针对采购部的，在中间环节；第 3 个闭环是给予采购部及财务部用作和供应商合作的，所有的信息对外都可以实时协作，并且前端引入了第三方资源和资讯平台，以对后端的支出进行管理。

这家综合性集团企业后端有两个 ERP 系统，有 100 多家法人在这两个系统里面，其特点如下。

首先，两个系统里所有的订单、申请、发票的结构完全不一样，这造成财务端的"三单匹配"工作要分散到两个系统里分别去做，这个压力非常大。

其次，这两个系统是没有与财务共享服务中心连接的，这造成它们在过程中是没有被监控的，所以它们需要一个供应商协作的中台，构建在 ERP 之上，然后和税务共享服务中心打通，构建于供应商之下，把所有交易相关的信息实时导入中台，让财务人员通过这个平台能够更好地与供应商核对（见图 4-2）。

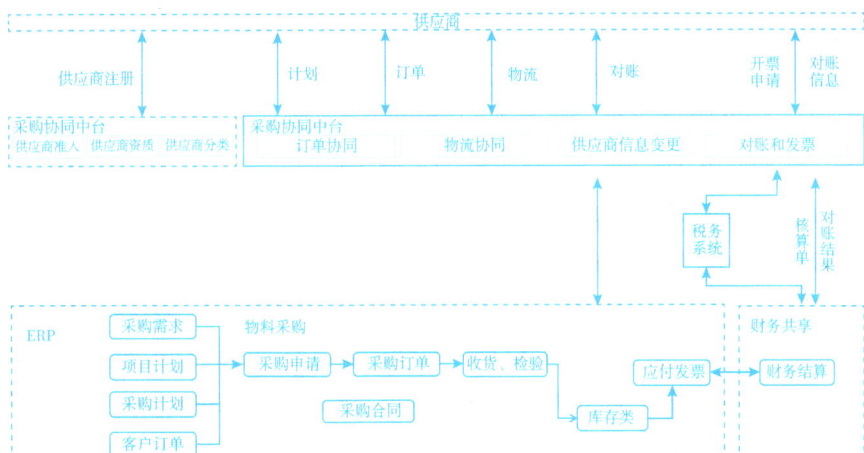

图 4-2　某综合集团的一站式采购平台示意图

4.4.2　用数字化构建典当行业新商业逻辑

北京华夏典当行是一家非常重视商业逻辑的公司。这家 1993 年成立的现代典当企业历经从小到大、从弱到强、从"传统坐商"到"主动行商"、从"单一典当"到"多元业务"的演变。2008 年初，华夏典当行注册资金增资到 1.2 亿元。2009 年 2 月，注册资金增资至 1.5 亿元。目前，华夏典当行在北京开设了 50 余家连锁门店，并把业务扩展到天津、成都、西安、石家庄、杭州等地，总门店数量扩展到 70 家，一跃成为北京乃至全国规模最大的典当连锁经营企业之一。

随着行业监管的收紧、商业环境的变化和行业竞争压力的增加，典当行业也面临着更大的竞争压力，华夏典当行按照新的商业逻辑构建新的战略管理体系。经过 8 个月的紧张实施，2019 年 1 月 1 日成功上线的采购、商旅共享平台将成为华夏典当行战略落地的强力抓手，助力企业构建符合新商业环境的管理体系和 IT 系统，达到"降本增效"和改善用户体验的目的。

在华夏典当行整体的新商业逻辑中，管理系统的高效运行、快捷落地是非常重要的一环。前期上线的 ERP 和核算财务管理系统为企业的管理升级奠定了很好的基础，但连锁门店的不断扩张，对企业管理能力的挑战日益加剧，严重制约了企业的扩张速度。使业务流程更顺畅、控制运营成本成为企业精细化运营的具体内容，数字化采购和商旅共享平台对当下的华夏典当行的优化升级显得尤其重要和关键。

2018 年的调研显示，华夏典当行在采购流程和管理方面存在：采购品类多、人工成本高、门店采购和总部采购难以管理；内部管理系统无法与外部主流电商平台互联互通；财务部门被动接受发票，无法获取业务的实质进展信息，采购数据真实性难以保证；财务凭证人工干预较多，核算操作量大等问题。总之，采购、财务和业务部门各自运行，没有在业务流程上相互协同，在系统数据上没有及时共享，影响整个采购流程的推进运行。

华夏典当行项目小组和元年科技的专家详细分析讨论之后，确定了项目实施的系列模块，包含预算控制、费用控制、商旅模块、商城模块、合同管理、采购管理、发票管理与验真、移动审批模块以及外围系统的接口管理等。华夏典当行的采购共享管理方案如图 4-3 所示。

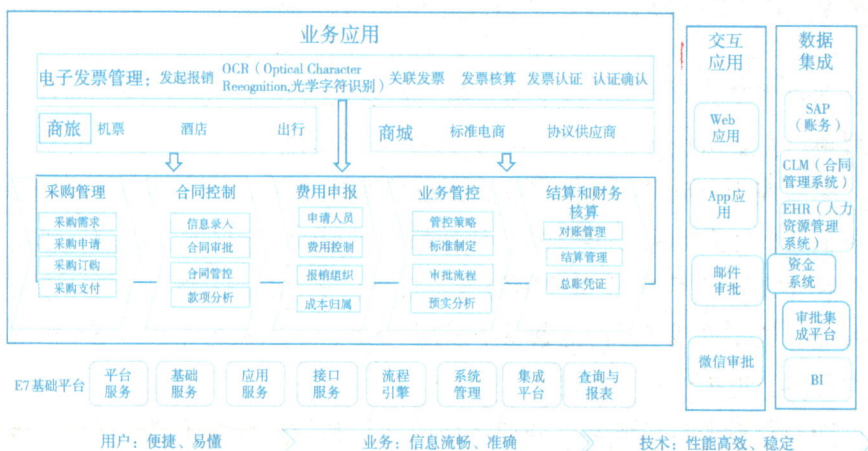

图 4-3　华夏典当行的采购共享管理方案

现在，华夏典当行将京东商城商品引入内部采购平台，实现了所有的商品和服务都采用采购系统管理。商城自助采购系统通过对供应商的筛选、维护和商品规则定义，实现公司采购业务的标准化管理，实现采购入口的统一，实现采购业务事前预算、事中控制和事后分析管理，完善商城商品自采流程，简化了采购过程，提升了采购效率。

华夏典当行目前已对接京东商城的 600 余种、400 多万款商品。同时，华夏典当行将自有供应商也纳入内部采购平台，对接了 15 家自有供应商、

1 000 多件商品，实现用统一平台管理所有的供应商采购流程。

华夏典当行商城搭建的内部采购平台实现了非商品业务采购的标准化管理，实现了业务过程线上管理，提供采购分析数据支持，利用信息化系统平台把采购人员从琐碎的交易业务中解放出来。商城和采购管理对接将前端采购与后端业务管控、财务处理有效衔接，实现企业采购全过程管理。实行预算范围内按需自主采购，采购过程合规、透明、高效。商城共享平台把传统的企业采购流程从线下转移到线上，减少了线下库存的积压，增强了采买力度的管控，实现了物资采购的电子商务化和采购管理的"去现金化、去行政化、去库存化"。

第 **5** 章　商旅数字化

中国是全球商旅支出规模最高的国家：2017 年中国商旅支出规模为 3 465 亿美元；美国第二，支出规模为 2 923 亿美元；德国第三，支出规模为 638 亿美元。2019 年，全球商旅消费支出规模达到 1.45 万亿美元，同比增长 2.1%。中国商旅管理市场交易规模近年来持续增长。截至 2018 年，交易规模达到 2 261.2 亿元，同比增长 18.9%。预计 2020 年交易规模突破 3 000 亿元。其中，2018 年中国商旅管理机票产品占比 81.2%，酒店产品占比 14%，其他产品占比 4.8%。从企业差旅预定方式来看，主要以手机移动 App 预定为主，占比 57.5%，其次为 PC 客户端，占比 47.3%。

5.1　企业商旅管理的新挑战

5.1.1　企业商旅管理的发展阶段

我国企业商旅管理经历了 5 个阶段，每个阶段的升级发展都依托于信息技术在商旅行业的深度应用。

1. 1.0 时代：个人预定模式

基本上没有商旅管理的概念，完全是个人预定模式，员工通过人工方式解决订票、订酒店等商旅活动，出差回来进行人工报销。

2. 2.0 时代：协议商旅模式

随着出差频次不断增加，为确保出行车次、机票、酒店能够及时满足需求，出现了协议酒店、电话预订机票等形式，以及公司统一支付和员工报销相结合的方式。上述两种模式没有采用信息化和互联网模式，但延续的时间很长，直到出现互联网解决方案。

3.3.0时代：单平台模式

协议商旅模式在互联网时代继续保持，出现员工用手机 App 自助在线订票，由公司统一结算的单平台模式。

4.4.0时代：分散连接，多平台模式

这是现在比较流行的方式，也是很多企业急需上线的商旅系统模式。即员工连接到商旅平台，第三方服务平台也接入商旅平台，员工通过这个平台完成自助订票流程，公司统一结算。这个模式将差旅活动和报销系统整合在一起。

5.5.0时代：集成多平台的闭环模式

通过应用程序接口（Application Programming Interface，API）形式连接多个商旅平台进行自动比价，员工通过 App 自动在线订票，公司统一结算，差旅系统和报销系统一体化集成在一起。这也是元年科技智能商旅共享平台的模式。

上述对商旅管理发展阶段的划分，也可以将其看作企业在不同发展阶段采取的管理模式。但随着企业规模的不断扩大，企业对商旅成本的管控、管理效率和员工出行体验提升的要求越来越高，商旅管理将会逐步升级到更高的阶段。

5.1.2　企业商旅管理的迫切需求

商旅活动是企业完成商务目标的常规活动，因此，要在服务于企业目标的大背景下审视效率、成本和体验 3 个子目标。一般来说，企业的商旅管理存在以下迫切需求或挑战。

1. 商旅流程没有打通，相关数据收集困难

从申请、审批到购买飞机票、火车票，酒店预订，餐饮，会议，展览等相关活动的全流程的数据收集并非在一个系统中完成的，这些流程在很多企业是割裂的。因此，只有等员工出差回来报销的时候，财务人员才能拿到具体数据，实时数据收集非常困难。

2. 企业的成本管控无从下手

商旅出行的每一项成本都是基于不同的条件，如出行时间和出行方式

都会影响成本。但从完成商务目标的质量和效率来看，有些成本的支出是合理的。因此，如何制定相应的规则，谁来管控、监督这些规则的执行是一个问题，这也是企业商旅管理的一个迫切需求。

3. 员工出行体验质量不高

从员工出行体验的角度看，便捷、舒适当然是重要指标，但追求便捷、舒适通常会付出更高的成本，这与企业的成本管控的目标是不一致的。因此，在企业预算范围内，尽量做到让员工拥有较舒适的出行体验，既是体恤员工的重要手段，又是更高质量地完成商旅出行的目标的重要保障，两者需要得到兼顾和平衡。

与此同时，员工垫资出行的状况仍普遍存在，这也是影响员工出行体验的重要因素。

4. 商旅数据与财务系统脱节，无法"消灭报销"

商旅数据没有和财务系统打通，在出行过程中，财务人员无法得到相关数据，员工只有等到报销阶段才能将各种票据交给财务人员，财务人员也只有到报销阶段才能知道出行成本和数据，也才能将其记录到相应科目，完成财务审核、报销流程。员工需要手工贴票，并且等待较长的时间，才能拿回出行垫付的费用。

5. 过度依赖外部商旅管理公司导致升级难度高

更换商旅管理公司（Travel Management Companies，TMC）的成本很高，一旦供应商服务跟不上，会出现很多不必要的麻烦。同时，TMC 服务只能解决商旅管理的一部分，但是企业的需求非常复杂。把合规的标准放在 TMC 平台上相对容易，但要将预算管理功能整合在平台上就很困难，这导致整条管理链条是割裂的。

6. 无法在效率、合规性、成本和体验上达到平衡

商旅出行是为了完成商务目标，存在着出行效率、流程合规性、企业成本和个人体验 4 个方面的需求，每个方面追求的目标不同，的确存在相互矛盾、制约的地方，因此，需要有先有后、分清主次目标，达到一种相对平衡的状态。

5.2　纳入企业全支出管理范畴

商旅管理的用户很可能是全体员工，但更大的主动权还是掌握在企业手里，应该站在企业运营的角度来看待商旅管理，将商旅管理融入企业支出管理的大平台，通过数字化提高企业的运营效率，最终推动企业整体支出管理数字化的全面提升。

从成本支出来看，商旅支出可能只占企业总支出的一小部分，但其在很多流程管理上与其他采购支出非常相似，应该把商旅支出管理纳入企业全支出管理范围，从全局视角来审视和管理商旅支出。当然，需要强调的是，商旅管理本身有其行业特点，与一般的物料采购有较大的差别，在分项管理中，要重视这些特点，分门别类地进行管理。

5.2.1　把商旅供应商纳入企业供应商管理体系中

不同阶段或不同行业的企业对 TMC 的要求是不一样的。如果前期对已选择的供应商的服务与企业需求的结合度没有非常深入的了解，有可能会导致已经选择的 TMC 与最初的期待完全不一样而陷入被动。例如，透明度存在问题，在流程上没有提高效率，在财务层面又会出现不同的问题，经常处于停用的状态。

其实很多企业是有一个很成熟的、供应商全生命周期的管理评价体系的，拥有从供应商的选择、评价、准入到交易后评价等一套完整的评估体系，如果合作的供应商的服务水平准备达不到企业的要求，可以立即更换供应商。元年科技的供应商管理体系就具备这样的能够快速更换供应商的能力，在一个品类里面寻找多家供应商，让员工选择一个最优秀的服务商来给企业提供服务。但很多企业，在其商旅管理里面没有引入供应商管理的概念。

要把预算管理纳入商旅管理中。与商旅有关的预算可能包含商旅费、培训费、会议费，预算项目里面还有非常多的其他支出，很难在商旅平台上做到全面管控。

这些痛点其实与企业全支出管理的痛点是相通的。企业的支出管理包括从采购、商旅到费用开销的全过程，是一个全面的、完整的支出管理信息系统。传统的费用管控发起部门主要是财务部门，但是财务部门设计的流程是与交易分离的，不管交易的过程，只管拿到发票之后的报销和交易开始之前的预算管控、预算申请。很多为了管控而管控的流程，对提升工作效率几乎没有帮助。

一家拥有 20 万人的大型保险集团公司就采用了一个集团级的费用管控系统。员工要出差，先在费用管控系统申请，然后逐级审批。一个保险公司的经营机构可能会设在乡镇上，乡镇经营机构的业务员要出差，报销费用的时候要逐级批到地市级、省级分公司，至少五六个领导签字才能完成这个流程。从申请到借款到报销一遍流程走下来，出差要提前两个月安排，这样就没有办法快速响应客户和市场的需求。

对账、结算、开票、付款，不管对采购部门、行政部门还是财务部门来说都是非常痛苦的过程。企业的一个系统往往只能解决一个部门级局部的问题，无法解决公司全链条闭环的问题。

5.2.2　支出管理数字化必须做好 4 件事情

第一，整合资源。必须把供应商的商品、服务直接纳入企业管理平台，让员工可以直接使用相关资源。但前提是所有资源都要经过采购、行政部门的合规确认后，员工才能直接选择使用这些资源，而不需要经过烦琐的申请流程，只要有预算、合规，符合公司战略，员工就可以畅通无阻地使用这些资源。

第二，优化体验。员工的用户体验、管理部门的用户体验都要优化。

第三，优化流程。把为了管控而管控的流程，通过机器学习、算法规则，融入服务中，让管控流程不再降低员工的效率。

第四，分析数据。把流程交易的数据、管理的数据透明、实时地写入财务核算的数据库，写入面向数据分析的仓库，以支撑后面对交易行为的分析、对成本的分析和管理。把方方面面的数据沉淀下来，作为深入了解、洞察企业所有消费行为特征的基础，为找到降低成本、提高效率的方法奠定基础。

上述 4 项工作体现了以下两个思想。

第一，企业要建立和供应商交易结算流程的协同平台。也就是说，把企业管理延伸到交易端，不是把管理重点放在交易没发生之前的申请上，而是将其放在交易发生过程中的各种管理上，把事后管理延伸到事前管理。

第二，通过统一的企业级预算管控引擎、合规性控制引擎、流程管控引擎解决支出管理问题，涵盖从采购、商旅到费用的全面管理。

5.2.3　用"寄存账户"汇总员工出行数据

从员工的角度，通过统一的账户（寄存账户）来拉通出行流程，获得出行数据，并把这些数据与企业商旅管理平台打通，实现员工出行体验和企业管理的平衡，也是一个可以尝试的商旅管理思路。

寄存账户是指通过第三方管理平台给出行员工提供统一的支付账户，企业用户可以用一个集中的账户记录差旅行程，并进行统一的支付结算。这种商旅付款方式是一种面向企业的低成本付款方式。寄存账户是一个跨越航空公司、旅行社和金融行业的产品，类似于信用卡，是把这 3 个方面结合在一起的产品，可以给企业提供一整套商旅管理支出方案。

这种管理方式的目标依然是控制成本和提高效率。一方面，通过统一的账户管理，以及低成本的付款方式，缓解企业资金周转的压力，从而提高资金利用率；另一方面，通过强大的数据支持提高企业商旅管理的效率，让商旅管理更加透明化，大幅度降低企业差旅成本。

寄存账户方式在跨国企业和一部分我国大型企业中有所应用，需要注意的是，我国企业在财务制度和记账方式方面是有区别的，即使在同一家公司，也因国家和地区的不同而存在差异。我国企业需要一整套本土化的解决方案，这套方案要能满足企业的实际需求。企业在向国际标准看齐的同时，也要根据企业自身的特点规划商旅管理系统。

商旅管理支出方案最大的价值就在于，它是一整套高效的、自动化的账单管理系统，能与企业内部管理系统无缝对接，能够帮助每一家企业有效管理和处理差旅报销。同时，企业在管理日常差旅开支时，透过账户数据可以看到每一家供应商在每个季度、每年、上年度与今年同期的数据比较和明细，这让企业与供应商谈判下一年合同议价时有很好的数据支持。

数据是商旅管理的精华。把碎片化的数据整合后，企业可以看到完整的数据，找到节约成本的方法。如果数据太分散，如一家企业同时与10家机票代理公司合作，那么企业很难找到完整的数据，但是，企业通过账单管理就可以把所有的差旅支出整合在一张账单上。只要打开员工账单，就可以把与他相关的所有差旅数据调出来，包括每一段行程的花销、坐的舱位级别、是否符合公司差旅政策等，一目了然。这种完全透明化的数据分析，能让企业清晰地看到钱花在了哪儿、花得合不合理、怎么优化。

5.3 与财务系统整合

商旅管理在最近几年呈现出非常明显的特征，即与财务共享服务中心的整合。很多大型企业在建立财务共享服务中心的时候，都会在第一阶段或第二阶段就考虑把商旅管理纳入财务共享建设中，因为商旅管理对企业财务管理来说也是一个痛点。

5.3.1 共享模式带来商旅管理新模式

以已经上线的某大型体育用品集团的财务共享服务中心为例，该集团在项目第一期就整合了商旅资源，把商旅平台纳入财务共享全流程体系。从几组数据就可以看出该集团为什么会这么安排。财务共享服务中心每个月处理的发票数量是4万张，不含差旅发票。一年差旅费用大概是1亿元人民币，如果折算成发票数量，其占到整个发票处理量的30%。集团年收入是200多亿元人民币，如果不采用财务共享平台，为了不到1%的成本要付出30%的管理成本，效率低下，而且非常不划算。通过商旅数字化管理，很多问题就可以迎刃而解。

第一，打通合规性、预算管控以及对账、支付全流程。

企业在进行IT能力建设的时候总会遇到各方面的挑战，因此，企业商旅管理一定要建立商旅共享平台。商旅共享平台是集团财务共享服务中心或者全面共享服务中心里面的一个重要分支，是提高效率、深入管控的一个有效手段。财务部门掌握预算，非常清楚建立商旅共享平台的价值，因此由财务部门牵头建立商旅共享平台比较顺畅。而如果由行政部门牵头做这件事情可能因为没有预算而要求 TMC 提供免费服务，那 TMC 的日子就会很惨。

经过测算，一张发票从供应商处获得，到员工整理、贴票，邮寄到共享中心，再由领导、财务人员审批，通过系统存放数据，全部流程下来，一张发票的成本约为 100 元人民币，而如果企业一个月有几万张发票都需要经过这样一套流程，其成本是很高的。

还有一个重要问题。虽然在发票上投入了高昂的成本，但因为系统没有关联到交易，所以财务人员只能知道员工提交上来的发票是不是真的，至于背后的交易有没有真实发生，则无法判断，这导致企业投入了大量的成本，却没有从根本上解决成本管控的问题。而通过一站式企业支出管理数字化平台，费用管理的效率会大幅提高。

第二，在业态模式上有一些变化。

建议企业建立一连串像插线板一样的平台。不管差旅申请的管理或管控方式，审批流程、对账、开票等流程，企业都有自己的内部标准，而且企业不希望将这些数据放在云端，所以要做私有化部署。

另外一端是供应商资源的接入，类似接线板，把商旅资源对接进来，如与 TMC、出租车、火车票、餐饮、快递对接，与所有行政类采购对接等，所有接口都是标准化的。只要符合企业平台标准，就可以随时在系统里完成对接，也可以通过 API 纳入商品，形成协同平台。企业如果有很强的 IT 能力可以自己开发数字平台，若没有 IT 能力可以借助第三方构建第三方的数字平台。

企业端重点是建立标准化的流程、控制规则，平台方提供的是产品与社会化资源。商旅资源的提供方可以更专注于资源整合，不用把精力花到打通企业内部流程上面。

第三，共享应用。

共享应用，就是所有经过审核的外部商旅资源可供集团内部的分、子公司使用。同时，把好的区域性商旅资源集合起来，供全集团使用。通过共享平台的工厂化、集约化模式统一结算，降低成本、提高透明度。

　　元年科技在共享领域已经专注深耕了 20 年，元年科技的商旅共享平台涵盖业务、财务和税务的共享，可以为企业制订一个完整的闭环解决方案。通过互联网方式打通交易平台，在私有云完成内部流程的管理，在公有云与供应商协同，让员工的体验更好，与供应商协同的效率更好，结算的速度更快，从而为企业行政人员、采购人员、领导和普通员工提供个性化体验。

5.3.2　新一代商旅共享平台为价值链赋能

　　新一代的商旅共享平台的特色是智能化、共享化，用一个商旅共享平台连接供应商、服务商和企业内部的员工在行政管理和财务管理两端的需求，实现纵向连接企业与各供应商，横向打通"预算管控—行为审批—消费管控—智能审单—入账—支付"的全部管理流程。新一代商旅共享平台的商旅价值链如图 5-1 所示。

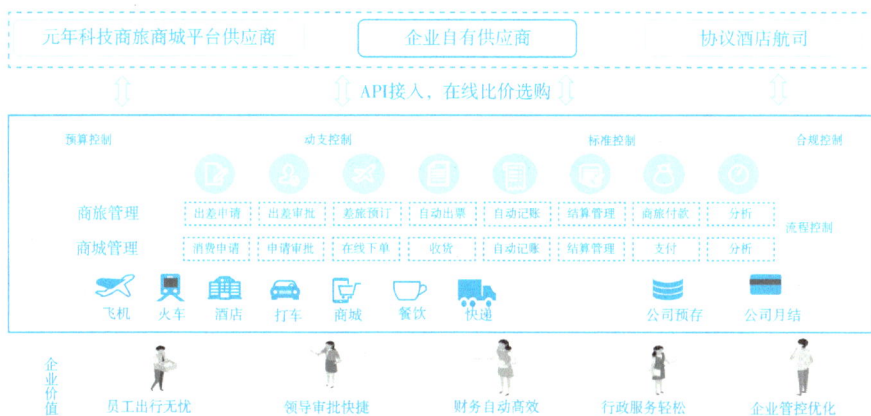

图 5-1　新一代商旅共享平台的商旅价值链

　　①员工出行无忧：员工在新一代商旅共享平台上可以方便地选择出行方式（飞机、火车）、选择协议酒店，完成出差申请和预订。

　　②领导审批快捷：通过 App，领导可以很快收到员工出差申请，并了解出差目的和相关行程，以便很快做出审批决定；相关操作作为事后报销

审批的依据，有助于迅速完成报销审核流程。

　　③财务自动高效：由于新一代商旅共享平台是与财务共享平台无缝连接的，数据共享和流程对接是其最大特色。财务部门可以及时掌握每个员工的出行成本，并和部门、公司预算结合起来，实行预算滚动和执行控制的有效比对。

　　④行政服务轻松：商旅管理很多时候是由企业的行政部门负责，在没有系统帮助时，行政部门无法给碎片化的、覆盖面大的商旅活动提供有效服务，更不要提有效管理和分析了。利用新一代商旅共享平台，行政人员可以了解每位员工的出行计划，也就能更好地提供服务。

　　⑤企业管控优化：由于新一代商旅共享平台上留存了大量实时数据，企业可以非常方便地从不同维度对员工商旅活动进行数据化分析，并给出相应的管理报告，给企业管理者和员工本人提出更好的建议，以降低企业成本、提高效率。

　　新一代商旅共享平台通过供应商优选，满足了采购部门的采购管理需求；通过智能对账，业务数据直接对接财税系统，满足了财务部门的管理会计需求；多维度数据可反映公司管理和战略方向的问题，为企业制定来年的全面预算和管控措施提供了有效的决策依据。

5.3.3　融入业财税一体化管理体系

　　企业的精细化管理要求将更多的业务活动与财务管理结合起来，让业务数据变成管理会计的数据来源和重要的组成部分。业务、财务和税务管理数据具有强关联性，企业管理的一个重要内涵就是要实时掌握这3个方面的数据，并为更多维度的数据分析奠定基础。

　　商旅共享平台本质上也是企业业务活动的重要体现，其各项支出也是企业采购管理需要覆盖的内容。通过互联网、大数据等信息化手段，把碎片化、全覆盖的商旅活动成本支出进行统一管理，是企业总体支出管理的重要内容，必须将其融入企业整体的业财税一体化管理体系中，如图5-2所示。

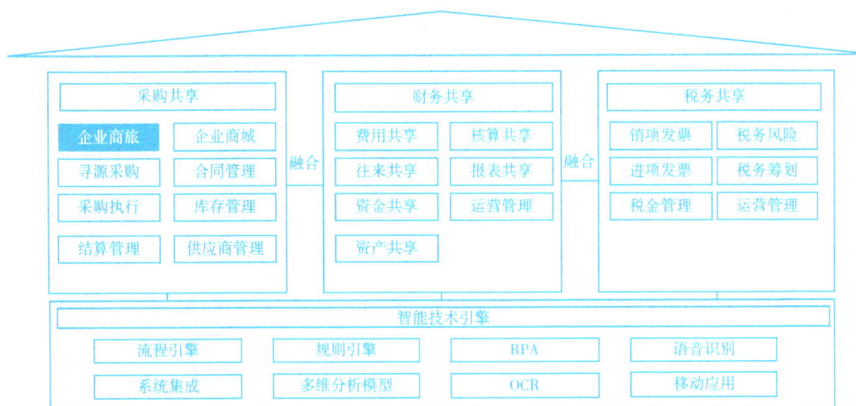

图 5-2　商旅共享平台是企业"业财税智能共享平台"的重要一环

商旅共享平台是基于商旅环境大变革应运而生的企业资源管理模式，镶嵌于企业内部财务共享平台，与企业内外部应用系统进行 IT 资源整合。

商旅共享平台通过集成化商旅企业管理模式，为企业提供出差申请、费用报销、结算付款、财务核算等一站式服务。企业通过商旅共享平台可以将业务操作者、业务管理者、合作方、资源获得者及资源配置者整合在一起，通过建立资源配置体系完成对交易过程的管控，同时形成资源账、管理账、财务账和监管账。

财务管理要为业务发展提供便利，这已经是一个趋势，财务管理不能脱离业务单独存在，这对企业的发展不利。集团层面的目标是实现价值最大化，而目标需要落实到具体的业务层面。为此，财务转型需要把财务体系与整个业务流程紧密地结合起来。而通过制度和流程再加上与信息化系统的结合，从前端的资源获取，到企业内部的运营加工，再到数据分析和展示，企业可以形成新型的财务运营管理体系。

5.4　费控管理和数据分析

商旅共享模式其实是再造了企业费控管理的新模式。

一般情况下，企业往往都有严格的差旅费报销制度，然而实际执行过程中却屡破底线，企业领导往往是一边抱怨一边签字。财务人员按照流程付款，但费用一旦超标，财务人员却往往成为被指责的那一方。

尽管差旅费单笔金额不大，但涉及部门、人员、事项众多，稽核及账务处理量大，对账烦琐，管理不透明，票据贴得不合规，给财务人员造成了极大负担。而随着互联网、大数据、人工智能等新技术的发展，传统商旅管理模式终于迎来巨变。一种全新的商旅共享模式破土而出，全面实现了商旅管理规则的程序化、流程的自动化以及管理的透明化，将引领企业商旅管理迈向新的未来。

5.4.1　商旅共享实现事前管控

员工在出差前，可以利用商旅 App 完成机票或车票的预订申请，经过上级领导审核批准后，即可以完成订票过程。这些操作既符合企业的规章制度，又与费用控制管理信息共享集成。对员工来说，没有延时、没有垫款、无须事后填票报销，所有流程借助互联网在线自动完成。

简单来讲，商旅共享平台是商旅行为、费用管理与商旅资源、数据共享的有机结合。通过整合"线上＋线下"资源与数据，商旅共享平台打通并接入众多商旅平台及供应商并进行自动比价，将差旅申请、预算控制、审批、下单、记账、结算全流程打通，从在线申请、在线下单、系统自动与预算关联到完成采购、统一结算，形成完整的闭环。

当前，基于互联网的商旅管理主要分为 3 种模式，即单服务商模式、链接跳转模式和商旅共享模式。

①单服务商模式基于一个单一的平台进行采购，使用平台上的协议价格在线完成下单，公司统一结算。

②链接跳转模式可以连接商旅平台和第三方消费平台，利用多个平台的多链接端口跳转进入不同平台完成自助在线下单，公司统一结算。

③商旅共享模式基于 API 集成，可以将外部的多个平台资源接入一个商旅共享平台，实现自动比价、自动下单、自动对账、自动结账。

作为打通企业全支出管理的一大突破口，商旅共享模式代表了商旅管理发展的未来趋势。这是因为与其他模式相比，商旅共享模式具有三大优势：一是实现了业财融合，让财务更高效；二是实现了事前管控，让过程更透明；三是可接入多样化、定制化资源，让消费更灵活。

5.4.2 统一支付简化员工报销流程

对财务人员来说，最令人发愁的事就是审核那些堆积如山的差旅报销单据。行程单、酒店发票、车票五花八门，凌乱不堪。财务人员需要厘清每张票据是否真实、合规，每笔支出是否与申请相符，票据与差旅行为是否匹配，票据填写是否规范，碰到问题票据还要找业务人员来回沟通……处理这些工作量巨大且零散琐碎的事情时常令财务人员感到崩溃。

尽管集团引入线上商旅供应商后，由供应商每月统一发送当月商旅支出的大发票，免去了单笔、海量票据的填报和审核工作。但一件又一件毫无技术含量、琐碎、细致的对账工作常常令财务人员怀疑自己的职业价值，尤其是商旅支出无须员工垫付后，对财务部门而言，新的烦恼接踵而来。每月供应商对账单与实际报销单之间总有差额，很多员工完成了差旅行为却迟迟不提交报销单，这对公司利润表构成了一定影响，这点也让财务人员头疼不已。

商旅共享平台的出现解救了财务人员。现在海量的报销发票消失了，取而代之的是平台每月发送的两张大发票（行程单大发票和服务费大发票）；烦琐的对账工作消失了，取而代之的是系统双向实时自动完成对账；凭证审核和复核工作也消失了，取而代之的是平台基于凭证引擎，通过标准接口在线随时推送的报销单。由于平台实行实时自动记账，费用发生即簿记，员工不再参与报销过程，拖延报销的情况也没有了。财务人员从基础的报销工作中解脱出来，也有了更多的时间和精力参与更有价值的管理会计工作。

相较其他商旅管理模式，企业商旅共享平台给财务部门带来的是一次颠覆性变革。基于商旅共享平台，所有商旅消费数据实现了采集高效、自动处理和智能输出。在这个过程中，系统实时记录大量的翔实数据，既包括详细的订单交易数据，又包括会计记账数据，还有翔实的发票全票面信息。所有数据直接取自交易端，真正打通了业务和财务，打通了内外信息，实现了业财融合，有利于推进管理变革。同时，基于商旅共享平台，企业实现了自动化、无纸化报销，消灭了报销流程，实现了消费报销一体化管控，大大提升了工作效率。

5.4.3　实现事前管控让过程更透明

在传统管理模式下，业务部门和财务部门经常为各种报销是否合规、合数争吵不休。财务人员经常为业务部门"背锅"，好像每次违规的都是业务部门，但挨骂的却往往是财务部门。最倒霉的是，因为领导不关注控制流程，每每让财务人员有口难辩。

例如，流程管理中只有事前申请，没有将申请与预订行为相关联，也没有对预订行为进行事前控制，导致差旅费用无法进行有效管控。每次发现差旅行为出现偏差时，为时晚矣。而商旅共享平台可以在申请、预订流程中，就给申请者提出预警，系统中接连闪现的费用超标黄字、红字警示，让员工在操作过程中做到风险控制，让财务人员不再烦恼。

商旅共享平台将所有商旅资源接入平台内部，通过在商旅共享平台内设置审批流程和费用标准，可以轻松有效地对所有商旅行为进行过程管控，实现实时监控和实时反馈企业总部和各单位的商旅消费行为，从源头上对商旅费用进行控制，实现过程显性化、透明化，确保费用不超标。

具体而言，员工在商旅共享平台上发生消费行为前，要经过申请和预订双重控制。预订与申请发生偏差时可实时提交偏差原因，消费完成后，员工行程、报销单、航司订单、违反差旅政策说明均与差旅申请单进行智能关联，无须差旅管理部门人工审单，在有效提高企业整体运营效率的同时，保证员工差旅行为的合规性。

5.4.4　用数据分析提升决策质量

共享模式有利于数据的收集和汇总，对企业商旅管理的政策制定、修改提供有效依据。

相关研究报告指出，差旅人员正呈现出更复杂的需求和行为，他们更看重差旅出行的生活品质，对出行的灵活性也要求更高。但这都需要在企业商务价值的实现和政策合规的前提下达到一个平衡。通过对差旅大数据的深入挖掘，提出企业差旅支出的智能化决策，才能让企业在员工需求与节约成本上实现有效兼顾。

1. 个性化差旅标准定制，让差旅支出合情合理

依托市场上的差旅大数据，实现企业差旅标准与市场价格的实时匹配。员工只要输入出差计划，商旅系统便可基于企业出行大数据，获取企业管理偏好、员工出行偏好，同时通过连接多供应商实时数据，获取市场上的实时预订平均价格，基于多维度的综合数据分析，为员工的单次出行定制一个实时的、个性化的预算标准，作为出行费用的科学依据。

2. 个性化定制优化员工出行体验

员工只需将费用控制在标准内，即可自主安排行程，满足个性化出行需求，无须再受制于僵化的差旅政策与行程，从而在差旅途中拥有更舒适的体验。

3. 管理模式变化带来差旅成本的节约

员工不再因为差旅标准过高而发生费用浪费问题。企业可以设计员工节约奖励方案，一旦花费低于预算，员工可以拿到一定比例的返现和礼品代金券，从而激发员工主动节约差旅成本的热情。此外，通过多个 TMC、航空公司直销和酒店集团直销通道为企业提供性价比较高的综合预订服务，从而达到企业差旅费用下降、员工出行体验不下降的目的。

4. 差旅决策智能化帮助企业有效解放人力

某金融机构的差旅标准采用了 3 个职工层级、4 个城市层级，在原有操作流程下，公司出纳平均要花 5 ~ 10 分钟完成一张报销单的审核，且很容易出现错误。该金融机构引入商旅管理系统分析工具后，平均审核时间降低到了 1 分钟以内。

5.4.5　多技术融合提升服务水平

商旅行业的发展由技术驱动，人工智能、大数据和区块链都与商旅流程的简化息息相关。从酒店采购到搜索预订，再到集中支付、费用管理与

分析，所有环节都需要实现智能化，企业需要关注的是如何让新技术更好地与商旅管理和本地市场的实际需求相结合。

商旅管理数据分析的挑战在于如何获取完整的数据，以及只有在对企业客户的数据进行整合之后才能做出深度分析。人工智能等新技术需要融合、运用到整个商旅管理过程中，将更多自动化的结果呈现给管理者，并完成更加个性化的服务，这是数据管理和分析的最终目标。

财务篇

第 **6** 章　财务数字化之财务共享

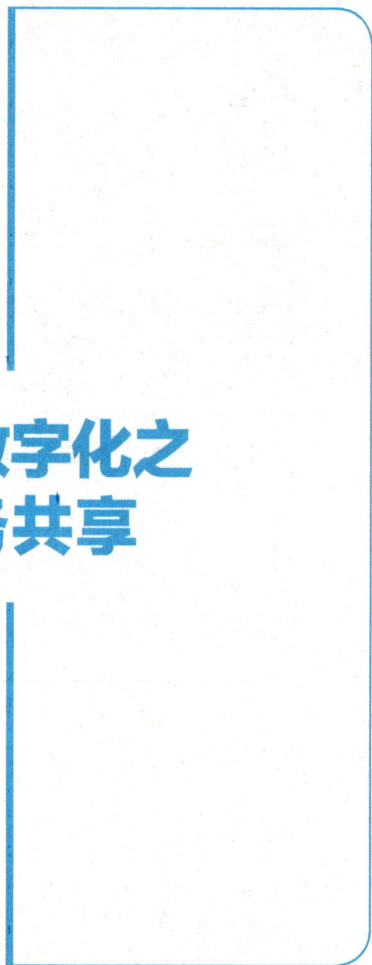

共享服务是指依托信息技术，以流程处理为核心，以优化组织结构、规范流程、提升流程效率、降低运营成本或创造价值为目的，为内外部客户提供专业化生产服务的管理模式。共享服务模式结合了集中化模式和分散式模式的优点，促使企业达到更高的绩效，共享服务的特点如下。

① 通过流程、技术标准化消除冗余过程。

② 合并并重新设计非核心支持职能，将其纳入共享服务中心。

③ 对运营单元保留的组织和职责，进行重新设计。

④ 通过双向的服务水平协议促进责任共担。

⑤ 加强对内部客户服务和成本管理的关注。

财务共享是共享服务在财务领域的应用。财务共享服务依托信息技术，以财务业务流程处理为基础，以优化组织结构、规范流程、提升流程效率、降低运营成本或创造价值为目的，以市场视角为内外部客户提供专业化财务服务，是一种分布式管理模式。

财务共享服务中心本质上是一个信息化平台。企业通过建立和运行财务共享平台，使财务组织和财务流程得以再造，使一些简单的、易于流程化和标准化的财务工作，包括核算、费用控制、支付等，集中到统一的信息化平台上。

6.1　财务共享的发展趋势

6.1.1　会计电算化历史回顾

回顾企业信息化、数字化的历史进程，财务在每一次企业转型的过程中都扮演着重要角色。无论是会计电算化，还是 ERP 普及运动，财务都是推动企业全面转型的发动机，是企业优化升级的重要抓手。

　　财务对于企业管理的重要性不言而喻，财务数据本身就是衡量、评判企业运营绩效的重要指标和决策依据。会计电算化的迅速普及就是政府推动、企业需求和产业发展共同作用的结果。政府部门为了更快、更准确地收集企业财务数据，了解从市县、省部到全国的经济数据全貌，希望在一个统一的会计准则下，按标准的格式进行计算机汇总、分析，这客观上推动了企业从会计电算化开始的信息化进程。而把财务管理从部门级应用扩展到覆盖企业管理更多领域的企业级应用，则是管理规律的必然延伸以及政府鼓励和企业自觉推动的结果。

　　在 ERP 普及的浪潮中，财务依然被重点关注，"以财务为核心的 ERP 软件"的提法深入人心。也就是说，ERP 中其他模块的应用成果，如销售业绩、库存成本、采购管理、绩效考核等数据都需要在财务模块中集中体现；企业的每一项经营活动几乎都与成本、费用或业绩挂钩，管理会计思维应运而生。事实上，无论国内外 ERP 软件，财务始终是其强调的重点，并且都会建议企业采购国内的会计核算软件。当然，向国内 ERP 软件厂商强调财务的重要性既可以延续其从会计电算化起家的传统优势，又可以从财务角度去说服企业投资 ERP 系统，更加顺理成章。

　　遗憾的是，在 ERP 普及的时代，大部分企业高管并未从 ERP 系统中体会到扎扎实实的获得感。一个很重要的原因就是，原本希望这套 ERP 系统能够以更快的速度带来更全面的绩效数据和分析报告的目的并没有实现。ERP 系统固然是企业管理的骨干系统，但仅仅依靠 ERP 系统实际上是无法真正达到上述目标的。但在"ERP 代表一切信息化系统"的时代，ERP 往往被赋予了被放大了的使命，让企业高管们产生了这样一个错觉。

6.1.2　财务共享发展历程

　　企业整体数字化转型是这个时代的趋势，财务也面临转型。财务数字化转型的核心手段就是通过建设智能财务共享平台，来实现业务中台的转化，从而引领整个财务的数字化转型。要讨论财务共享的发展趋势，必须先了解一下它的前世今生，财务共享发展历程如图 6-1 所示。

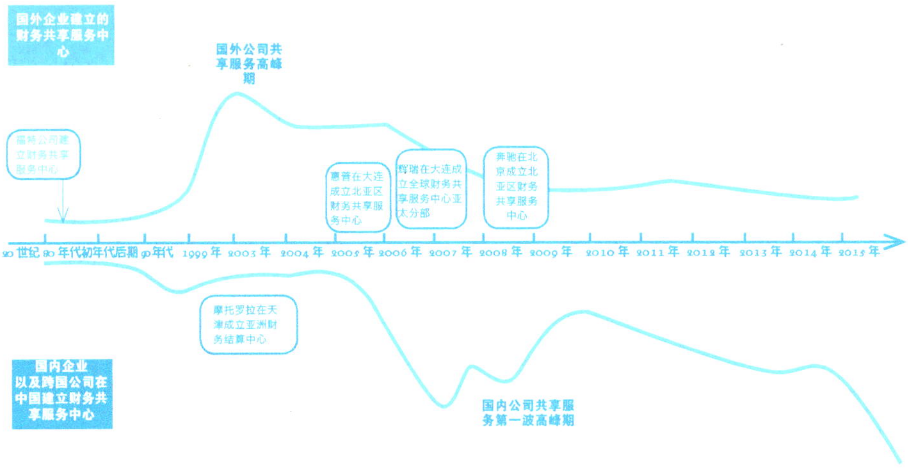

图 6-1　财务共享发展历程

全球范围内的财务共享建设是从 20 世纪 80 年代开始的，笔者认为催生财务共享建设的原因是互联网技术的快速发展，使我们可以在全球任何一个地方处理所有的业务。跨国公司是最早一批引入财务共享概念并付诸实施的企业，当时的出发点就是降低成本、提高效率。

图 6-1 的下半部分是国内企业引入财务共享建设的时间点和发展趋势。其中有摩托罗拉这个比较有影响力的企业，他们在天津的亚洲财务结算中心在当时影响力很大，也培养了很多人才。

纵观近几十年来财务共享服务发展脉络，不难发现，财务共享服务在不同经济背景、不同企业发展模式、不同信息技术下呈现出不同的特点。最初的财务共享服务中心以"降本增效"为己任，而随着经济环境的变化和信息技术的发展，财务共享服务的模式和价值也在不断变化。根据建设模式和价值目标，企业财务共享服务中心的发展应用大致可以分为以下 3 个阶段，而技术的变革贯穿始终。

1. 财务共享 1.0 阶段

在财务共享 1.0 阶段，财务共享服务中心建设是集团企业发展的一个必然要求，企业把标准化流程、重复性的工作集中起来，交给财务共享服务中心来做，既满足集团管控、财务大集中的要求，又能提高工作效率，减轻分、子公司的专业压力。企业可通过相应的制度调整，让集团政策落实到分、子公司，并且分、子公司的灵活性更大，资源协同效果也能得到更好的发挥。

在财务共享 1.0 阶段，财务共享服务中心的工作包含 3 类：企业内部业务、对外业务和共享服务中心运营管理。财务业务处理分为对内业务和对外业务。对内业务主要包括员工报销、总账报表、资产管理和合同管理4 部分，对外业务则是与供应商、客户相关的流程处理。通常企业内置的 ERP 系统会有供应商和客户管理模块，共享系统只需要与 ERP 系统对接这部分功能和数据。对外业务则是与银行、税务机关对接，需要用专门的银企直联或者报税软件处理。共享服务中心运营管理包括影像管理、资料邮寄、档案管理、派单抢单。

在财务共享 1.0 阶段，财务共享服务中心基本上只完成了财务部门传统工作的流程优化和组织结构调整。随着企业管理不断精细化，数字技术、互联网应用不断深入，有关企业采购、商旅消费的交易环节与财务环节相对独立的系统设计无法满足企业业务发展需要，打通交易与财务环节的需求更加迫切。

2. 财务共享 2.0 阶段

在财务共享 2.0 阶段，财务共享系统将与采购交易系统和税务管理系统集成，即业财税一体化。

一般地，主要材料或者直接物料的采购大都由 ERP 系统来完成，而非直接物料的采购，如商旅服务、办公用品、IT 系统、培训服务等通常无法在 ERP 系统中完成，但是这些业务事项的成本费用金额不低，重要性也越来越大，将其纳入系统管理也成为必然选择。

随着国家金税三期工程的上线、推广，合规性要求大幅提高，企业税务管理变得更加复杂、敏感。传统的开票、收票、验票、上线系统的线下工作也希望通过 OCR、财务机器人等数字技术与税控系统进行信息比对、集成，以提高工作效率和更好地进行税务筹划。

因此，在财务共享 2.0 阶段实现业财税一体化成为主要内容。随着管理模式和技术条件的不断成熟，越来越多的业务环节将被纳入财务系统中进行连接，减少单据量，减少低价值财务工作。

3. 财务共享 3.0 阶段

随着信息技术的发展，财务共享作为管理会计应用的"基石"，正面临定位于价值的全面刷新。在大数据、云计算、互联网、人工智能等技术的渗透下，领先企业正在积极探索和建设以数据共享为核心的智能财务共享体系。这是财务共享发展的高级阶段，覆盖企业绝大部分的业务系统，成为企业强大的业务中台和数据中台，为更多的分子、公司提供可以随时调用的业务支持数据。大量的业务交易产生大量的实时数据，为数据建模、分析提供准确、全面、系统的数据，这些数据成为企业的业务调整依据和决策依据。

随着改革开放的逐渐深入，国内企业也开始引入共享中心建设。2008年的国际金融风暴对国内企业产生了重大影响，不少国内企业在希望财务共享服务中心建设能达到降低企业成本、提高效率的目的的同时，也更加注重合规性建设。随着经济不断发展，共享服务概念被越来越多的企业接受，并付诸建设实施。

6.2　智能财务共享

6.2.1　传统财务共享的局限

财务共享服务是经济发展缓慢和全球化扩张的产物。追溯其背后的逻辑，一是英国经济学家亚当·斯密在《国富论》中提出的"分工提高劳动生产率"，二是 20 世纪初福特公司创始人亨利·福特在汽车生产中率先引入的流水线作业方式。两者的根本都在于分工所带来的劳动生产率的提高，以及规模经济所带来的成本的降低。因此，财务共享的本质在于企业通过将流水线作业引入财务工作中，实现对原本分散的、重复的、可标准化的记账、算账工作的集中式处理，从而控制成本、提升效率。传统财务共享给企业的财务组织、财务工作场地和财务工作方式都带来了变革，但是并未触及财务工作的流程，也未从根本上改变传统财务管理模式。换言之，传统财务共享服务中心只是将流水线作业模式引入财务工作中，以人员机械化为代价，实现了简单的操作集中或者人员集中办公。

一是传统财务模式下，财务流程和交易分离，导致出现大量冗余的流程环节。以费用管控为例，很多企业为了实现流程管控，设计了诸多控制流程，但事前预算申请的流程与交易是脱节的，它只是为了保证预算能够被正确使用，通过事前申请预算，增加了一个审批流程。当交易发生后，不管是业务人员、财务人员还是审批领导，大家都会重复做很多事后工作，导致管理效率低且成本高。

二是传统财务模式下，财务处理时间滞后，财务信息无法及时反映环境变化，无法满足使用者实时决策的需求。一方面，财务会计按权责发生制的要求确认损益，凭发票入账，业务发生和业务入账分离，财务处理在时间上滞后于业务活动，导致财务会计提供的信息是历史性的，缺乏前瞻性，无法满足使用者的需要。另一方面，财务会计依据会计分期假设的要求，定期产出并传递信息。在充分的市场竞争中，财务会计信息传递的时间延迟性与决策的及时性需求产生了巨大的矛盾。

三是传统财务模式下，财务信息支撑体系存在问题，财务信息片面、失真，无法满足企业业务管理需求。从本质上来说，传统财务是准则导向、披露导向的，而不是业务导向、管理导向的，ERP系统主要为流程操作服务，这带来以下两个问题。

①财务信息客观但未必真实。财务记账以发票内容为主体，但发票无法反映业务的本质，财务数据与业务实质脱离。这些都导致 ERP 财务信息失真，财务信息无法满足管理需求。

②财务信息为单一化的货币计量信息，而非企业综合性的全面经济信息。货币计量的信息固然具有一定的综合性，但非货币性信息往往对管理至关重要。

6.2.2　"互联网 +"时代的新挑战

身处"互联网 +"、新零售时代，传统企业面临线上线下的融合问题。企业通过线上线下数据的整合，提高整体供应链运营的效率，这是"互联网 +"和新零售的内涵。

不管是"互联网 +"还是新零售，本质上都是商业模式的变革。这种变革不仅是把前端销售、物流线上化，更要考虑把后端的财务、采购、内部资源配置与前端的新型商业模式进行匹配。如果前端已经应用了最新的线上线下融合的新思想，但财务、采购支撑体系、财务共享服务中心等后端还是偏事后的，处理模式还是以拿到发票后的事后管理为核心，那么这样的后端显然不能匹配前端快速响应的要求。

传统财务管理模式下，由于技术和管理的原因，财务与交易分离。在"互联网 +"和新零售模式下，企业需要跳出传统财务处理的思路，从管理模式和技术应用两个角度探索共享中心建设新模式。将财务管理的触角向前延伸，在交易开始之前开展财务管理。

"互联网 +"和新零售下的商业模式对财务体系提出 3 点新要求。

1. 要求组织扁平化

传统财务管理的组织模式是分层级的，有总部、大区、各业务单元，组织层级多导致业务流程需要层层申报，降低了业务执行效率。扁平化的组织结构能够减少数据的上报流程，减少信息失真，提高信息的传递速度和传递质量。

2. 要求流程简化

传统财务管理模式由于财务与交易脱节，导致出现很多冗余的流程环节。"互联网 +"时代要求财务共享服务中心实现控制步骤前移至业务环节，减少事后重复审批、控制流程，提高管理效率，降低管理成本。

3. 要求数据体系化

"互联网 +"要求财务共享服务中心直接从业务系统采集前端数据，并根据管理需求筛选数据生成管理会计报表。企业财务数据能够反映业务实质，企业通过分析财务数据能够给业务提供有价值的指导作用。

未来，企业财务管理的形态将呈现数字化、智能化、互联网化、电商化、共享化趋势。一个完整的智能财务体系应当涵盖 3 个层面的内容，分别为基础层——基于流程自动化的财务机器人，核心层——业财税深度一体化的智能共享平台，深化层——基于商业智能的智能管理会计平台。

6.2.3　智能共享平台

如今我国越来越多的企业已经建立了财务共享服务中心，财务共享服务中心基于标准化、流水线的作业模式对财务会计工作进行集中式处理。很多企业认为财务共享能带来组织变革和财务转型，同时还有很多企业将其作为强化管控的有力工具并寄予厚望。然而，财务共享服务中心在实际应用中往往成效不达预期。例如，建立了财务共享服务中心之后，尽管有好几百人集中处理各种单据，却依然忙不过来，甚至导致人员和成本不但没减少反而增加。在建立财务共享服务中心之前，财务部门不能及时出具报表，建立财务共享服务中心之后，财务部门仍然不能及时出具报表，即使是加班加点做出来的报表，对企业的规划、决策、控制、评价以及价值创造的作用依然不大。

业财税深度一体化的智能共享平台是传统财务共享服务中心在"互联网+"时代的转型结果，其本质是基于新一代的信息技术，实现对企业更广泛的业务（从记账、算账到报账、采购、税务等）的数字化，并对企业财务体系、业务流程、商业模式进行颠覆和升级。

图6-2所示是业财税深度一体化的智能共享平台，其包括传统财务共享平台的所有模块：以传统财务共享为出发点，包括费用管理、资金管理、应收管理、应付管理、总账管理、预算执行等核心模块和一系列运营支持体系，以及底层基础平台。同时，业财税深度一体化的智能共享平台将共享从传统财务会计的记账算账领域向业务端进行延伸，智能技术引擎贯穿整个流程作为技术支撑。

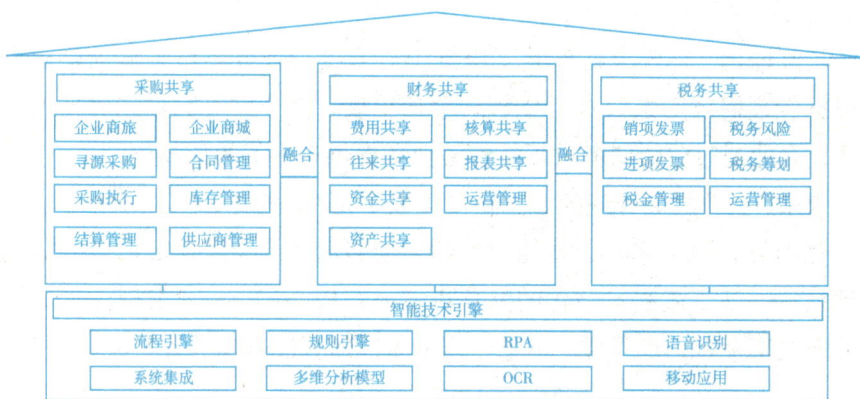

图6-2　业财税深度一体化的智能共享平台

在采购共享方面，业财税深度一体化的智能共享平台借助成熟的电商平台实现对企业差旅服务、办公用品、公务用车、内部资源和大宗商品的互联网化在线采购，使财务数据和业务数据融为一体，消灭信息孤岛，确保交易的透明化和数据的真实性。

在税务共享方面，业财税深度一体化的智能共享平台借助金税三期平台和电子发票技术，打通税务数据与交易的关联，可以改变大型集团企业不同地域、不同组织间"各自为政"的税务处理模式，实现集团内税务、业务的一体化申报、处理以及税务筹划、税务风险的一体化管控。

在智能技术引擎方面，业财税深度一体化的智能共享平台借助机器学习、自然语音处理、规则引擎等人工智能技术，实现会计核算流程的自动化，大幅提升会计处理的效率。

智能共享中心从深层次上颠覆传统财务模式，具体表现如下。

1. 实现财务流程自动化

财务共享服务中心集中了海量结构化、规则导向、可重复的工作任务，这些工作的技术含量低，却占用财务人员大量精力。例如，在财务结算流程中，经常会有十几个甚至上百个需要执行的小任务，并且每项任务之间环环相扣。另外，财务部门面对烦琐、大量的发票审核工作，需要进行长时间的复核工作，以防出现审核失误的情况。

基于智能共享中心的 RPA 系统，企业可以将传统财务共享服务中心最枯燥的工作自动化、机器化处理，重构和削减大量财务流程。例如，资金收复、自动纳税申报、自动对账清账、表单审核、发票处理、报表自动化、工资核算、费用报销审核、凭证打印、业财数据传递、数据智能采集等基础工作均可以由 RPA 系统全天 24 小时自动化完成。

2. 实现财务处理电商化、数字化

基于智能共享平台，企业可搭建在线"消费商城"，将差旅服务（携程、艺龙等）、办公用品（京东、国美等）、公务用车（滴滴、神州等）、大宗采购以及内部资源采购"互联网化"，并与共享服务平台紧密集成，实现企业消费业务和采购业务对供应商的直接自动化结算。同时企业可基于电子发票信息，打通税务数据与交易的关联，实现自动化的会计核算。

在商旅共享系统中，企业可实现对差旅行为的事前管控，实现过程的透明化和自动化对账、结算；在采购共享系统中，企业基于采购的"互联

网化"，打破了原有以基层单位为边界的业务内部循环，大大提高采购业务管理的集约化程度，达到"一点结算，一点支付，一点核算"；税务共享系统可以全面支持发票管理、纳税和自动申报，大数据税务风险及筹划，可实现税务数据信息的集中，达到"一点开票，一点算税，一点看税"。

基于智能共享平台，企业得以将外部的供应商、客户、分销商、经销商、税务和内部的人财物等资源配置在一起，打通内外，回归以交易管理为核心的企业运营本质，颠覆和重构传统财务处理流程，实现交易透明化、流程自动化和数据真实化。这在本质上也实现了财务处理的数字化。

3. 实现数据资产化

企业在日常经营中会产生大量数据。过去这些数据杂乱无章、口径不一，质量参差不齐，数据价值难以被挖掘和利用。而基于智能共享中心，企业能够从交易源头实时获取到内部各单位和外部供应商、客户等的真实、完整、准确、口径一致的财务和业务数据。通过数据捕获、数据智能解析、数据挖掘、数据治理、数据可视化展现等技术，管理层可以基于这些数据制定战略、经营管理决策，而且可以基于可视化报表实时指导业务场景、控制业务风险、支撑业务发展。

在日常生活中，大数据分析技术被广泛应用。例如，用户在访问淘宝、京东时，电商平台会实时记录用户的访问记录并将其传输至后台。后台会迅速进行大数据分析并反馈回前台界面，实时为用户进行个性化的商品推荐。而智能共享平台同样可以对业务数据进行实时记录和传输，并通过大数据分析为业务端提供场景化、可视化的业务分析报告，让数据真正为业务赋能。

4. 实现管理智能化

随着人工智能的深度发展，机器学习、嵌入式分析、数字助手、语音识别、图像识别等智能化技术纷纷落地共享系统，系统变得越来越"聪明"。

系统可以"看"。当对一张发票进行 OCR 扫描时，系统会将财务人员关注的信息导入台账，并对这些信息逐一验证。如果此时员工重复扫描这张发票，系统会发出预警。如果员工扫描其他公司的发票，系统也会立刻发出预警。针对通过验证的发票，系统可以迅速将票据上的结构化信息提取出来帮助员工完成智能填单。

系统可以"听"。系统可通过人工智能技术实现人机互动。管理层通过语音输入指令，系统接收语音并将其转换为计算机语言，理解之后对管理层的要求进行反馈。

系统可以"思考"。员工如果担心项目合同付款跟踪信息、供应商付款信息、客户开票回款信息有误，可以安排系统快速通过移动化的方式实时开展"健康体检"，实时发现指标异常，并层层追溯直至找到问题根源。

系统可以"学习"。基于知识图谱的智能财务规则引擎使系统能够快速创建规则。例如，当管理者发现项目分摊有问题，其可以立即创建一条新的单据控制规则，并用自然语言处理的方式告知系统。系统会自动识别创建并保存这一规则。当员工再次提交单据时，其就会收到新规则的提示。

6.2.4　智能财务共享的特征

在移动互联网、物联网技术的融合应用下，财务共享系统建设也有了一些新的趋势和变化，具备以下 5 个特征。

1. 差异定位

以前很多企业在建设财务共享服务中心的时候，出发点是非常单一、简单的，就是降低成本、提高效率。但随着理论、实践的发展，财务共享服务中心的定位发生了一些变化，特别是在国内大型集团企业内，财务共享服务中心除了实现降低成本、提高效率之外，还会承担更多的职能，如集团政策的灌输、集团管控、集团报告体系建设、内部流程优化等。建设财务共享服务中心的出发点已经从简单的降低成本、提高效率变成了优化整个集团管控、提升整个集团决策支持效率。现在的财务共享服务中心会成为一个服务中台、数据中台，来支撑整个企业的运作。

2. 内通外联

移动互联时代最大的特点就是万物互联。企业的建设和运作已经完全离不开企业外部的体系，包括企业上下游和其他业务伙伴。企业不仅要在企业内部运作这些系统，使用这些信息，还需要引入大量外部系统和信息。另外，互联互通还包括与社会化资源的对接。众所周知，在移动互联时代里，商业模式有很多全新的变化，如淘宝的出现。淘宝代表了一个新零售时代，电商会取代以传统百货、超市为核心的旧零售时代。电商领导者们汇集了大量的社会化资源，这些资源也是企业内部运作中所必备的，企业可以引入这些社会化资源，以更好地建设企业。

3. 业财一体

这里所说的"业财一体"的概念其实与传统的业财一体的概念稍有区别，即在共享中心建设的过程中，大家都知道最早建设的都是所谓的财务共享服务中心，其主要功能是费用报销、账目处理。但现在我们会发现整个共享中心的建设除了要建设财务共享服务中心之外，还要建设其他共享中心，从而构建起业务中台。例如，元年科技建设的 HR 的共享、采购的共享等，就是业财一体化的趋势。除了业务拓展之外，还会出现全新的业务模式，这些业务模式让财务与业务能够更好地结合在一起，从而把相关的业务信息引入整个中台系统里。

4. 管理会计

前面谈了很多企业决策支持系统的建设内容，其中很重要的一点就是管理会计。管理会计需要什么？需要有数据，需要有大量的业务数据来支撑后续的分析与决策，这些都是元年科技新的共享中心系统所提供的。

5. 技术驱动

大家经常提到的一些技术，如"大智移云物"，财务人员对这些技术可能没有 IT 人员理解得那么深刻。新技术，特别是人工智能技术对整个财务体系有重大影响。科幻小说《三体》里面提出了一个重要的概念——降维打击，小说里面有一句非常有名的话叫"我消灭你，与你无关"。这些新兴技术会给财务工作带来翻天覆地的变化，所以财务人员不能降低对自己的要求，仅做好本职工作还不够。

6.3　引领企业全面数字化

随着全面预算、财务共享平台、费用管控、报表合并与拆分、商业智能、财务机器人等各类互联网化、移动化应用模块的上线，日常财务管理更加自动化、智能化，甚至无人化，这使财务管理工作的重心从低价值的重复工作转移到以管理会计为核心的、高附加值的决策分析上来。智能财务已经成为下一代财务管理系统的必然选择，也是传统财务转型的核心内涵。

从财务共享开始，企业的商旅、采购、销售、税务等部门都通过智能共享系统整合在一起。融合最新数字化技术的智能财务系统，不仅是传统财务软件的升级优化，更是启动了新一代企业管理体系的架构，是启动企业全面数字化转型的重要抓手。

6.3.1　财务数字化推动管理升级

财务共享服务中心建设通常由集团总会计师和财务部门主导，企业数字化转型似乎更依赖于信息化专家，由 IT 部门主导。这看似分工明确的两部分工作，其实有着非常紧密的内在联系：数字技术正在推动财务转型，当然也包括财务共享服务中心职能的转型升级；而财务共享服务中心的优化升级，不仅是企业数字化转型的具体内容，还是推动数字化转型走向全面深入的重要基础。换句话说，财务共享升级，正在与企业数字化转型和管理提升的节奏和谐共振，两者相辅相成。

转型就意味着变革，意味着否定过去，就会打破既有利益格局，就会受到挑战和质疑，这是客观规律。数字化带来的市场环境的变化是企业转型的动因，数字化本身也是企业转型的工具，企业数字化转型需要与企业战略、禀赋条件、支持能力相匹配。

企业数字化大约有 3 个方向。第一个方向是产品数字化。利用数字化技术提升产品研发水平，包括研发过程和对产品进行电子化、数字化、互联网化的改造。第二个方向是智能制造。大量使用数控机床、物联网技术进行设备和产线改造，实现 M2M（Machine To Machine, 设备互联），采集产线数据进行考察分析。第三个方向是管理数字化。即通过 ERP、CRM、MES 等管理系统对企业进行管理流程的数字化升级，包括与产品、产线数据的连接和整合。

财务共享是管理流程数字化的重要内容，也是企业数字化转型的重要组成部分。过去 30 年来的企业信息化进程表明，企业数字化技术的应用推广不只是与 IT 部门相关，而是在业务转型需求推动下取得的综合成果。随着数字化技术的深入应用和与业务、税务系统的深度融合，财务管理更加智能化，逐步演变成智能财务管理系统。

　　一个可预见的发展方向是，财务共享服务中心的 3.0 版本将成为企业的业务中心和数据中心。随着更多业务系统的导入，业财税共享中心将形成更加强大的业务中台和数据中台，为更多的分、子公司提供可以随时调用的业务支持数据。大量的业务交易产生大量的实时数据，为数据建模、分析奠定基础，为企业提供业务调整依据，并为业务扩张提供更有价值的决策指导。

6.3.2　推动数字化项目落地

　　业财税共享是管理流程数字化的重要内容，当然也是企业数字化转型的重要组成部分。过去 30 年来的企业信息化进程表明，企业数字化技术的应用推广不只是与 IT 部门相关，其是在业务转型需求推动下取得的综合成果。随着数字化技术的深入应用和与业务、税务系统的深度融合，财务管理系统更加智能化，逐步演变成智能财务管理系统。

　　企业在传统财务共享服务中心系统之上搭建企业商城，利用电商平台实现与供应商、客户之间的无缝连接，并借助发票电子化打通税务数据与交易的关联，如图 6-3 所示。消费环节与企业内部系统连接，打通了交易端业务流程，财务部门只需事前做好管控、做好预算、设置好流程即可。

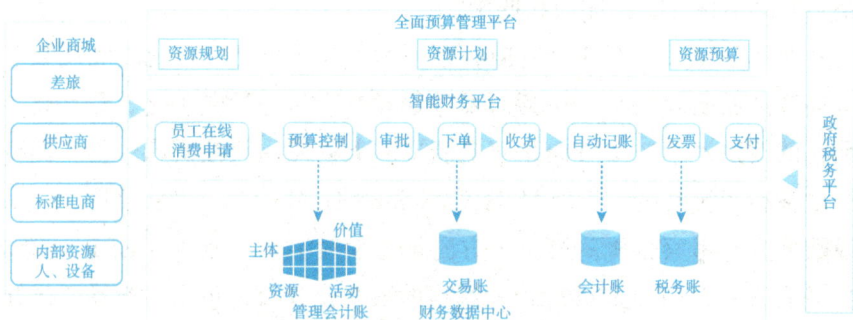

图 6-3　打通采购、预算、费控、管理会计和税务管理流程

　　在采购环节，企业商城可以连接外部的标准电商平台，也支持接入企业通过招标确定的材料、服务等私有供应商，方便员工进行比价。供应商把商品和服务按协议价格发布在商城上，员工在线对商品进行比价选择，

填写购买申请单,经过领导审批和确认后,完成下订单等一系列环节。另外,订单受企业的预算控制和采购标准控制,如果订单金额超出了公司预算或标准,需要进行额外的审批。

从员工在线申请、预算控制到主管审批后,下单、收货到支付整个环节都在线上完成,真正实现从采购到支付(Procure To Pay,P2P)采购流程。而且,在完成线上交易的同时,交易账、财务会计账、税务账也都能自动产生,大量经营数据让财务数据分析更加准确,管理会计和全面预算管理指导下的风险管控也得到了加强。集团企业不必非要派人去分、子公司才能达到监管的目的,只需要按照一定规则,把分、子公司的采购、商旅和财税系统纳入共享平台,就能形成集团和分、子公司既相互支持又相互协同的平衡关系。

同时,集约化、规模化和国际化是企业集团面临的挑战,加强财务预测、分析、控制与决策能力是必然要求,充分利用数字技术的管理会计信息化能够帮助企业进行分析管理,利于经营管理者做出更加准确的判断,提高企业核心竞争力。业财税共享不仅可以降低成本,通过与业务整合,还可以实现系统之间的联系和数据集中共享。

共享中心模式让企业决策者看到了一种新的业务拓展模式:企业在新增业务板块的同时,共享中心已经具备的能力可以充分为新兴业务板块赋能,显著降低新增业务板块的成本;为企业迅速开展新业务提供系统性服务的同时,不至于让新增业务板块的成本消耗掉来之不易的利润增长空间。

业财税一体化使采购、交易环节和税务管控平台与企业财务系统的数据连接更加顺畅,原本大量存在的人工审核合同、订单、发票等简单重复劳动消失了。业财税一体化改变了以管控风险为目标的管理体系,解决了报销流程复杂、效率低下的问题,适应了互联网时代快速决策、快速响应的企业运营要求。

6.3.3　从财务共享到企业数字化转型

转型就意味着变革,意味着否定过去,就会打破既有利益格局,会受到挑战和质疑,这是客观规律。数字化带来的市场环境的变化是企业转型的动因，数字化本身也是企业转型的工具，企业数字化转型需要与企业战略、禀赋条件、支持能力相匹配。

现如今大部分产业已经进入了"消费者赋权时代"，消费者通过各类数字化工具获取更多的产品信息，选择余地多；反过来，如何通过数字化手段去了解消费者及市场变化规律则是企业要尽快解决的问题。与数据量指数级爆发增长不同的是，人们的思维与认知能力仍然是线性的，因此必须依赖数字化手段来认知数字化世界。

企业数字化可以分为产品数字化、生产数字化（智能制造）、管理数字化和数据资产化 4 个方面。如今，产品设计几乎都是用数字化研发工具完成的。产品数字化是指利用数字化技术提升产品研发水平，包括研发和对产品进行电子化、数字化、互联网化的改造，这对产品本身优化、智能化和互联网应用打下了很好的基础；生产数字化是指大量使用数控机床、物联网等技术进行设备和产品线改造，实现设备互联，采集产线数据进行考察分析；管理数字化包括生产设备、管理运营、数字化营销、电商化采购等各方面的内容，当然也包括此基础上的数据收集、汇总分析，这是提升数据价值的重要基础；数据资产化则是企业数字化管理的高级阶段，技术、产品、客户、财务、人力等各类信息都在数字化的基础上，被赋予资产的属性，是企业价值的具体体现和竞争力的重要根基。基于大数据的理念、工具都可以在数据资产化阶段进行充分展示，在经过数据的收集、存储、使用等过程后，可以体现数据资产的最大价值。

数字化转型必须从 CEO 开始，需要跨部门的协作，将以业务为中心的理念与快速的应用程序开发相结合，包括探寻新的商业模式和新的业绩来源。数字化转型与数字化优化不同，它是颠覆现有企业甚至行业，创造新的业务模式的变革。因此，企业的跨界、平台化、服务化几乎是必然趋势，也是企业领导必须要认真思考的发展方向。

公司高管从最关心的财务绩效数据开始，通过类似产品收入和利润表这样的自制表工具，可以了解公司不同产品的销售业绩、成本、利润，然后看每个区域、行业的数据，进而分析分公司在这几个指标上表现如何、这几个数据的勾稽关系如何，然后进一步查看这个结果由哪些具体数据组成。再从这几张表格出发，直接点击到相关部门，查询更多数据，让领导用语音交互系统发出各种指示，这些指示又由运营管理系统发送出去。执行的结果又通过管理系统反馈回来，形成了一种闭环的互动协同环境。管理者可以方便地在手机、Pad 等各种终端上实时获取、调取、展示这些数据，组合出不同的数据报表，形成一个多维考察企业的视角，这对企业决策起到了不可替代的支撑作用。

　　财务管理上接企业高管，下接每位员工；左接采购、运营，右接营销、服务；前接核算报表，后接分析决策。财务系统本身具备的串接各个部门、管理流程的特性和立体数据结构，是其引领企业在各个层级进行全面数字化转型的天然优势。所谓"财务小数据、业务中数据和社会大数据"，共同构成了与企业相关的大数据架构和数据总集，是支撑企业运营系统和大数据治理的重要连接点，是进行数字化运营的重要基础。

　　财务及企业管理模式的进一步优化对信息技术提出了新的要求，数字化技术的进步又帮助新的管理模式有效落地，这种相辅相成、循环往复的成长模式一直伴随着企业管理系统的成长。那些谙熟于财务管理，了解财务系统重要性的企业，几乎都会以财务转型为突破口，推动企业数字化的全面转型。从财务共享到智能财务，引领企业全面数字化转型的态势已经非常明确，而由智能财务带来的整个管理体系的变革可能会远远超出我们的想象。

第 **7** 章　财务数字化之管理会计

7.1　数字化下的预算管理

预算管理是企业进行规划和控制的首要工具。预算管理在企业确保战略落地、合理分配资源、协调各部门利益、指导经营活动等方面发挥着重要作用。

国内企业的预算管理活动开始较晚，与杜邦或通用相近意义上的企业预算，直到 20 世纪 90 年代才出现。在 1978 年之前，我国处于计划经济时期，采用生产技术财务综合计划进行企业管理，这实际上是一种特殊的全面预算。1978 年的十一届三中全会以后，我国向市场经济转变，实施的预算管理制度包括两项：一是既适合工厂制企业，又适合公司制企业基层单位的责任成本预算制度；二是适合集团公司的全面预算管理制度。从 20 世纪 80 年代开始，我国国有企业实施责任成本预算制度，责任成本预算制度在这一时期成为我国企业管理的主要手段，这一时期也涌现出一大批成功的典型企业。1994 年我国《中华人民共和国公司法》实施，标志着公司制企业成为经济的主导。为了保证公司运行的稳定和效益，国内企业在引进国外经验的基础上探索出了具有特色的全面预算管理制度。伴随着我国集团公司的形成和发展，我国企业的全面预算管理制度逐步发展完善起来。

近年来，随着互联网、大数据、云计算、商业智能、人工智能等新技术的迅猛发展，企业所处的商业环境也在不断发生变革。商业模式不断被颠覆，企业内部管理体系面临重构。在此背景之下，预算管理从系统到流程、方法都在发生巨大的变革。预算导向由战略化向业务化转变，预算周期由年度化向滚动化转变，预算数据由内部数据向内外部数据结合转变。

7.1.1　年度预算的弊端

作为一种核心的管理工具，预算管理的科学性毋庸置疑。然而，回顾预算管理的发展史，我们会发现，多年以来，预算管理总是伴随质疑前行。

管理大师、美国通用电气公司前 CEO 杰克·韦尔奇认为"进行预算是一种极小化的操作"。而近年来，随着全球经济发展日益一体化，以及经济环境变化速度不断加快，这类质疑非但没有停歇，反而越来越猛烈。

中国企业也有这样的困惑：不执行预算管理不行？执行预算管理有用吗？那么，问题到底出在哪里？

受企业财务报告编制周期的影响，预算管理自诞生以来，一直是以定长的年度预算为核心。这种预算管理模式保持了预算考核周期与企业会计年度的一致，可以确定年度目标并分解落实到各责任主体，有利于公司战略的有效落地，具有不可替代的优越性。但同时，这种定长的预算管理也存在不可弥补的缺陷。并且，伴随经济环境和市场环境的变化，这些缺陷在企业应用中正日益被放大。

第一，**预算与业务经营脱节**。年度预算以一年为周期，强调在特定预算期内预算的刚性。而环境、运营、资源等在一年中所面对的不确定性因素较多，变化也较多，期初的预算并不能够完全反映已经发生实际变动的事实，这使预算数据难以做到具体、细致、准确，对企业业务经营的指导作用有限。

第二，**预算带来部门博弈**。年度预算一般在年底编制，是基于企业对下一年度战略目标的分解确定。由于预算编制时下一年度各项经营还未实际开展，同时，预算数额直接与各部门利益挂钩，所以各部门在做年度预算时，总是拼命地为自己留余地。这种博弈一方面导致了部门间的相互不信任，另一方面容易造成预算结果失真，大大降低预算管理的价值。

应该说，随着预算管理的发展，年度预算的准确性、细致性都在不断提升。但其周期固化的本质不可改变，且市场环境日益复杂多变的趋势同样不可改变，因此，年度预算的弊端是无法根除的。并且，市场环境变化越快，年度预算的反应就越显迟缓。

7.1.2　从年度预算到滚动预测

通力电梯是世界上最大的电梯公司之一。在 2010 年之前，通力电梯供应线采用的是传统定期预算，由于市场的变化及不确定性，竞争日益激烈，为更好地把握市场变化，从 2010 年起，地处芬兰的供应线总部要求各地供应线的预算方式均改为滚动预测。滚动方式为月加季度的混合滚动。

滚动预测的主要依据是市场变动的需求量。通力电梯公司前线人员每天都需要统计电梯、扶梯订单量，分析订单量变化的影响因素，并随时与客户沟通，之后做出订单量预测。前线人员将预测的订单量数据细化到每个区域后再反馈给供应线。供应线根据前线人员提供的数据并结合生产周期做出电梯、扶梯的产出数量预测。此外，产品价格调整、集团总部分摊给供应线的成本、原材料价格变动、生产效率、通货膨胀、员工调薪比例及外币汇率波动等影响都将被纳入预算更新的假设基础中。

得益于滚动预测的应用，通力电梯的预算价值大幅提升，滚动预测有力地指导了通力电梯的供应线运营，预算也因此由"槽点"变为"亮点"。

滚动预测是指按照"近细远粗"的原则，根据上一期的预算指标完成情况，调整和具体编制下一期预算，并将预算期连续滚动向前推移的一种预算编制方法。按照滚动的时间单位不同，滚动预测可分为逐月滚动预测、逐季滚动预测和月加季度的混合滚动预测。

基于滚动预测动态性、技术性的特点，滚动预测可有效解决传统年度预算的弊端。一方面，滚动预测可以提高预算的准确性。滚动预测的最大特点便是动态性。在预算实施过程中，通过不断地修正、调整和延续预算，企业预算将更切合实际。另一方面，滚动预测能够减少部门博弈。滚动预测主要用在技术层面，不太会成为考核手段，不带有博弈的性质，人们做滚动预测时会相对轻松，其可以有效地减弱人为粉饰因素，还原未来一段时期内企业经营的真实面貌，从而为企业管理层决策提供参考价值。

然而，尽管相对于传统的定期预算，滚动预测有着诸多优点。但当前滚动预测在企业中的应用却并不广泛。即便是在已经开展滚动预测的一些企业中，其取得的效果也并不理想。这首先当然是因为管理层对滚动预测的重要性和必要性认识不够。但还有两个重要原因：一是滚动预测往往需要经过无数次在上下级之间、部门之间进行衔接与勾稽组合的轮回，需要人人参与，资源消耗大；二是滚动预测在过程中往往涉及预算基础的随时更新及预算数据的频繁修正，给财务人员带来了大量工作，且编制过程复杂。

滚动预测，是否有更科学的落地模式？答案是有，用基于大数据和 AI 的 T+3 滚动预测可以更科学地进行预算管理。

2014 年，基于在海尔集团等公司滚动预测应用上积累的成功经验，业内推出 T+3 滚动预测方案，以帮助企业有效应对不确定的市场环境。而近几年来，随着以智能技术为核心的新技术的迅猛发展，滚动预测的应用又迎来突破性的发展。元年科技在吸收 IBM 内存多维数据库技术的基础上，进一步整合了大数据和人工智能技术，推出了全新的 T+3 滚动预测应用，在进一步提升滚动预测的应用价值的同时，有效降低应用的难度。

T+3 滚动预测是指基于企业业务计划（订单计划、销售计划）和业务预测（订单预测、销售预测）建立的预测逻辑和预测模型。T+3 滚动预测可以形成涵盖损益和现金流量的滚动财务预测结果，能够给企业管理层和业务部门提供充分的决策支持和业务指导。在这套体系里：年度预算侧重全年目标的制定与分解；月度滚动预测较年度预算要细，强调规划业务、配置资源和指导运营；月度滚动预测编制独立于年度预算模型，流程简化、操作简便；月度经营预测是后续预算控制和预算分析的依据、标准。

T+3 滚动预测采用"上月实际数 + 后 3 个月精确滚动预测 + 剩余期间粗略滚动预测"。"近细远粗"的滚动预算原则根据人们对未来预测具有"近期把握大、远期把握小"的规律，将预测重点放在最近 3 个月，主动放弃 3 个月以上预测的精细度，从而大大降低滚动预算编制的复杂度。

总体来看，T+3 滚动预测的核心思想可以总结为 3 点：频率快、数据细、眼光远。

频率快是指从季度滚动升级为月度滚动，具备条件的企业可以尝试以"周"为单位的短滚动。

数据细是指预测的维度和粒度要尽可能地细化到与日常的运营计划保持一致。

眼光远是指预测的周期要足够长。当前，国内绝大多数企业都采用的是年度内滚动，如现在是 11 月的话，就只能滚动到 12 月。而 T+3 滚动预测建议企业采用定长滚动，一般是滚动到未来的 12 个月，如图 7-1 所示。

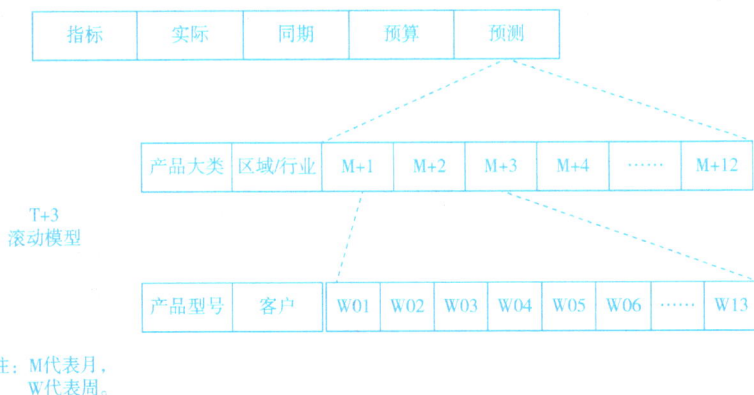

注：M代表月，
W代表周。

图 7-1　T+3 滚动模型

需要注意的是，滚动预测尽管具有年度预算所无法比拟的优势，也同样具有自身无法克服的缺陷，如适用性、短期性等，无法取代年度预算。在企业管控层面上，以目标测算为基础编制年度预算，按照一定的模型进行责任主体目标的分摊和落实；在运营层面上，主要采用滚动预测，各责任主体通过滚动预测系统及时反映市场波动的影响和实际经营数据，通过有效的运营达成预算目标，这应该是未来企业预算体系的标准架构。

7.1.3　从战略化到场景化

市场环境瞬息万变，企业在预测和决策能力等方面备受挑战。同时，数字化转型成为企业的新常态，极大地提升了数据的及时性和可靠性，使预算管理和数据应用有了更多的可能。一方面，企业级全面预算管理数据的准确性越来越低，价值越来越小；另一方面，预算业务化的趋势越来越清晰，企业更青睐周期更短、投入更少、见效更快、效益更高的预测方式。

场景化预测将预测嵌入企业的具体业务场景中，以数据为反馈依据，串联企业的不同业务场景，可以为企业提供及时、可靠的预测和决策分析信息。在数字化转型的新时代，预算管理从企业级细分到部门级、从全面化走向场景化渐成趋势。

1. 场景化预算有力支持企业业务经营

场景，其实就是什么人、在什么时间、在什么地点、出于什么目的、做了什么事。人物、时间、地点、目的和事件这些元素构成了一个具体的画面，这个画面就是场景。而场景化预测就是基于企业生产经营的具体场景做出的预测。

场景化预测并不神秘。零售企业基于某商品在各区域的销售量规划配货，房地产企业对所持有房产的价值进行管理以明确项目进度和规划，制造企业依据某产品的历史订单量规划未来的生产……在这些常见的工作场景中，企业其实已经在应用场景化预测为业务经营提供支持。

任何企业的管理都脱离不了实际场景的运用。企业经营是由一个个具体的场景串联叠加的结果。理解场景是解决问题的前提。站在管理的角度上，将场景与场景进行串联，以数据为反馈依据进行预测，是直接管控业务进程、提升运营效益的有效路径。

现代管理学认为，科学化管理分为 3 个层次：第 1 个层次是规范化，第 2 个层次是精细化，第 3 个层次是个性化。场景化预测既体现了管理的精细化，又体现了管理的个性化。

场景化预测能够有力减小预算的粒度，体现了管理的精细化。

精细化管理的本质在于它是一种对战略和目标进行分解、细化和落实的过程，是让企业的战略规划能有效贯彻到每个环节并发挥作用的过程。预算的本质是对未来事项的预计和测算。而传统的企业级预算由于更强调预测数据的全面性，数据粒度较粗，缺乏对企业经营的精细化指导。场景化预测将预测深入企业最基础的细分业务环节中，基于不同的业务场景设置模型、开展预测，并将预测数据反馈于对该场景业务的运营和决策，大大提升了预测的精细度，有力提升了预测的科学性和数据的准确性，体现了管理的精细化要求。

场景化预测实现了业务与财务的真正融合，体现了管理的个性化。

预算管理自诞生以来，迅速受到广泛的认可和应用，成为企业核心的管理工具之一。与此同时，针对预算管理的非议一直存在。我国很多企业有这样的困惑：不执行预算管理不行？执行预算管理有用吗？最根本的原因就在于传统的企业级预算管理与业务经营脱节，企业难以实现业财融合。

企业级预算站在企业全局考虑问题，而企业的组织架构和业务活动具有复杂性，企业级预算难以结合不同部门、不同业务的个性化特点对不同情境下的不同预测模型及影响因子进行合理选择，难以对企业具体的业务经营活动形成有效指导。场景化预测则将预算直接下沉至具体的工作场景中，让预算与具体业务相接，从根本上弥合了业务与财务的鸿沟。这令企业能够在瞬息万变的市场环境中，基于不同部门、不同业务的具体特点进行情景模拟和数据测算，从而有效提升企业决策的正确性和效率。

2. 新技术驱动场景化预测成为发展趋势

如前文所述，场景化预测其实并不是新事物，甚至在很多企业实务中早有应用。那么，为什么长期以来企业级预算一直占据主流，而场景化预测并未获得有力推广？笔者又为什么要在这个时点提出场景化预测，并认为其正成为预算管理的重要趋势呢？

答案就是场景化预测在过去深受信息技术的发展所限，预测难度大、质量低，桎梏了其价值的发挥。而现在，随着互联网、大数据、敏捷 BI、人工智能等信息技术的迅猛发展，精准的场景化预测具备了实现的可能性。同时，企业数字化转型的全面铺开进一步提升了场景化预测的重要性和必要性。

在新技术的加持下，企业可以将自动化、智能技术与数据可视化技术相结合，融合和打通各类数据，提升整体数据价值；利用算法和规则引擎处理数据、构建模型；利用传感器和云计算等进行实时计算和数据的可视化呈现；对具体业务场景中的业务经营情况进行前瞻性的预测和分析。这将大大降低场景化预测的难度，提升场景化预测的精准度，提高数据认知效率，助力企业踏上数字化决策之路。

首先，新技术赋予场景化预测强大的数据基础。

数据是场景化预测的基础。数据的获取越及时，数据越完整、质量越高，场景化预测就越精准、越有效。然而，在实际场景中，数据量巨大、类型繁多、价值密度低、产生速度快、时效性强，对数据的获取和处理均提出了很高的要求。过去，在大数据技术尚未获得突破性发展的阶段，受限于技术瓶颈，企业的数据口径不统一，数据不完整、不及时，数据质量低，这使场景化预测结果的准确度低，难以对业务进行有力指导。而基于内存多维数据库、敏捷 BI、大数据等新技术，企业可以从物联网、云平台、存储设备、移动终端等多种平台全面获取内外部的海量数据。企业通过数据仓库技术（Extract-Transform-Load，ETL）、日志服务技术等完成数据收集，并将它们存储在数据库中，并经由分布式计算、内存计算等技术加速数据变现，将其全面应用于业务经营和管理决策中，助力企业对具体业务场景的预测分析。及时、完整、真实的数据基础是确保预测结果有效和精准的前提条件。

其次，新技术赋予场景化预测智能、快速的建模能力。

场景化预测是指通过构建量化模型来模拟和还原特定业务场景的业务流程，以实现对特定场景在未来不同情况下的数据测算。例如，在零售企业的订货业务场景中，构建供应链管理模型；在保险企业销售人员绩效管理的业务场景中，构建销售绩效模型；在房地产企业存货管理的业务场景中，构建货值管理模型等。因此，系统的建模能力和对模型的应用能力在很大程度上决定了场景化预测结果的有效性。

过去，无论是手工模式下的 Excel 表格、ERP 中的预算模块，还是专业预算软件，均无法满足精准的场景化预测对模型的需求。以功能性、专业性相对较强的预算软件为例，尽管其基于传统 BI，可以支持复杂的运算过程和对数据的实时控制与分析，但基于传统技术架构的系统主要提供的是固定格式的报表工具，报表数据滞后，且牵一发而动全身，其无法基于业务场景的变化做出快速响应，更无法适应具体业务端的个性化需求。

而智能技术架构下全新的数据中台具备智能、快速的建模能力，可基于智能数据研发开展在线数据建模、基于智能算法进行统一画像和构建公共数据模型。借助强大的建模和计算引擎，企业可构建场景预测体系，快速制订特定业务场景的经营计划，及时响应复杂业务的变化并做出快速调整，并使用诸如神经网络、规则归纳等技术发现数据之间的关系，做出基于数据的推断。例如，基于新技术，制造企业可根据实际情况设计机器学习算法，搭建模型进行智能化的库存优化、销售预测和产销平衡。

最后，新技术可实现对场景化预测数据的可视化展现。

场景化预测的价值不仅由预测的数据和模型所决定，还与预测数据的展现方式密切相关。过去，我们习惯用一张张数据表单呈现预测结果。这些布满数据的图表看似具体细致，却加大了管理人员的理解难度，从而降低了决策效率。管理人员可能需要花费大量时间在一张张预测报表中发现问题，以做出正确的决策。

大道至简。如今，借助智能技术和前端数据分析技术，管理者可以获取到更简洁、更直观、更及时的可视化预测信息。这些信息经由计算机基于对使用者的需求进行筛选后，集中通过一张大屏得以展现。管理者可以基于场景化的大屏做出战略决策和经营管理决策，这将大大提升管理者的数据认知效率，提高决策的及时性和准确性。

3. 场景化预测的未来

可以说，场景化是预算管理发展的必由之路，也将彻底改变预算管理。一旦预算管理从贯穿企业业务全过程、全内容的场景化，拓展到不同部门业务过程的场景化，我们将会看到，预测的数据变得更及时、更精准、更智能、更易用。业务数据化、场景化的预测，正在连接企业的现在与未来。

让我们来看看以下 3 个场景。

场景一："李总，东区有一个新地块拟竞拍。但是我们部门和运营部门经过初步评估后，意见有分歧。请您决策一下咱们是否要参与竞拍。"月度汇报会上，某房地产集团投资部的张经理拿出一沓资料，认真地做着汇报。李总越听眉头拧得越紧。"目前的信息有点散乱，大家可能还要努力，把数据做得更细致一些，目前我也不好下结论。"李总最后说。

投资能力是房地产企业的核心竞争力之一，投前管理则是房地产企业运营管控中的重要环节。面对一个新地块，企业要不要拿地，以何种代价拿地，拿地后如何开发，都必须依靠投前管理。倘若不能进行科学、精确的投前测算，企业在新项目拿地和开工的决策中都将失去较为关键的依据。

然而，当前房地产企业在投前管理中普遍存在管控规则无效、边界不清晰、数据不准确、缺乏历史数据沉淀、缺乏过程监控、投资活动未形成闭环等问题，投前管理不准确、不及时导致部门"打架""拍脑门"等现象时有出现。

通过构建投资测算系统，企业可针对各拟投资项目进行全周期规划，测算项目的现金流和盈利指标，从而辅助企业判断投资项目的可行性。

在上述房地产集团的会议场景中，如果应用了投资测算系统，企业就可以基于历史数据，结合该地块的基本情况以及运营部门对该地块的初步规划和推进节奏等，充分考虑项目成本、融资渠道、销售进度等因素，通过对基础数据的多版本敏感测算，自动生成不同版本的模拟投资测算表和现金流量测算表，为管理层提供是否拿地的快速决策支持。

场景二： 某养殖公司的销售员小王最近有点懒散。受瘟疫的影响，他的好几个稳定客户都纷纷暂停了配货计划。这令他陷入了"靠天吃饭"的无奈中。按照年初制定的绩效政策，这季度的奖金肯定泡汤了。"反正再努力也没用！"这样一想，小王更对拓展客户的事提不起精神。

销售绩效是大多数企业年度运营支出的重要组成部分。但是，当前大部分企业仍采用 Excel 进行销售计划及激励的管理，低效且错误频发，而且规则总是简单的"一刀切"，缺乏灵活性，无法快速响应市场环境的变化，这导致销售部门与财务部门和人力部门之间容易产生矛盾，从而影响人员士气和团队稳定性。

通过开展基于销售人员绩效的场景化预测：企业不仅可以基于自动处理流程更好地控制销售佣金发放，提高效率，减少错误并获得实时的结果；还能不断修正模型和实施新的佣金政策，以适应不断变化的业务需求。

销售绩效预测系统可以对接全面预算管理系统、CRM 及财务相关系统和 HR 管理系统，将目标分解至具体销售人员，执行过程分析利于企业及时对销售人员及薪酬情况进行掌握和调整。

采用内存计算多维数据库的底层技术，销售绩效预测系统可支持复杂的佣金规则，如将是否扩展新客户、客户行业、成单周期等因素纳入佣金规则管理体系，将"悬赏制""临时激励"等规则纳入销售人员的激励计划中。同时，系统还能灵活实时地修正模型和修改佣金规则和政策，并可建立佣金规则推演沙盘用以模拟政策的有效性。

销售绩效预测系统还可以支持多维度过程分析和结果查询工作的开展。例如，销售人员可实时通过系统查询到各类产品的销售数据和目标的预实对比，也可以了解客户或行业在不同产品上的销量趋势，从而分析未来的销售行为等。管理层也可通过可视化大屏深入了解当前佣金政策的运作情况，对未来的销售佣金策略调整做出准确预测。

试想一下，如果小王的公司采用了针对销售绩效的场景化预测，那么，系统完全可以对瘟疫事件做出及时响应，通过调整瘟疫期间销售人员的目标业绩以提升销售人员的积极性，通过调整、制定后期的销售策略以降低不利事件对销售业绩的影响。如果"小王们"发现，尽管瘟疫对业绩造成了实际影响，但公司已经考虑到这部分因素的影响，并据此调整了绩效目标，那么，"小王们"必然不会消极怠工，而会在劣势中依然不放弃开发客户的希望。

场景三："这款衣服在 B 区还有 5 000 件库存，可是在 A 区一周前就卖断货了，你们都是怎么配货的！"面对 3 月各门店的销售数据，某大型时尚品牌服装公司的赵总大发雷霆。

服装销售具有很强的季节性、地域性和配套性，对预测的时效性和协调性有很高的要求。多数连锁经营门店难以准确把握补货结构、数量和时间。同时，滞销库存又会对企业盈利产生极大影响。这一难题源于不确定的销售和有限的供应之间的矛盾。企业如果无法及时准确预测市场需求和产品生命周期的变化，并据此匹配需求计划和供应计划，就会如上述服装公司一样，陷入滞销和缺货并存的窘境。

不仅只有服装企业正面临供应链的挑战。事实上，大部分企业的供应链人员都面临着更快的产品迭代需求、更个性化的产品诉求及更高的产品品质要求。为及时响应客户需求，企业供应链端通常会陷入各种突发事务，"救火式"调整生产、采购等供应链决策已成为很多企业的常态。

在供应链管理场景中，引入智能供应链预测决策系统可以高效地解决上述难题。智能供应链预测决策系统是在达到企业盈利、效率、竞争等要求下持续地满足市场需求的总体销售和生产等计划，它包含决策层以要货预测、产能限制、库存安排等为依据定期协同销售、生产、采购、计划等部门的一系列管理活动。基于多维度内存计算和大数据平台，企业可重构预测和分析能力，构建全局供应链计划体系，快速制订可行的分销计划，并主动管控供应链风险；通过应用 AI 大数据技术以及各种优化算法，企业可实现自动补货、自动配货、自动调拨，系统可模拟计算出不同情况下的最优处理方式。

数据已经成为企业最重要的战略资源。但数据的核心要义，并非单纯指速度与算法的更快、更强，而是让数据充分与场景结合，让企业在对的场景用对的数据，做出对的决策。未来，随着企业数字化转型的推进，企业将逐步实现所有场景的数据化。精准的场景化预测数据，将成为企业应对数字化变革的一枚利器。

7.1.4　预算的大数据化

"大数据之父"维克托·迈尔·舍恩伯格在《大数据时代》一书中指出，大数据带来的信息风暴正在变革我们的生活、工作和思维，它开启了一次重大的时代转型，带来了一场深刻的思维变革、商业变革和管理变革。本书认为，大数据的核心就是预测，预测性分析是大数据最核心的功能之一，它把数学算法运用到海量的数据上预测事情发生的可能性，让一切皆可"量化"。

数字经济时代，随着大数据的深入挖掘和应用，企业预算管理正向大数据化发展。

1. 预算管理需要数据支撑

在传统预算体系下，预算数据的获取方式、数据类型、获取时效存在天然缺陷。一般来说，预算数据只能孤立地存在于预算系统和核算系统中，预算执行情况只有财务人员知道，且多数时候财务人员只有在核算系统中做账时才知道预算执行情况。一些企业即使使用了费控系统并将其与预算系统和核算系统进行了对接，但这样也只能对费用类科目的预算执行情况进行控制，无法涵盖企业的全面预算。

以预算编制为例，传统预算的编制基本上都是基于历史数据分析得出的。集团下属机构众多、财务数据核算标准不一，这使集团预算编制工作繁重，缺少足够、有效的数据支持，且较难在集团层面制定统一的、有理有据的资源配置方案。

大数据时代具有四大典型特征：一是数据量（Volume）大，大数据的起始计量单位至少是 P（1 000 个 T）、E（100 万个 T）或 Z（10 亿个 T）；二是类型（Variety）繁多，数据类型包括网络日志、音频、视频、图片、地理位置信息等，多类型的数据对数据处理能力提出了更高的要求；三是价值（Value）密度低，信息海量，但价值密度较低，如何通过强大的算法更迅速地完成数据的价值"提纯"，是大数据时代亟待解决的难题；四是速度（Velocity）快、时效高，数据处理速度快，这是大数据区分于传统数据挖掘最显著的特征之一。

　　大数据的上述特征，足以弥补传统预算体系缺乏足够、有效、实时的数据的缺陷，从而使全面预算管理系统这一闭环能够更高效、顺畅地运行和开展。企业借助大数据与商业智能技术，通过对数据进行收集、存储、加工、筛选、分析等，使之可视化、信息化，可以洞察整个产业链的现状，制定更切实可行的预算政策和经营策略。

　　大数据在预算管理领域的深入运用，有利于提高预算分析的及时性、准确性和全面性，为预算编制提供更科学、可靠的依据。

　　以滚动预测的编制为例，企业在编制滚动预测时，可随时在数据平台查询企业下属所有分、子公司上一年度同期的预算执行数据、上一月的预算执行数据以及预算评价结果，再通过大数据技术采集市场情况等外部数据，并结合企业当月的生产目标、销售计划等按月进行预算编制，使编制的滚动预测在满足集团战略目标的同时更加符合集团下属分、子公司的生产经营情况和同行业竞争现状。

2. 从财务小数据到社会大数据

　　事实上，企业在经营管理中所面对的数据可以分为三大类，即财务小数据、业务中数据、社会大数据，如图 7-2 所示。

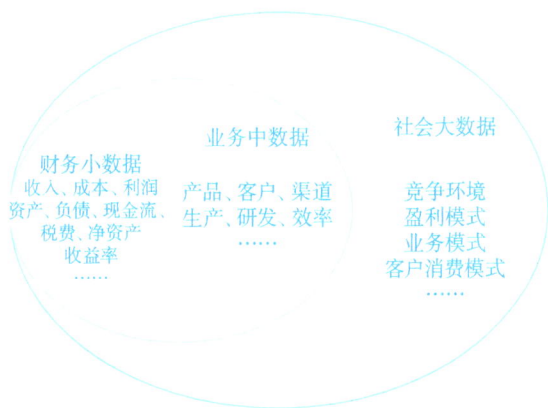

图 7-2　企业管理的数据类型关系图

　　财务小数据是企业管理者、财务人员最早拥有的收入、成本、利润、资产、负债等数据，业务中数据是企业运营中产生的产品、客户、渠道、生产、研发等相关经营信息，社会大数据是与企业所处行业相关的竞争环境、盈利模式、业务模式、客户消费模式等一系列内外部信息流。

企业在预算管理中所需要的数据实际上是应该涵盖这3类数据的。然而，目前我国大多数企业的预算管理仅停留在财务小数据范围内，即预算管理只是财务部门内部的事，尚未将其与业务进行有效融合；另外一些企业进入了业务中数据阶段，实现了基于业务中数据的预算管理；但仅有极少数优秀企业的预算管理迈入了社会大数据阶段，即将与企业运营相关的所有内外部数据作为预算管理的基础数据支撑。

全面预算管理的本质是企业通过对未来经营情况的模拟，"算赢未来"，是一套涵盖从业务预算到财务预算，从目标制定、预算编制、预算执行和控制到分析反馈、调整和评价的闭环体系。

一方面，全面预算管理在构成上并不是以财务小数据为主，而是以业务中数据为基础，通过对业务计划的整合实现总体目标，同时需要用合理的预算逻辑将各类业务计划有效连接起来，形成服务于整体目标的行动计划与资源配置方案。

另一方面，随着大数据、"互联网+"时代的到来，企业本身的生存环境发生了重大变化，"企业围墙"变得越来越小，甚至有可能瞬间被打破。外部经营环境的变化，导致企业获取资源的过程和内部交易的过程，都需要依赖外部大数据来定义客户、完成交易。有鉴于此，预算管理从目标到计划到预算到资源到行动的整个过程中，数据已经远远脱离了财务小数据，而是涵盖了整体预算目标完成情况、关键行动方案、资源使用内外部对标、预算执行情况自评、外部市场的评价以及新一轮的循环整个过程。比如，对于预算目标制定，企业不仅要基于内部的财务小数据、业务中数据，更要结合自身所处行业、所处商业生态圈、未来的经营环境等多项内外部因素进行预测。

以预算执行为例，大数据环境为企业预算执行控制提供了更加便利的条件。当企业各部门预算执行工作开始的同时，大数据平台也开始采集所有预算执行的数据，并对其进行实时监控和分析，一旦发现其与原本预算存在差异，会实时分析差异原因并进行反馈。结合社会大数据，当市场大环境或政策出现变动时，大数据平台会将变动情况及时反馈给预算管理部门和各预算执行部门，提示其进行适度调整；当预实数据差异过大、有突发情况或经营环境出现变化时，大数据平台会及时做出预警提示。

未来，随着信息技术的不断发展，基于内外部数据结合的预算管理将更加精细、科学、合理。

7.2 全面预算是达成绩效的牵引力量

"预算管理信息系统是我们日常管理的重要工具，与我们的每个人的工作密切相关。" 横跨水产饲料工业、水产养殖、肉制品加工、动物保健以及新能源的通威股份非常明确预算管理信息系统在企业中的定位。2019年，通威股份的总体预算达成率稳定在 97% 以上，在全公司范围内基本形成了利用元年科技 C1 全面预算管理系统来制订全年计划，每月、每旬对照执行的习惯。让预算管理在每旬、每月甚至每天的执行中进行滚动对照，各分子公司、职能部门相互督促、互相比对，让线下的业务推进通过线上预算管理信息系统得到了有效整合，大大推进企业的运行效率和效益。

"预算牵引，平台支撑，制度保障"是通威股份实施企业战略和绩效落地的明确定位和行动指南。通威股份首席信息官（Chief Information Officier,CIO）周勇在接受采访时表示，通威股份把全面预算管理系统作为其推进企业战略落地的有力抓手，使具有浓郁的制造业和农牧水产行业特征的企业插上了现代化精细管理的翅膀，这也是"效率决定效益，细节决定成败，速度决定生死"的通威企业文化在预算管理系统实施上的具体体现。

7.2.1 编制预算是与业务团队深度交互的过程

预算编制过程就是确立目标、相互协同、查漏补缺和全员动员的过程，企业通过"三上两下"的预算编制过程，让全员了解自己的岗位定位、职责目标和相互协同的关系，让预算真正成为每个人、每个部门、每个分公司、子公司的 KPI 考核依据。

"三上两下"的结果都是在信息系统里面得到的，但每一次的结果都是通过各种现场会、讨论会产生的。首先分、子公司内部开现场会，做市场摸排、资金、客户池等准备工作。各分、子公司根据营销活动、行业状况的数据来编制本公司来年的各项指标，包括如何与相关资源高效协同等内容，形成第1版预算报告上报给片区管理部门（一上），片区管理部门先进行会诊，提出修改意见（一下）。第3级是股份公司进行会诊，每家公司的总经理进行汇报，必须对每个细节进行讲解（二上）。如果达不到要求，现场提要求，再调整（二下）。总经理在会诊现场1天内将第2版修改完成，再提交给公司，形成最终版本（三上）。通常情况下，第1版的通过率只有30%左右。在总经理汇报完后，片区管理部门对第2版的通过率也只有30%左右。

通过预算的编制，全体员工反复沟通之后，让片区管理部门、分公司、子公司和下属的每一个部门、每一位员工对每一项目标都达成一个共识。确定目标的过程涉及很多相关部门，业务、财务、人力规划相互之间的资源应及时进行沟通协调。如果某分公司或子公司资源短缺可以对其进行优化配置；如果人手短缺，需要招聘销售人员甚至销售副总，就要人力资源部门配合等。编制过程中的相互沟通协调对后续相关工作的开展很有帮助。

上线元年科技C1预算系统对财务管理的促进作用非常明显，让原来作为后端支持部门的财务部门参与到整个管理闭环中，这不仅让财务人员对公司业务有了更加深入的理解，更是在预算编制、成本管控等方面设身处地地为前端业务人员的应用需求考虑。财务部门主动参与到业务处理的流程中，让一线部门感受到财务人员实实在在的支持，彻底改变了财务人员在业务部门人员心中传统、刻板的印象。

提出"效率决定效益"口号的通威股份追求管理效率，因此，最大限度地挖掘元年科技C1预算系统对整体协同效率的提升就有了强大的自发动力。通威股份上线了预算软件之后，效率、效益是否有了真正的提高，自己内部也在不断地进行评测。不同板块之间有些细微的差异，农牧板块的预算达成率在97%以上，新能源板块的预算达成率也长期在98%左右。每个月都滚动，比照2019年年初的预算，2019年1—8月滚动预算达成率是97%。通威股份不仅关注销量，而且会关注利润率、成本等每一项指标的达成率。为了达成一个最终的结果，通威股份会及时调整销售策略。例如，如果销售量达不到，那为了达到利润指标，通威股份可能就会采用提价或者控制成本的方式。

在光伏板块，通威股份在 2019 年实行简化、下沉预算内审批的政策。事先有计划地在部门一级完成，不再经过上级审批。超预算的申请在审批过程中会有通过难度，这促使各个部门把预算做得更加精细。一部分是硬约束，如开展活动需要费用，就要先看年度计划有没有，再看月度计划有没有，再如销售部门要开展哪些活动、要在哪里做、达到什么目的等。每个部门都是责任主体，每项费用都要落实到每项工作，每项工作都要对应到相应的预算，对每个部分都是有约束的。

通威股份的资金计划全部都要纳入预算表中，具体到各种明细报表以及三大报表。不仅有周报、旬报，生产情况都要填写日报。每天早上 7 点半都会把前一天的运营结果推送到管理者的手机上，运营结果包含预算执行情况、同比、行业对比数据等。每一位管理者关注的数据不一样，所有数据都在一屏之中显示出来，一目了然。先进、便捷的信息系统让数据的处理、传输、展现变得更加方便快捷，而财务人员的工作就是把公司各个部门的业绩分析成果准确地展现给管理层，让他们能够第一时间掌握经营数据，及时做出决策部署。

7.2.2 系统实施是助力业务部门提升绩效的过程

预算编制是非常重要的管理手段，而专业的预算信息系统则是一个非常得力的管理工具。具体实施预算管理系统的通威股份财务部预算和分析主管何启彬表示，预算编制会涉及非常多的细节，工作量很大，手工编制预算不可能做到这么精细，而元年科技 C1 预算系统在编制过程中，还会提出拟采取措施的清单，预算编制过程也是资源整合和协调资源的过程。

和实施其他 IT 系统一样，元年科技 C1 预算系统的实施推进也不是一蹴而就的。从 2017 年系统上线到 2018 年横跨整个会计年度的具体实践，实际运行从原来的预算达成误差率 30% 以上，到 2019 年 8 月总体平均的准确率 97% 以上，这样的转变成果背后是"预算牵引、平台支撑、制度保障"，从中可以深切地感受到通威股份管理层的高度重视和全员的巨大努力。

系统实施遇到的阻力其实是非常大的。团队中比较资深的管理者，并不习惯用系统来进行管理，有的管理者甚至不习惯用计算机软件。因此，一定要树立标杆，让部分片区先接受、先实施，其他片区看到效果了，就会慢慢跟进尝试使用。最直观的感受是分、子公司总经理原来不知道下个月的目标从哪里来，当用一套理念和分析方法找出下个月的目标之后，总经理知道了目标是怎么来的、分析途径是什么、总部汇总的是什么。当片区和总部领导问分、子公司总经理为什么达不成目标时，他们自己也会紧张，因此他们对上线系统也有了更高的积极性。

财务部门通过几十场预算培训让财务人员也因此更加熟悉公司业务，在情感上也和业务人员打成一片。而从业务管理的角度看：有些习惯把数据记在自己小本子上的管理人员，也慢慢体会到系统对他工作的便利；有的习惯"吹牛"的管理者，也知道要定量，要有具体的客户名单、具体的业绩数据。

管理系统实施过程就是管理提升的过程，每一步的完成也为下一步的提高奠定基础。效率提高了，如何把业务管理能力提高？成本目标为什么超？绩效目标为什么达不成，可能会有什么问题？预算管理系统让细节管理真正落到实处，让管理者对自己的工作越来越满意，系统的实施推进也就更加顺利了。

系统上线带来的最大变化就是理念的改变，细节管理有很大的提升。原来的预算报告只是分、子公司的总经理知道，员工并不知道自己的具体目标是什么。现在，从总部战略目标到片区目标，从分、子公司的整体目标到每个人的业绩目标，每个参与其中的人都清楚自己在什么位置，具体要干什么。系统上线后，公司战略目标、经营方针都能很快地传达到每条业务线，而如果没有强大的软件系统支持，这是绝对不可能做到的。

7.3　数字化环境的成本管理

"先进的机器、完美的规划、熟练的工人、出色的经理，这一切保证了我们的巨大成功……根据我们铁厂的经验，我们知道精确的会计制度意味着什么。在生产过程中，原料从一个部门转移到另一个部门，都有员工进行核对，没有比这种做法更能提高利润的了。"美国钢铁大王安德鲁·卡内基写在回忆录中的这段话，生动地诠释了成本管理在工业 2.0 时代的巨大价值。

如今，随着数字化经济和工业 4.0 时代的全面到来，成本管理又将呈现怎样的面貌？

7.3.1　成本管理应用的历史变迁

成本作为企业价值创造的源泉，也是企业产生利润的驱动力，资源以成本的形式完成价值创造，进而通过收入的实现完成价值的转移。成本管理作为企业管理的一个分支，是企业为了最大化和高效率利用组织资源而进行的管理行为。

1949 年到改革开放前，我国成本管理曾有过一段快速发展的时期。那时候，我国执行计划经济体制，企业经营业绩的好坏在很大程度上由成本决定。通过推行计划成本和定额管理，我国企业积极并富有创造性地探索出符合自身特色的成本管理方法，获得了较大范围的成功应用，对企业强化成本管理发挥了较大的作用。有些方法在今天，仍然具有一定的使用价值。

然而，自改革开放开始到金融危机之前的 30 年间，随着企业走向市场，过去传统的以制造成本为核心的成本管理方法的弊病逐渐显露。而且，随着市场经济体制的确立，企业成为自负盈亏的经济实体，设计、采购、销售、售后等都需要依靠企业自己来做。企业在实践中也体会到，仅靠管理和控制制造成本肯定是无法获得核心竞争力的。我国企业开始尝试采用全面成本管理，不但注重生产阶段的成本管理，而且开始关注产品设计、材料采购、产品销售和售后服务等过程中的成本管理。

同时，随着西方先进的成本管理理念和方法，如标准成本法、变动成本法、本量利分析法、准时制生产方式（Just- in -Time，JIT）、战略成本管理、作业成本管理、成本企划等的引进，我国一些先行的企业也开始大胆实践，多角度地对企业成本进行核算和管理，这极大地丰富了我国成本管理方法体系。

这是一个成本管理"百花齐放"的时代。一方面，随着市场经济时代的到来，很多企业发现"开源"更容易，对内部的"节流"即成本管理却反而放松了。成本管理在这个阶段，在企业中的地位不仅没有被提升，反而被弱化了。

2008 年席卷全球的金融危机对我国经济和我国企业产生了深远的影响。我国经济在持续多年的快速增长后，经济增速开始放缓。

在成本管理的第二阶段，由于外部机会较多，企业往往忽视内部的管理。而在金融危机后，由于经济增速的放缓，投资机会变少，融资难度加大，企业之间的竞争加剧，我国一些企业逐渐认识到，粗放式的成长已经不足以维持企业长期的发展，企业必须向内部要效益，从成本要效益。

而近年来，随着数字经济时代的全面到来，工业发展迈向 4.0 时代，这使企业成本管理也全面迈向新的阶段。

一方面，随着以互联网、大数据、人工智能为核心的信息技术的迅猛发展，精细化的成本管理方法迎来了深入应用的契机，这为成本管理在企业中发挥更大价值创造了可能。基于互联网和商业智能等技术，企业可以集聚内部"小数据"与互联网"大数据"，实现对结构复杂、数量巨大的多维度成本数据的处理，这既有利于推动成本管理方法在更多企业落地和应用，还有利于提升成本管理方法应用的价值。

另一方面，工业 4.0 的核心是制造业的信息化、智能化和定制化，同时，又着力于加大研发投入、提倡绿色制造。站在企业内部考虑，新的智能制造模式需要精细化的成本核算体系提供详尽的成本数据，以帮助管理层进行生产设备改造投入和研发投入；定制化、个性化制造模式则需要企业能够准确核算单件、单批次产品成本以进行订单盈利分析和决策。这些都为以作业成本和价值量成本为核心的战略成本管理提供了广阔的发展空间。

7.3.2 成本管理的方法与实践

1. 计划成本法

计划成本法是我国企业在传统成本管理阶段使用的最重要的成本管理方法之一。计划成本法在大中型制造业企业曾得到广泛的运用。即便到了现在，仍然有不少企业还在采用计划成本法进行成本核算和管理。

计划成本法是指企业存货的日常收入、发出和结余均按预先确定的计划成本计价，同时另设"材料成本差异"科目，作为计划成本和实际成本联系的纽带，用来登记实际成本和计划成本的差额，月末再通过对存货成本差异的分摊，将发出存货的计划成本和结存存货的计划成本调整为实际成本进行反映的一种核算方法。

计划成本法之所以在很长时间内被作为企业进行成本核算和管理的重要方法，是因为计划成本法不仅可以简化会计核算，而且有助于企业加强存货管理。在信息化不是很发达的历史时期，如果企业的材料品种繁多，收发频繁，想要确定每一批发出存货的实际成本是很难的。而计划成本法下，只要给材料制定合理的计划价格就可以满足材料收发和核算的需要。随着信息技术的发展和在企业中的广泛运用，用实际成本进行核算成为可能。但计划成本法由于对存货具有管理作用，其仍然被很多企业采用，甚至一些一度已经放弃使用计划成本法的企业又重新把计划成本法捡起，用于企业的成本管理。

2. 定额管理

定额是指企业生产经营活动中，对人力、物力、财力的配备、利用和消耗以及获得的成果等方面所应遵守的标准或应达到的水平。定额按其内容主要可分为以下 5 类：有关劳动的定额，如工时消耗定额、产量定额、停工率、缺勤率等；有关原材料、燃料、动力、工具等消耗的定额；有关设备、工器具、劳动保护用品配置的定额；有关费用的定额；有关固定资产利用的定额，如生产设备利用率、固定资产利用率；有关流动资金占用的定额等。

定额管理是计划成本法的基础。定额制定得越准确，计划成本才能越接近实际成本。同时，随着成本管理应用的发展，定额管理不仅与计划成本法相关，还往往与标准成本法、作业成本法甚至是全面预算管理的应用相伴相随。此外，定额管理也是实行成本控制和分析的基础。定额做得越系统、越全面，就越有利于成本控制和成本分析，令企业快速找出成本管理的薄弱环节及其原因。

3. 目标成本法

目标成本法起源于 20 世纪 60 年代初期日本丰田汽车公司。目标成本法以顾客需求导向的产品价格作为基础，来确定整个产品开发过程中各项生产成本的额度，即首先确定客户会为产品或服务付多少钱，然后再回过头来设计能够产生期望利润水平的产品或服务和运营流程，以此作为抑制开发成本过度膨胀的依据，保证实现预期利润。

目标成本法使成本管理模式从"客户收入＝成本价格＋平均利润贡献"转变到"客户收入－目标利润贡献＝目标成本"。目标成本法改变了成本管理的出发点，即将成本管理的出发点从生产现场转移到产品设计与规划上，从源头抓起，具有大幅度降低成本的功效。

目标成本法于 20 世纪 80 年代被日本企业广泛采用，大大增强了日本企业的国际竞争力。丰田和日产把德国的豪华型轿车挤出了美国市场，便是采用"价格引导成本"的结果。

目标成本法自诞生后很快就被引入我国，成为我国企业中应用十分广泛的传统成本管理方法。来自南京大学会计学系课题组的调查报告显示，超过一半的企业采用了目标成本法。

近年来，欧美厂商也开始实施目标成本法以增强企业竞争力。目标成本法有显而易见的优越性，特别是在控制产品成本、提升企业竞争力方面更是有着不可匹敌的优势。笔者认为，在未来，尽管面对作业成本法、战略成本管理等多种先进成本管理方法的冲击，目标成本法还将具有较为顽强的生命力，在部分行业的企业中将继续获得推广和应用。

4. 标准成本法

标准成本是指在正常和高效率的运转情况下制造产品的成本，而不是指实际发生的成本。标准成本是一种目标成本，也叫"应该成本"。标准成本管理依据各生产流程的操作规范，利用健全的生产、工程、技术测定（包括时间及动作研究、统计分析、工程实验等方法），对各成本中心及产品制定合适的数量化标准，再将该数量化标准金额化，作为成本绩效衡量与标准产品成本计算的基础。

标准成本法在国外的工业企业中应用广泛，也积累了丰富的实践经验。早在 20 世纪 70 年代末，我国就引进了标准成本管理的理论，但其在我国实务中的操作性较差。这主要是因为，标准成本的基本要求是产品结构要合理、单位消耗要科学、单价要合理，这就要求标准成本的确定需要掌握丰富的基础资料，这些资料的取得对企业的管理基础有较高的要求，并需要企业对行业、市场和历史数据进行全面分析，通常还需技术测定的帮助。而我国企业因为发展阶段、经济环境、观念认识等多方面因素的影响，管理基础大多比较薄弱，多数企业的财务会计系统不支持标准成本法，会计工作与技术测定相结合也比较困难，因此，标准成本法在我国企业的推广实践中困难重重。企业在应用标准成本法的问题上缺乏主动性，过分强调成本核算的职能，而对成本的管理职能重视不够。因此，有别于西方企业，标准成本法在我国企业中的应用并不广泛。

不过，近年来由于市场经济体制改革的迫切需要，我国一些现代化的大企业，主要是传统制造业企业，将标准成本管理成功付诸实践，在企业"降本增效"方面发挥了很大的作用，涌现出如宝钢、鞍钢、国投、国家电网等一批具有示范意义的标准成本法实践企业。

5. 作业成本法

被视为新一代革命性的成本管理系统的作业成本法，是近 20 年来成本管理理论发展的主要方向和成果。作业成本法的核心理念在于追踪成本动因，找出导致成本发生的真正原因，确定其责任归属，并且通过消除不增加价值的作业达到成本优化，不断优化价值链。

作业成本法遵循"作业耗用资源、产品耗用作业"的原则，谁耗用谁分摊，多用多摊、少用少摊、不用不摊；避免平均分配导致成本扭曲，使成本核算的结果更加精细、准确。

作业成本法最初随着我国一些先进的制造企业的推广，逐渐在铁路运输、物流、教育、传媒、航空、医疗、保险、电信等行业或部门的企业中也获得了一定的应用并取得了一些成功经验。基于这种方法的核心理念，作业成本法在企业中具有一定的适用性。集团企业不会在集团总部层面应用作业成本管理，而运营层面则比较适合采用作业成本法。

值得关注的是，近年来，作业成本法在服务类企业，如中国电信、大田物流等企业获得了更多应用。此外，来自南京大学的一份调查报告显示，近年来，高科技企业采用作业成本法的增幅比传统行业企业明显更大。

不过，总体来讲，作业成本法在我国企业应用仍较少，而在一些应用作业成本法的企业中，效果也并不理想。主要原因如下：多数企业缺乏作业成本法应用需要的良好的管理水平；缺乏信息化技术的支持；作业成本法的地位未获得制度保障；作业成本法与现行制造成本法的关系尚待理清、协调等。这些因素构成了限制作业成本法在我国企业中获得较好应用的瓶颈。

令人欣慰的是，作业成本法的理念也已被较多企业接受，正在获得更多推广。同时，作业成本法在企业的具体应用过程中，已开始超越单一的精确计算成本的职能，逐渐与战略成本管理相结合，在生产决策、企业定价决策、企业内部转移价格的制定、供应商的选择与评价、客户关系管理等方面发挥着管理的职能，我国企业开始了多方位的作业成本管理实践探索。

6. 战略成本管理

战略成本管理最早于20世纪80年代由英国学者肯尼斯·西蒙兹提出，后经迈克尔·波特等人发展逐步趋于成熟。多年来，战略成本管理在日本和欧美企业的实践证明了这是企业获取长期竞争优势的有效方法。

战略成本管理的核心理念在于将成本管理与企业竞争战略有机地结合起来。战略成本管理的首要任务是关注企业在不同战略下如何进行成本管理，即将成本信息贯穿战略管理整个循环过程，通过对公司成本结构、成本行为的全面了解、控制与改善，寻求长久的"成本优势"。成本优势是战略成本管理的核心，主要是指企业以较低的成本提供相同的使用价值，或者使成本小幅升高，而使产品使用价值大幅提高，进而产生相对于竞争对手的优势。

从应用层面上讲，价值链分析是战略成本管理的出发点。通过对自身和竞争对手的价值链分析，企业可以找出产生顾客价值的主要作业活动、改善纵向价值链的联系、突破企业范围内决策的局限、了解竞争对手的成本情况，使战略成本管理落到实处。

无论是计划成本法、定额管理、目标成本法、标准成本法或是作业成本法，它们主要管理的是经营性成本。但其实，随着各行业纵深发展，经营性成本占企业成本的比重逐渐降低，目前经营性成本在企业各项成本中大约只占 30%，更多的成本在研发、设计等环节，这些环节决定了一个产品或服务 60% ~ 70% 的成本。另外，随着竞争环境的日益复杂化和市场竞争的日趋激烈，成本管理的范围也已经由企业内部扩展到企业外部，企业战略的不同选择，越来越直接地影响着企业成本战略的选择。企业的成本管理应跳出经营性成本的范畴，站在战略的高度更全面、细致、准确地去规划和控制成本。从这一角度而言，未来关注长期发展、更具前瞻性的战略成本管理必将在我国企业中获得广泛推广。

一些制造业企业走在了战略成本管理的前列，比较有代表性的企业有神东煤炭、包钢股份、北汽福田、美菱集团等，这些企业在战略成本管理的探索上迈出了坚实的步伐。

7.3.3　数字化成本管理

数字化时代，企业生产模式向智能制造发展，这无疑会给成本管理模式带来新的挑战。一方面，随着物联网、"互联网 +"技术的深入应用，企业生产组织和分工方式更倾向于网络化、扁平化，个性化客户需求将逐渐成为企业设计和生产产品或服务的起点，个性化定制模式的兴起改变了生产方式，对成本控制和产品定价提出了更高的要求；另一方面，出于对绿色、创新、自动化技术的追求，企业在生产设备、技术研发、控制系统上需进行更大的投入，这无疑将使企业的成本结构、成本管理对象、成本环境发生变化。在此背景下企业的成本管理，将呈现出一些新的内涵。

1. 个性化的成本核算

智能制造时代的最大特征之一便是个性化定制生产模式的兴起。

众所周知，近些年，企业进行成本管理之时，往往会尽可能地提高企业的规模化复制能力，进行大批量的产品生产。通过规模经济降低单位制造成本、摊薄研发及管理费用，是现代企业成本控制的一个重要特征。

但定制化、个性化制造模式的兴起，对这种理念产生了根本性的挑战。

在智能制造的大背景下，企业生产方式不再是大规模、批量化的，而是定制化、多批量的，这会显著减弱企业的规模效应，使企业面临成本显著上升的风险。

在传统成本管理模式下，企业通常会根据成本计算对象，按照法规制度和企业管理的要求，并结合经验数据、行业标杆或实地测算的结果，对运营过程中实际发生的各种耗费按照规定的成本项目进行计算、归集与分配。其中，取得不同成本计算对象的单位成本或平均成本，是传统成本核算的关键环节。

但在智能制造模式下，由于企业产品大多是按照消费者的个性化需求进行按单生产的，在这种模式下，传统的大批量的平均成本和单位成本测算已经变得不合时宜。所以，这要求企业能够进行个性化的标准成本测算，准确核算单件、单批次产品成本，并进行成本归集和分摊，以帮助企业准确地进行订单盈利分析和决策。

2. 作业成本法的运用

近年来，随着企业经营环境的改变和先进生产技术在企业中的成功应用，企业的成本结构正在发生很大的变化：企业的直接人工成本在产品成本中的比例正在逐渐下降，而固定制造费用在产品总成本中所占比例则大幅上升。一项研究资料表明，在 70 年前，企业间接费用仅为直接人工成本的 50% 左右，而今天，大多数公司的间接费用为直接人工成本的 400% ~ 500%；以往直接人工成本占产品成本的 40% ~ 50%，而今天不到 10%，甚至只占产品成本的 3% ~ 5%。

企业在自动化生产设备、技术研发、知识人才等方面的大笔投入，无疑将会加剧这种变化趋势，使企业间接成本占比进一步提升，直接成本所占比例进一步下降。

企业成本结构的变化，将会对企业成本的分摊、归集带来挑战。在这种环境下，如果企业继续采用早期大批量生产条件下产品成本计算和控制的方法，用在产品成本中占有比例越来越小的直接人工去分配占有比例越来越大的制造费用，分配越来越多与工时不相关的作业费用，以及忽略批量不同产品实际耗费的差异等，必将导致产品成本信息的严重失真。传统的"数量基础成本计算"不能正确反映产品的消耗，不能为企业决策和控制提供正确、及时的关键性会计信息，从而引起经营决策失误、产品成本失控，最终导致企业总体盈利水平下降。

因此，在智能制造的大环境下，企业需要对成本管理理念进行创新，建立一种新的成本分摊逻辑对成本进行准确归集、分摊。而作业成本法，便是一种合适的方法。

作业成本法特别适用于作业类型多且作业链条长、产品和生产过程多样化程度较高、间接或辅助资源费用占比较大的企业。由于影响产品成本的各项作业是稳定的，所以这可以有效弥补传统标准成本制度难以制定成本标准的缺陷。作业成本法可以将成本计算深入作业层次，对企业所有作业活动进行追踪并动态反映，进行成本链分析，从而准确分配高额投入的设备投资、研发成本和人工成本等。

需要指出的是，企业在运用作业成本法时，离不开强大的系统支持。一个成熟的作业成本管理系统，要深入分析成本形成的过程，反映作业消耗资源的效率，及时控制无效或低效的作业，从而使成本能够在过程中得到有效的控制，满足企业中各层次管理者对成本信息和决策的需求。换句话说，其必须具备数据采集、成本计算、成本分析、成本预测等功能。

在实践中，企业通常会将作业成本法、标准成本法、定额管理法等不同的成本管理方法综合运用。通常而言，企业在运行作业成本法时，可按照如下程序进行。

一是梳理作业。作业中心是产品成本的汇集中心，又是责任考核中心。作业中心按照作业链层层分解，形成一级作业中心、二级作业中心、三级作业中心等。各级作业中心根据成本动因划分，逐级汇总分析。

二是明确作业消耗资源。企业可根据每项作业的划分，确定各项作业中消耗的人力、物力等资源。

三是确定作业成本动因。在确定作业消耗资源后，分析每项资源的消耗动因。

四是建立模型。根据动因，确定成本测算的依据，搭建定额模型。

五是成本数据验证。企业将搜集的企业数据放到已有的模型中，通过各张表单中链接的公式，快速计算出定额数据。企业定额数据需要考虑以前年度的历史信息，也要考虑外部标杆及自身管理需求。

3. 即时、动态的成本管理

在传统的成本管理体系下，企业的成本控制大多都是以日常生产经营活动为基础。无论是作业成本计算和产品成本计算，还是标准成本控制和本量利分析，其实都侧重于事后的成本管理控制。对事前的预测和决策的忽视，往往导致成本管理难以充分发挥预防性作用。特别是在个性化、定制化的制造模式下，很多产品可能是一次性的，这意味着一旦产品在实施阶段出现失误，其损失不可挽回。因此，这就要求企业进行即时的动态成本管理。

企业进行动态成本管理，无疑对企业的信息系统提出了很高的要求。在过去，很多企业由于信息基础较为薄弱，数据归集、挖掘和利用能力较差，很难对生产过程中成本的变动趋势提供即时性信息，这对其决策支持的作用发挥带来了很大影响。企业几乎不具备动态管理的条件。

而近些年，信息技术的快速发展及其在企业间的深入应用，为企业建立更为完善的成本管理系统提供了可能性。基于互联网和商业智能等技术，企业可以集聚内部"小数据"与外部"大数据"，实现对结构复杂、数量巨大的多维度成本数据的处理，并且由于物联网等技术的大规模运用，企业产品的资源消耗、产量等各种信息都能够通过物联网准确、及时传递到成本管理系统，帮助企业进行实时核算。很多信息不需要事后再来收集。

企业在制造过程中实行动态化管理，对单件、单批次产品的实际成本进行即时、准确的核算和计量，将各个单项合同（费项）的实际成本与目标成本进行对应，可以掌握产品从设计成本、制造成本到合约规划成本等各项成本的变化趋势，及时分析成本偏差原因，促进后期对成本的更有效控制，以为企业及时进行成本决策提供支撑，确保产品盈利目标的实现。

4. 全生命周期、全企业价值链条成本管理

在智能制造的大背景下，企业应建立覆盖产品全生命周期、全企业价值链条的成本管理体系。

产品全生命周期管理，实际上是指对产品从需求、设计、生产再到销售、售后服务甚至产品回收再处置的全生命周期进行过程管理。众所周知，过去传统的成本管理往往倾向于中间环节，重点关注生产过程中的料、工、费控制，意在精打细算，强调就事论事。

但在智能制造的环境下，由于企业的自动化、智能化趋势，产品设计研发和销售在作业链两端变得越来越重要，中间端的生产环节相对弱化。只重视生产过程的成本核算而轻视设计研发和销售环节的成本核算，已经变得不再适宜。因此，成本管理不应再局限于生产耗费活动，而应将管理重心向前延伸到设计研发环节，向后扩展到服务环节，构建从研发设计到制造再到服务的产品全周期成本管理体系。

全企业价值链条成本管理，则是指从全产业链的角度去进行成本控制。随着近些年信息技术的快速进步，企业的生产和经营边界正在逐渐消失，企业产业链上下游的供应商、制造商、分销商以及零售商，通过物流、信息流，已经变为一个不可分割的有机主体。合理设计和管理各供应环节，有助于企业实现成本最优化。因此，企业在进行成本管理时，有必要将其延伸到整个供应链环节。

7.4　数字化时代管理会计报告

7.4.1　管理会计报告概述

管理会计报告（也称"管理报告"），就是为满足企业内部管理需求而编制的报告，它的使命是为企业各层级进行规划、决策、控制和评价等管理活动提供"有用信息"。从某种程度上说，管理会计报告可以说是管理会计方法应用的最终结果，是管理会计信息的终端产品。管理会计报告打通了所有的管理会计信息数据，通过对这些信息的挖掘和分析，制作出系统性的分析报告，以财务的结果来帮助企业发现业务上存在的问题。

通常来说，企业的决策支持靠的是核算系统和管理系统。在核算系统中，企业根据会计准则的规定归集和核算会计信息，以科目来展现，在确保了信息的规范性的同时，丢掉了很多业务信息，对支持决策而言，有先天的缺陷。而在企业内部管理系统中，由于不受有关会计法规和固定会计方程式的制约，则可以采用多种技术方法，把各项业务信息和财务信息进行关联。企业通过对这些数据进行分析和整合，实现业务与财务的一体化管理体系的建设。

总体来看，管理会计报告可分为三大类型。一是业务层管理会计报告，用于分析和解决业务问题，如成本分析报告、订单情况分析报告等；二是经营层管理会计报告，如预算分析报告、运营情况报告等；三是战略层管理会计报告，它既关注企业内部财务和运营状况，又关注企业外部环境，如市场环境、竞争对手情况、经济形势、产业链等，如战略管理会计报告等。

和财务会计报告相比，管理会计报告具有以下 5 个特征。

1. 相关性

财务会计报告的服务对象是外部的投资者、债权人和其他有关机构，而管理会计报告是为企业自身服务的，服务对象是企业内部的管理者。因此，管理会计报告提供的信息必须是和企业的决策相关的，是有利于企业做出正确决策的。

2. 分层次

财务会计报告的工作主体往往只有一个层次，即主要以整个企业为工作主体，并且不能遗漏会计主体的任何会计要素。而管理会计报告的工作主体可分为多个层次，它既可以是整个企业，又可以是企业内部的局部区域或个别部门，甚至是某一管理环节。因此，管理会计报告必然是具有层次性的，需满足企业不同层级的管理需要，其服务对象可以是企业的最高决策层，也可以是企业中的某个部门。

3. 多维度

从信息的维度上来看，管理会计报告要比财务会计报告更丰富。例如，从分析角度看，一个公司的管理会计报告可以分区域提供分析结果，也可以分产品或者项目提供分析结果，甚至可以分人来提供分析结果。从时间角度看，管理会计报告可以按照企业的管理需要灵活编制，如按年、按季度、按月编制，管理基础比较好、管理要求比较高的企业，可以按周甚至按天来编制。

4. 预见性

如果说财务会计报告主要是面向过去的，那么管理会计报告则重在面向未来。管理会计报告通过对过去的信息进行归集、挖掘、分析，不仅能够对企业的现状进行分析，而且能够预见企业的未来。

5. 灵活性

财务会计报告的编制必须以国家或行业组织制定的会计法规、会计准则、会计制度及有关规定作为准绳与规范，遵循相对固定的方法体系和工作程序。但管理会计报告相对来说，则要灵活得多。企业可以根据自身的管理基础、管理需要，以及所处的行业、阶段，自行确定管理会计报告的格式、流程，以及所采用的编制方法。

7.4.2　数字化时代管理会计报告的构建基础

企业需要考虑自身的经营特点和管理基础，搭建能够满足自身需求的管理会计报告体系。而一个能够和企业已有系统集成的管理会计报告系统则是企业管理会计报告体系的核心。

数字化时代，管理会计报告的成功构建和应用需依靠两大关键因素的推动。

1. 财务共享服务中心

财务共享服务中心是指企业信息化平台中改变基础数据环境的平台。打通业务和财务，把管理会计数据和财务核算数据与智能财务共享平台之间的路径打通，是真正改变企业管理会计报告数据基础的关键。

财务共享服务中心的建设有若干不同的思路。国内大部分企业还处于财务核算共享阶段，仅包含核算共享、报销共享、资金共享等基础模块。有不少企业，已经开始在多年财务共享服务中心建设的实践经验基础之上，着手打通外部互联网平台，整合采购共享，理顺共享平台与金税三期的集成，把税务共享与税务筹划有效集成，并将应用范围从国内财务共享扩展到全球财务共享。借着新一代信息技术迅速发展的势头，智能财务共享体系逐渐成为企业数字化转型的重要基石。

管理会计指导下的财务共享服务中心为企业管理会计报告的落地提供了一个贯通上下、融合业财、打通内外的立体式数据支撑体系。一方面，财务共享服务中心全面打通了财务、业务和管理信息系统，实现了对交易过程的显性化和规范化，可以使企业低成本地获得大量的业务数据和财务数据，这些数据为管理会计报告的编制提供了基础；另一方面，财务共享服务中心夯实了数据基础、规范了数据质量、统一了数据口径，为基于大量真实、可靠、标准化的数据信息进行企业管理会计报告编制提供了条件。

与以往出现的数据滞后、财务数据与业务数据脱离等问题相比，基于业财税一体化的智能财务共享平台不仅通过集中采购、分包全流程管理、合同全流程管理、固定资产全流程管理等，实现了业务流、财务流、数据流的三流合一，而且还通过共享平台汇集成集团及企业财务数据中心，满足了法定报表合并、管理会计报表合并、标准财务分析等多重管理要求。还有极为重要的一点就是商业智能技术的应用，较好地满足了管理会计报告分层次、多维度、灵活性的要求。

总之，管理会计报告离不开信息，而有用信息来自对数据的收集整合、分析处理以及灵活多样化的展现。基于智能财务共享、商业智能技术进行管理报告体系的搭建，要从实现公司战略目标的角度出发，结合企业的管理架构、数据基础、发展阶段以及不同层级管理人员对信息的需求，形成面向基层、中层和高层的管理会计报告体系。

2. 商业智能技术

商业智能（BI）作为一种可以将数据迅速转化为知识的工具，能够较好地满足管理会计报告分层次、多维度、灵活性等要求。所以，企业通常都要利用 BI 搭建管理会计报告系统。

首先，企业可以借助于 BI 搭建统一的管理会计报告平台，把各种不同的数据，包括财务数据、销售数据、生产数据，以及职能部门的数据都整合到这个平台。然后企业需要统一语言，包括统一指标的名称、含义，指标对应的数据源，以及统一指标的计算逻辑。这包括两个层面的统一：一个层面是主数据要统一，如对资产的分类、对成本的分类等都需要统一；另一个层面是在这个框架下，一些软性的方面也要统一，如对某一项业务的处理方法要统一。

统一工作完成后，企业就需要构建一套集团层面的管理报告指标库。要建立这样一套指标库，从业务角度来讲，首先要看需要哪些指标，包括财务类的指标、业务类的指标、运营类的指标等，其次要确定从哪些角度来看这些指标，最后要确定这些指标用什么方法来进行分析。

其次，还需要根据公司和行业特点，建立指标体系的标准值。不同行业的公司和处于不同发展阶段的公司，标准值可能都是不一样的。企业通过对比指标的实际值和标准值，可以做一个定性或者定量的判断。

有了这些分析方法后，还要看这些指标是否关联。企业通过指标之间的相互关系来分析，才能得出比较准确的结果。例如，当看到人工成本很低，单看这个指标，会觉得成本控制得很好，但是还要看劳动效率，如果劳动效率也很低，就不见得是好事。两个指标必须关联起来看，否则就可能得出片面的分析结果。企业通过这些指标的关联关系，抽丝剥茧，就能看到一个分析问题的路径。

7.4.3　数字化时代管理会计报告的特点和发展趋势

现代商业环境的变革对管理会计提出了强烈需求，同时，信息技术的发展又驱动着管理会计报告的衍生和发展。在信息技术的加持下，企业可以将自动化、智能技术与数据可视化技术相结合，融合和打通各类数据，提升整体数据价值；利用算法和规则引擎处理数据、构建模型；利用传感器和云计算等进行实时计算和数据的可视化呈现；对具体业务场景中的业务经营情况进行前瞻性的预测和分析。这将大大提升管理会计报告的实时性、可靠性和易用性，助力企业踏上数字化决策之路。

首先，数据基础更全面、及时、真实。

管理会计报告首先要基于基础数据之上，进行深入的商业模式分析和高质量的多维展现，最终帮助管理者发现经营中的问题，并提出针对性的解决方案。也就是说，数据是进行管理会计报告分析的基础。

其次，数据应用迈向自动化、智能化、场景化。

传统的数据应用工作需要靠人按照一定的路径对管理数据进行浏览和钻取（下钻、旋转），与预算、经营目标对比来寻找数据异常以发现经营和管理中的问题，并形成分析结论。这些重复性的工作（例行的日、周、月度分析报告）可以由系统利用自动化技术实现，节约分析人员查询数据的时间，让他们能更专注地把精力花在分析数据背后的原因上面。

最后，数据展现迈向多维度、可视化、定制化。

数字化时代的管理会计报告系统在数据展现方面具备多维度、可视化、定制化的鲜明特点。一方面，借助后台的多维数据模型，系统可以向数据分析人员提供更灵活的自助数据分析功能，让分析人员能够通过拖曳、单击等快速的操作，在数据模型中对数据进行快速、多维度分析，并输出或者保存分析报告。分析人员还可以利用语音或者文字交互，采用类搜索引擎的方式向系统提问，系统会自动理解问题并在后台数据库中搜索数据，并以适当的形式呈现给用户。

第**8**章 税务数字化

征税是国家财政收入的重要来源，更是调节经济的重要手段。缴税是企业和个人履行社会义务的重要内容和职责，这是社会运行的正常规则。因此，对国家机关来说，制定合理的税收政策，既能满足政府运行的成本、公共设施与社会保障的必要投资以及战略产业发展的资本等需求，又能促进被征缴对象的良性发展。简言之，就是"全面征缴不遗漏、涵养税源促发展"。对企业来说，遵循国家政策按章缴税履行义务的同时，也要考虑企业生产经营的成本支出和未来发展的必要准备。简言之，"合规缴税避风险、合理筹划降成本"。当然，在征纳关系实际运行中，并非如此简单。"放管服"政策的出发点就是改变过去重监管、轻服务的局面，着力打造良好的营商环境，企业在相对合理的税赋负担下，能够轻装上阵，合规运营，更好、更快地发展。税务共享理念的提出更多的是从企业管理的角度出发的，是数字化浪潮下企业集成管理的重要手段，以提升管理效率、降低成本为目标。但企业的税务工作并非企业单方面的事情，还需要考虑国家政策、税收征管的演变。因此，本章将从税务政策发展脉络、税务信息化发展趋势、税务共享服务中心等方面阐述，论证税务共享将会成为企业税务管理的趋势和方向。

8.1　税务政策发展脉络

　　1994 年的工商税制改革初步确定了市场经济下我国税收制度的基本格局。在此后的十几年间，结合国内外客观经济形势的变化，我国又推行了以"费改税"、内外资企业所得税合并、增值税的转型为主要内容的税制改革。例如，将一些具有税收特征的收费项目转化为税收，自 2001 年 1 月

1 日起征收车辆购置税，同时取消车辆购置附加费。2006 年 3 月 14 日，第十届全国人民代表大会第四次会议通过决议，宣布在全国范围内彻底取消农业税。2007 年 3 月 16 日，第十届全国人民代表大会第五次会议审议通过了《中华人民共和国企业所得税法》，结束了企业所得税法律制度对内外资分立的局面，逐步建立起一个规范、统一、公平、透明的企业所得税法律制度。截至 2007 年底，我国现行税制中的税种设置进一步减少为 18 个，税制更加规范和统一，这提高了我国税制系统的体系性、完整性、合理性、规范性。2013 年 8 月 1 日，我国在全国范围内开展交通运输业和部分现代服务业"营改增"试点；2015 年 12 月，中共中央办公厅、国务院办公厅印发了《深化国税、地税征管体制改革方案》，全面推行电子发票。2016 年 12 月，金税三期全面上线。2017 年 8 月，办税实名制试点推广。2017 年 12 月，船舶吨税、烟叶税改革。2018 年 1 月，工商总局、税务总局发布加强信息共享和联合监管的通知。2018 年 3 月，国家税务总局发布《关于发布财务报表数据转换参考标准及完善网上办税系统的通知》。2018 年 6 月，国家税务总局发布《关于发布〈企业所得税税前扣除凭证管理办法〉的公告》。2018 年 7 月，全国各省市县乡四级新税务机构全部完成合并且统一挂牌。2018 年 8 月，《关于修改〈中华人民共和国个人所得税法〉的决定》第七次修正。2019 年 1 月，各项社会保险费交由税务部门统一征收。通过上述描述内容可知，我国的财税政策变化频繁，税改政策在不断制定和发布，税收管理越来越细，税务改革加速，当前已进入深度调整期。

8.2　税务信息化发展趋势

8.2.1　部门合作监管共享，协同护税

税收信息来源于征管对象的申报，相关部门需要对其信息的真实性进行比对甄别，因此，需要相关部门的信息来源进行相互印证。同时，税收

监管本身也需要多部门的密切配合，协同行动才能更好地完成。由公安机关、司法机关、工商部门、金融机构、人力资源和社会保障部、住房和城乡建设部等多部门、多领域信息的共享，建立有关备忘录、黑名单等监控信息的共享体系，有力震慑了税收领域的违法违规行为。截至 2018 年 9 月，税务部门累计向参与联合惩戒的部门推送重大税收违法案件当事人信息 15.52 万户次。

8.2.2　发票管理更加严格，五流一致

一直以来，发票和税的关系最为密切。"营改增"之后，税务机关对发票的管理更加严格，要求做到"五流一致"，具体含义如下。

①发票流与业务流一致，包括采购订单、入库单的采购信息，销售订单、出库单的销售信息，报销单的报账信息。

②发票流与资金流一致，包括收付款单的结算信息和银行流水单在内的银行信息。

③发票流与财务流一致，会计分录、辅助核算的记账信息和对账单、余额调节表的对账信息要一致。

④发票流与合同流一致，包括付款方式、计税方法的合同约定和付款时间、开票时间的合同执行内容。

国家税务机关始终保持打击虚开骗税的坚决态度。严格来讲，发票流若与业务流、资金流、财务流、合同流中任何一项信息不一致，就存在虚开发票的嫌疑。据统计，2018 年全国共查处涉嫌虚开增值税发票企业108 970 户，定性对外、接受虚开增值税专用发票及其他可抵扣凭证582.5 万份，涉案税额 1 108.93 亿元，查处涉嫌骗取出口退税企业 3 545 户，挽回税款损失 147.87 亿元。

8.2.3　企业税务信息化落后，亟须转型

通常大企业对财务软件的信息化建设较为重视，而针对税务的信息化建设，很多企业会由于意识不到位或经费紧张，较为疏忽，且部分企业即

使使用了税务管理软件，也仅限于日常开票报税等，不能系统性、全局性进行税务管理，难以有效实现智能管税的目的。当前大企业普遍存在成员单位众多、架构复杂、业务复杂等情况，在大企业多元化经营的前提下，涉及计算与缴纳的税费种类至少 10 多种，同时大企业也存在着税务人员业务水平参差不齐、知识结构多种多样、责任心有强有弱等情况，以及当前普遍采用的低层次台账化、手工化核算手段，给企业税务核算准确性带来极大的挑战，同时也给企业带来了极大的税务风险。借助"互联网+"平台，建立全集团统一规则下的全流程系统化核算体系成为大企业税务核算的必然之选。在新的经济形势下，新的业态不断涌现，大企业的业务系统趋于复杂，涉及多部门、多环节管理，系统间衔接容易出现理解不一致的情况，导致税务政策无法落实，造成税务风险大。建立完善的税务信息管理系统是保障数据准确性和及时性的唯一途径，能够更好地确保企业税务管理的数据来源清晰、纳税调整依据可查、可追溯，降低企业的涉税风险。

8.3 税务共享服务中心

互联网时代的到来推动了技术创新的浪潮，催生了一系列技术群——大数据、云计算、区块链、移动互联网、人工智能、物联网等。在这些强大的信息技术的推动之下，原来构成工业社会的一些基本概念，它们所指向的内涵正在发生深刻变化，互联网时代重新定义了基础设施、生产要素和协作（分工）结构。为适应互联网时代的发展，国家税务总局发布了《国家税务总局关于印发<"互联网+税务"行动计划>的通知》（税总发〔2015〕113 号），把互联网的创新成果与税收工作深度融合。"营改增"、金税三期、多证合一、税收实名制认证、国地税联合稽查、个人税号、申报机器人、纳税信用体系等多项举措并进，我国税收征管和涉税风险管理体系正在向互联网化加速变革。

大企业是国民经济的重要组成部分，是各行业发展的核心力量，也是我国重点税源监测的对象。大企业由于集团公司层级多、业务量大、经营模式多、人员调动频繁等因素，普遍存在涉税业务杂乱、管理成本偏高、工作效率低下、办税人员压力较大等问题，在当前"互联网+税务"的背景下，企业税务管理形势更加严峻，税务共享服务成为企业转型不可绕过的一关。税务共享服务中心是以集团集中为核心，利用互联网等信息化手段，通过服务共享、IT共享、信息共享和知识共享实现税务机关、纳税人等有机结合的统一整体，可以消除信息传递的中间环节，实现资源配置的帕累托最优（是指资源分配的一种理想状态）。

　　税务共享服务中心将从大企业税务管理体系建设出发，运用信息数据网络化思维，更新传统旧有的企业税务制度规则，架构从企业内部税务活动到税务机关征管平台的税务信息共享路径，承载大企业集团全税种、全主体、全业务、全流程的税务管理应用工作，实现低成本、高效率、低风险的企业税务管理目标。

8.3.1　税务共享服务中心的管理模式

　　税务共享服务中心在与其他系统协同的基础上，将企业税务管理从线下移到线上、从分散走向集约进行管理转型，最终实现服务共享、IT共享、信息共享和知识共享。税务共享服务中心的管理模式如图8-1所示。

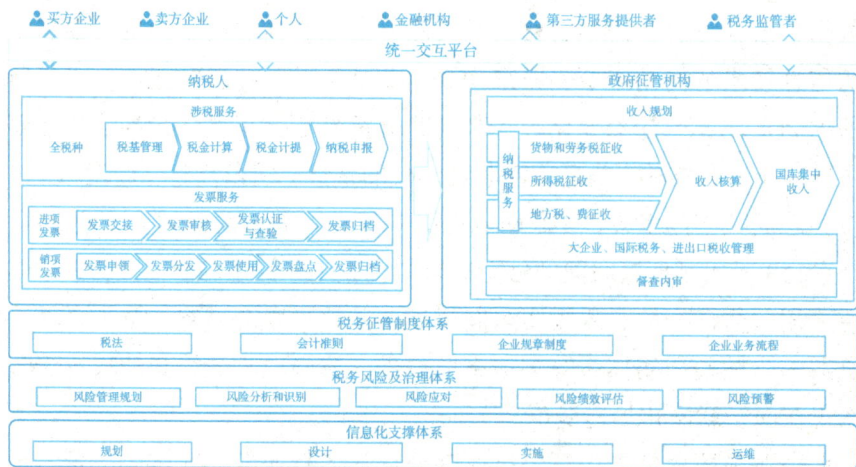

图 8-1　税务共享服务中心管理模式

对企业税务管理体系架构进行顶层设计,主要包括以下 5 个组成部分。

1. 税务组织管理

依托"互联网 +" 思维及共享组织研究,在大企业内部组建专门的税务组织、税务人员 (配备、知识、技能、考核激励) 提供涉税服务,以纵向集约化、横向专业化为主要思路提升整体税务服务水平。

2. 税务制度管理

企业需对经营所在地相关的税务法规有充分了解,熟悉各项纳税义务,在各项税务管理工作中严格按照税法相关规定执行。同时,企业应建立与自身情况相适应的税务管理制度,确保各项涉税事项符合税法规定,且对税务事项的会计处理符合企业会计制度或准则。

3. 税务流程管理

企业税务管理循环是指税务核算、税务申报、税务筹划以及应对税务检查的完整过程。税务全生命周期中涉及税务数据、流程、组织人员、信息技术以及税务风险管理。

4. 税务核算管理

对企业来说,财务会计、管理会计、税务会计是广泛使用的用于描述经济的 3 类会计信息。企业从生产经营活动出发,根据使用的税收法律法规对涉税经营活动产生的应缴纳税金进行准确计算,税金核算应充分考虑各项税收法律法规的理解运用以及会计准则等因素,核算内容一般涵盖企业经营收入、成本费用、经营成果、应纳税额、税收减免等。

5. 信息自动化和技术整合

税务信息系统通过信息化的手段实现企业税务的全生命周期管理,将原来手工的税务处理和管理过程转化为由计算机自动完成;通过税务数据的分析和报告为管理层提供直观、动态的涉税数据分析报告,为税务筹划及管理决策提供强有力的支持;帮助企业税务管理部门在进行税务组织共享后,由税务合规的基础职能向面向未来和战略的税务管理职能转变。在企业外部,税务信息系统可以对接税务部门的信息系统,实现在线报税等。

8.3.2　税务共享服务中心的设计思路

由于我国税收制度比较复杂，各税种之间、财税之间都存在一定的差异，企业税基多样化，税务管理基础数据源多渠道化，所以我国企业在税务共享服务中心的设计上必须体现跨系统协同的特点。在我国"以票控税"的税收征管理念下，税务共享服务中心以发票为核心推动税务管理创新，根据管理规则、核算规则、税金计算规则自动处理，实现集约化、自动化、规则可视化的管理目标。税务共享服务中心跨系统设计思路如图 8-2 所示。

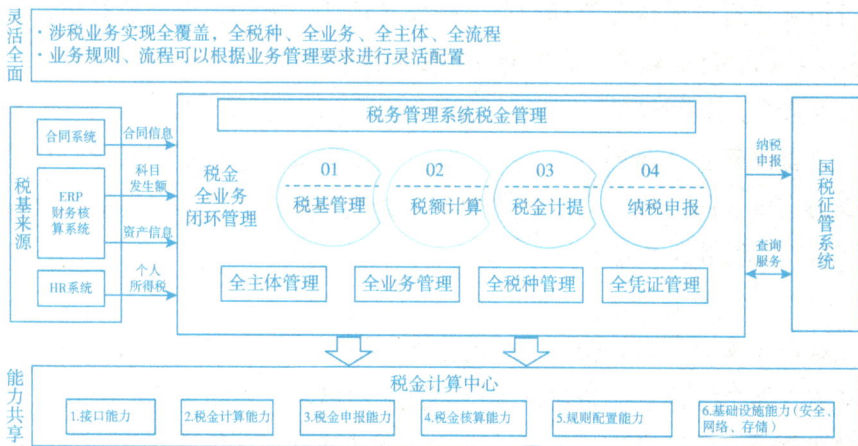

图 8-2　税务共享服务中心跨系统设计思路

税务共享服务中心能够实现财税管理的标准化、透明化，提升税务监管水平及监管效率，推进税务管理现代化进程；提供集中发票管理服务、税金管理服务，统一为纳税企业提供服务，减轻企业负担；能够形成全面的涉税数据追溯及分析体系。

税务共享服务中心通过建立"税＋票＋会计"一体化平台，实现交易管理、发票处理、税务处理、会计核算、结算处理全部在税务共享服务中心平台集中管控。针对对外开具发票与外部对内开具发票的不同点建立从发票纸制单据、使用过程、风险提示到入账存档的一套完整的管理体系。这会使发票数据准确性、报账及时性等得到有效控制，达到降低税务风险的目的。近年来得益于移动互联技术的快速发展，共享经济逐渐兴起，人们对过剩产能的共享成为可能。税务管理本是企业的一种内控行为，大企业不同分、子公司税务管理能力水平不一，大企业集团基于"互联网+"的技术平台进行税收信息、上下游企业衔接、税收管理系统对接等税务管理服务的公开与共享，是协同发展、合作共赢精神的最佳实践。

8.3.3　税务共享服务中心的核心功能

1. 发票管理数字化

我国发票种类众多，发票大致分为增值税发票和普通发票。企业一般开具的发票为增值税发票，但为满足部分行业起征点以下纳税人的开票需求，还存在一部分不能作为增值税抵扣凭证的普通发票。普通发票各地标准有所区别，票种繁多，难以逐一列举。常见的发票票种，如图8-3所示。

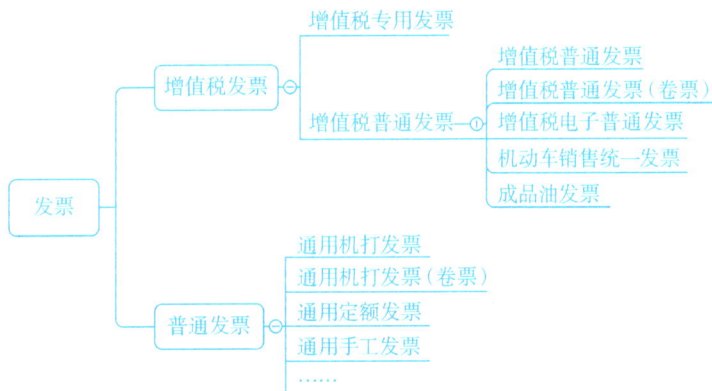

图 8-3　常见的发票票种

众所周知，税务总局对虚开发票的定义就是看企业在开发票时是否遵守"五流一致"的原则。从纸质发票到电子发票，税务管理系统从源头上抓住了可以追溯发票流的基本条件。相对于在纸质发票上的防伪措施，电子发票本身具备的唯一性，与上下游业务流、资金流的密切相关性，为税务机关的追踪稽查提供了便利，也大大简化了企业对发票的验真工作。

2. 发票电子化

电子发票是发票数字化的基础条件，其作用和性质与普通发票一样，采用税务局统一发放的形式分配给商家使用，采用全国统一编码作为发票号码，并采用统一的防伪技术，分配给商家，在电子发票上附有电子税务局的签名机制。需要特别注意的是，到目前为止的电子发票还只是**普通增值税发票，不能抵扣**增值税进项税额。那为什么要使用电子发票？电子发票与纸质发票相比，具有不可比拟的优越性。纸质发票的生命周期和电子发票的生命周期分别如图 8-4 和图 8-5 所示。

开具 ▶ 打印 ▶ 交付 ▶ 查验 ▶ 入账

5分钟	5分钟	1-5天	2分钟	5分钟	至少需要24小时以上完成全生命周期流程
人式提交开票信息手工开具	打印发票	通过当面交付或快递物流方式交付	登录增值税发票查验系统查验发票真伪	验真后编制会计原始凭证与会计分录	

图 8-4　纸质发票生命周期

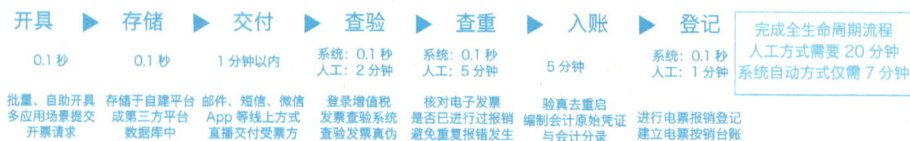

开具 ▶ 存储 ▶ 交付 ▶ 查验 ▶ 查重 ▶ 入账 ▶ 登记

0.1秒	0.1秒	1分钟以内	系统：0.1秒 人工：2分钟	系统：0.1秒 人工：5分钟	5分钟	系统：0.1秒 人工：1分钟	完成全生命周期流程人工方式需要20分钟系统自动方式仅需7分钟
批量、自助开具多应用场景提交开票请求	存储于自建平台或第三方平台数据库中	邮件、短信、微信App等线上方式直播交付受票方	登录增值税发票查验系统查验发票真伪	核对电子发票是否已进行过报销避免重复报销发生	编制会计原始凭证与会计分录	进行电票报销登记建立电票报销台账	

图 8-5　电子发票生命周期

从生命周期上看，电子发票生命周期更短，纸质发票 24 小时以上完成全生命周期流程，电子发票 20 分钟内完成从开具到登记的全过程。而且通过信息化手段，电子发票能够有效提升效率，降低成本。

3. 发票查验认证

认证是指税务机关对纳税人取得的由防伪税控系统开具的专用发票抵扣联，利用扫描仪自动采集其密文和明文图像，运用 OCR 技术将图像转换成电子数据，然后对发票密文进行解密，并与发票明文逐一核对，以判别其真伪的过程。

现实表明，在企业的财务、税务部门，查验认证是一项常规工作，工作量大，不得不安排更多人员来从事这项工作。因此，企业通过建立税务共享服务中心等方式，把这些重复性的、标准化的流程集中起来，采用人工智能和手工相结合的方式完成这项工作，可以让更多资深财务人员进行更有价值的财务管理和分析工作。

税务共享服务中心采用作业派工等运营管理方式（见图 8-6），让任务池中的工作能够得到更均衡的分配，以便能更快、更好地完成发票验证、报销处理等流程。

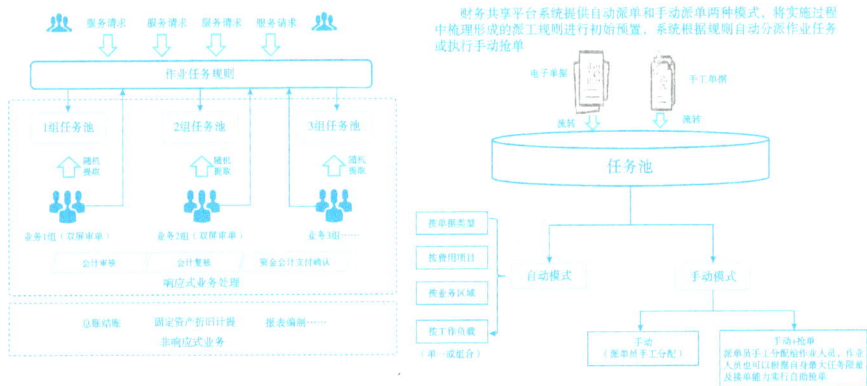

图 8-6 税务共享服务中心的作业派工示意图

4. 发票管理平台

企业自建电子发票平台当然需要安排相应的建设和运维预算，大型集团企业由于发票量大、数据安全性要求高，通常都会自建发票平台。中小企业可以采用第三方发票管理平台。但无论采取哪种形式，企业需要注意以下两个方面。

第一，数据的安全性。自建电子发票平台一般都有相应的安全或备份系统来保障数据的安全，但采用第三方电子发票平台的中小企业就需要特别注意采用的公网模式的软件即服务（Software-as-a-Service,SaaS）平台本身的数据存储安全性问题。发票数据是企业核心经济数据，关系到企业商业秘密，企业必须严格考察第三方平台在这块数据安全的架构设计和系统性安排。同时需要平台承诺，不能把用户数据用于大数据分析挖掘，从中牟利。

第二，效率及负载能力。电子发票可通过税控服务器和盘介质税控设备（税控盘或金税盘）开具，但不同设备的开票效率、稳定性和成本投入都有所区别。税控服务器开票（目前仅百旺提供税控服务器开票方式），最快开具发票速度可达到每张 0.6 毫秒，支持 200 个开票终端同时开票，满足大型集团企业高负载、高并发需求，但成本也相对更高。而税控盘或金税盘开具电子发票，因盘介质税控设备最初主要为纸质发票开具设计，因此在电子发票开具方面，其只支持单线程开具，即无法支持并发开具，平均每张发票的开具时间在8～10秒，但无须购置新的税控设备，成本低廉，适合中小微企业。

5. 电子底账库

类似于纸质发票的留存，电子底账库的建立也是必需的。当然，相对于纸质发票作为原始凭证的作用之外，电子底账库对税务机关和企业自身都有重大意义，需要引起企业管理者和财务人员的高度重视。

一方面，电子底账库极大地方便了税务机关的征管、稽查工作。电子底账库的信息来源于企业每一次开票的完整信息的及时准确地加密上传，包括购销方的基本信息、商品信息、购销金额等内容。税务机关可以实时采集、监控纳税人的开票、收票情况，及时分析发票异常、申报异常的纳税人。税务机关通过互联网调整离线开票参数控制，通过远程控制纳税人税控系统，暂停其开票，快速处理，防范税务风险。税务机关通过"增值税发票电子底账系统"查询纳税人开票、抵扣税款的数量。自2017年以来，税务部门对发票的监管强度越来越大，监管范畴越来越细，很多企业都有深刻体会。电子底账库让企业票据直接显露在税务机关面前。事实上，即便是在纸质时代，上述信息也是要报给税务机关，让税务机关掌握这些数据。只不过，在数字时代，税务机关掌握这些数据更加容易。需要特别注意的是，开票过程中应该尽量在开票系统里填写全面、准确的数据，并把发票存根联和抵扣联呈现给购方财务人员。税务机关会对电子底账库信息是否完整进行稽查，如果企业不通过开票系统填写这些信息，而通过另外的明细单呈现给购方，企业会存在涉税风险问题。因此，电子底账库的建立和完善，也在督促企业形成诚信经营、如实纳税的工作作风。另一方面，电子底账库对企业也有较多好处。例如，企业有了自己的电子底账库之后，相当于建立了一个自己的发票大数据库，这为企业经营的数据分析提供了基础保障。

通过税务共享服务中心的发票管理平台采集进项发票数据，企业可快速获得所需的批量发票的票面信息，包括发票号码，发票代码，购买方和销售方的纳税人识别号，开制商品的品名、数量、单价、规格型号，金额，税额和开票时间等与税务部门的电子底账库同样全面的34类数据。企业通过预览查看电子底账票据信息，与纸制票据进行对比，如两者不一致，可判断此票不实，完成发票验真工作。这些数据可以通过Excel表格导出，或作为企业数据分析的基础导入数据分析平台。企业可通过发票的明细数据统计出各项产品的购销数据，各部门的差旅费用明细、报销数据、某产品的平均税负和利润率，也可横向比对各季度某产品的业绩表现、同一时间段各个产品的盈利能力等。购销业务的发票明细数据与企业业务联系得最紧密，在企业年初年末财务数据分析、财务报表统计等领域发挥着重要作用。大数据时代，在激烈的市场竞争中，对数据越敏感、越容易嗅到时代发展机遇和未来的趋势的企业，越容易创造价值。财务人员要了解业务、深入发展业务，让发票数据分析为企业的业务战略服务，影响企业的战略布局，激发企业动力。

8.3.4　税金管理数字化

1. 综合配置

企业税务核算以及申报模板包括纳税主体、税目、税种、税率、税管、指标、币种等模块。特别是大企业，其既要满足总部、分公司、子公司、海外分公司的法人主体算税申报，又要覆盖不同业务板块的算税和申报流程。所以，在税务管理的基础环节，企业必须要通过可配置的算税模板和申报模板，形成综合配置引擎，以便于在税金计算和纳税申报时规范化、标准化、自动化，适应各层级或各国的税种、税率、抵扣规则、申报格式等管理要求。

2. 税金管理

数字化管理必须对整个业务、流程进行全面覆盖，包括税基管理、税金计算、纳税申报、税务统计等方面，需要对税种、税率、纳税主体、税务机关、需求差异、过程管理进行进一步细化，尤其是要对指标、规则、政策法规进行管理，并进行基础配置工作。这些工作牵涉到财务和业务人员，企业需要在信息、流程方面进行共享，建立一套企业整体的涉税业务管理平台。

3. 统计分析

税务共享服务中心的税金管理立足于构建全自动化的税金管理链，减少重复工作量。税金管理的主要内容包括：税基管理、税金计算、税金计提、纳税申报和税金支付，这是一个完整的税金计算和支付的链条。在此基础上，根据考察目标的不同建立相应的分析模型，进行智能化的税务分析，给出不同税种、产品、区域的税金多少和支付状态等方面的分析报告。系统平台还应该帮助企业进行全面的税务规划或筹划工作，并且建设税务法律法规库，供管理团队和税务小组随时查阅，以便其依照法规完成税金计算和管理工作。

税务统计报表是全方位了解税务信息的统计报表，从多维度指标对税务信息进行追踪考察。每一家实体牵涉的税种、税基和税率等基本信息可能不同，但这些基本数据却构成了各个维度税务统计报告的数据来源，形成区域层面和集团层面的税务统计报告。同时，系统支持每个维度的税务统计报告的每一个汇总数据可以逐级钻取下去，逐步查询到每一级报告的数据组成，直到查询到最基础数据。例如，集团层面的分税种统计报表，包含不同纳税主体的增值税、消费税、土地增值税、房产税、印花税等各种税种的具体数额，每年度的数据变化情况和税务信息的变化趋势。集团层面的报告可以钻取到下一层的数据，即每个税种的月度统计表，再钻取下去就是每个实体的纳税申报表、纳税明细表。

8.3.5　管控决策数字化

1. 风险管理

税务风险管理是税务管理的核心内容，需要所有高管和涉税人员认真学习、应用，防患于未然。按照风险管理的基本流程，企业进行税务风险管理时应注意以下要点。

①**税务风险策略管理**，构建风险管理组织、风险管理制度及风险管理知识库。

②**税务风险模型管理**，风险特征指标化，设置风险指标红黄绿阈值，风险指标对标分析规则。

③**税务风险计算及识别**，构建风险监控网，实现风险扁平化管理，形成风险监控监督全景视图。

④**税务风险预警及可视化**，风险指标分析，风险对标分析，风险业务事项追溯。

⑤**税务风险应对与跟踪**，风险分类与分级，风险处置过程管理与跟踪，税务争议管理与跟踪。

⑥**企业内部自查、外部检查、稽查**，形成自己的税务风险管理体系。

1985 年，美国注册会计师协会、美国会计师协会、国际财务经理人协会、美国内部审计师协会、美国管理会计师协会联合创建了反虚假财务报告委员会，试图探究在财务报告中产生舞弊的原因，然后寻找解决问题的方法。税务风险管理体系通常采用美国反虚假财务报告委员会下属的发起人委员会（The Committee of Sponsoring Organizations of the Treadway Commision,COSO）创建的内控风险模型管理体系。COSO 内部控制框架认为，内部控制系统是由控制环境、风险评估、内控活动、信息与沟通、监督 5 个要素组成，它们取决于管理层经营企业的方式，并融入管理过程本身。

2. 税务筹划

税务筹划是指在纳税行为发生之前，在不违反法律、法规（税法及其他相关法律、法规）的前提下，企业通过对纳税主体（法人或自然人）的经营活动或投资行为等涉税事项做出事先安排，以达到少缴税或递延纳税目标的一系列谋划活动。税务筹划通常遵循合法性原则、前瞻性原则、综合性原则和有效性原则，税务筹划的方法很多，主要分为人工做法、智能算法等。人工做法主要是指基于业务经验以及税收政策法规的把握，对事项进行规划、设计、安排，达到减轻税收负担的目的，人工做法效率低、风险大、计算粗略，所以税务筹划力度小、成本高；而智能算法，是指在税收政策法规的基础上，通过大量的数据分析、统计、模拟，对事项进行分析、比较以找到最佳"拐点"，形成最优化方案的做法，智能算法可以实现批量、精准、高效、合规合法，所以税务筹划额度大、筹划成本低。综合考虑税务筹划因素，税务共享服务中心的税务筹划业务治理和业务流程的主要框架如图 8-7 所示。

图8-7　税务筹划的业务治理和业务流程主要框架

未来的税务筹划应迎合大数据时代的需求，越来越依赖于智能算法。传统的人工做法已无法匹配新的税务管理形式，税务共享服务中心是智能算法税务筹划的基础。

3. 法规库管理

依法纳税是企业履行社会义务和责任的重要方式，因此，深刻、准确地理解税法和有关税务的相关规定，是企业履行社会职责和合规运营的重要前提，也是税务风险管理和税务筹划的依据。但是，由于税务领域知识的不确定性，涉及众多税种，涉及纳税人、凭证、发票等诸多相关法律、法规问题，对大众来说有相当的复杂性。在税务共享时代，管控决策模块应借鉴自然语言处理技术中的知识图谱技术，对税务法规体系进行逻辑体系构建，有效地组织税务领域相关信息，设计一个面向税务领域的智能法规库，其能够对企业提出的税务相关问题做出较为精准的解答。

知识图谱技术以其能准确理解用户的自然语言查询和直接返回查询答案结果的功能，作为信息检索技术中的一项新技术应运而生。相较于传统的搜索引擎，基于知识图谱的法规库管理，使用税务法律法规作为知识和信息的来源，以自然语言理解技术为基础来分析企业的搜索提问，最终以准确答案的形式将结果返回给用户，满足税务人员快速、准确获取信息的需求。

技术篇

第 **9** 章　商业智能与
大数据

9.1 数据仓库

9.1.1 数据仓库的基本概念

数据仓库（Data Warehouse，DW）概念的诞生可以追溯到 20 世纪末，比尔·恩门（Bill Inmon）在 1991 年出版的《建立数据仓库》（*Building the Data Warehouse*）一书中对数据仓库的定义被广泛接纳：数据仓库是一个面向主题的、集成的、相对稳定的、反映历史变化的数据集合，用于支持管理决策。

数据仓库不是一个独立的产品，而是数据处理的过程，可以把数据仓库当成工厂。向数据仓库输入未经处理的原始数据，可以产出用于业务分析的高质量数据。数据仓库向用户提供用于辅助决策的当前和历史数据，传统的操作型数据库由于功能限制，很难灵活定制业务数据。数据仓库是一系列技术和模块的总称，是把操作型数据有效集成到统一的环境中，并提供决策型数据访问的技术。数据仓库可以高效地存储数据，最大限度地减少数据的输入、输出，并以极快的速度同时向成千上万的用户提供查询结果，提供决策支持。

数据定期从事务系统、关系型数据库及其他来源流入数据仓库。数据和分析已然成为各大企业保持竞争力所不可或缺的部分，业务分析师、数据科学家和决策者通过商业智能工具、结构化查询语言（Structured Query Language，SQL）客户端和其他分析应用程序访问数据。业务分析师、数据科学家和决策者使用数据报告、数据看板和分析工具洞察数据，监控生产经营，关注企业绩效表现，由此做出更明智的决策。这些数据报告、数据看板和分析工具就是由数据仓库提供支持。

企业经常在以下场景应用数据仓库技术。

①整合公司所有业务数据，建立统一的数据中心。

②为不同职级、不同权限的用户提供不同的数据报表。

③为互联网运营提供运营绩效分析支持，通过数据及时了解产品的运营效果。

④为各个业务提供线上或线下的数据支持，成为公司统一的数据交换与提供平台。

⑤分析用户行为数据，通过数据挖掘来降低投入成本，提高投入效果，如广告精准投放、用户个性化运营等。

⑥建设开放数据平台，开放公司数据，直接或间接为公司盈利。

企业信息化的趋势带动了数据仓库的快速发展，由于企业信息化工具与应用的更新迭代，数据量变得越来越大，数据格式越来越多，决策要求越来越苛刻，数据仓库技术也在向实时性与复杂化发展，以满足实时化与自动化的数据分析需求以及大量非结构化数据（文本、图像、视频、音频）的处理。

数据仓库具有以下特点。

1. 面向主题

操作型数据库的数据组织面向事务处理任务，各个业务系统之间各自分离，而数据仓库中的数据是按照一定的主题域进行组织的。

2. 集成

数据仓库中的数据是在对原有分散的数据库数据进行抽取、清理的基础上经过系统加工、汇总和整理得到的，必须消除源数据中的不一致性，以保证数据仓库内的信息是关于整个企业的一致的全局信息。

3. 相对稳定

数据仓库的数据主要供企业决策分析使用，所涉及的数据操作主要是数据查询，一旦某个数据进入数据仓库以后，一般情况下其将被长期保留。也就是数据仓库中一般有大量的查询操作，但修改和删除操作很少，通常只需要定期加载、刷新。

4. 反映历史变化

数据仓库中的数据通常包含历史信息，数据仓库记录了企业从过去某一时点（如开始应用数据仓库的时点）到目前的各个阶段的信息，企业通过这些信息，可以对自身的发展历程和未来趋势做出定量分析预测。数据仓库与数据库的差异如表9-1所示。

表 9-1 数据仓库与数据库的差异

差异项	数据仓库	数据库
特征	信息处理	操作处理
面向	分析	事务
用户	经理、主管、分析人员	数据库管理员、开发
功能	长期信息需求、决策支持	日常操作
数据库设计	星形模型、雪花模型，面向主题	基于 ER（实体联系）模型，面向应用
数据	历史的、跨时间维护的	当前的、最新的
汇总	汇总的、统一的	原始的、高度详细的
视图	汇总的、多维的	详细、一般关系
工作单元	复杂查询	短的、简单事务
访问	大多为读	读或写
关注	信息输出	数据输入
操作	大量的磁盘扫描	主键索引操作
用户数	数百	数百到数亿
数据库规模	≥ TB	GB 到 TB
优先	高灵活性	高性能、高可用性
度量	查询吞吐量、响应时间	事务吞吐量

9.1.2 数据仓库的结构

数据仓库通常包含数据采集层、数据存储与分析层、数据共享层、数据应用层等。数据仓库的结构如图 9-1 所示。

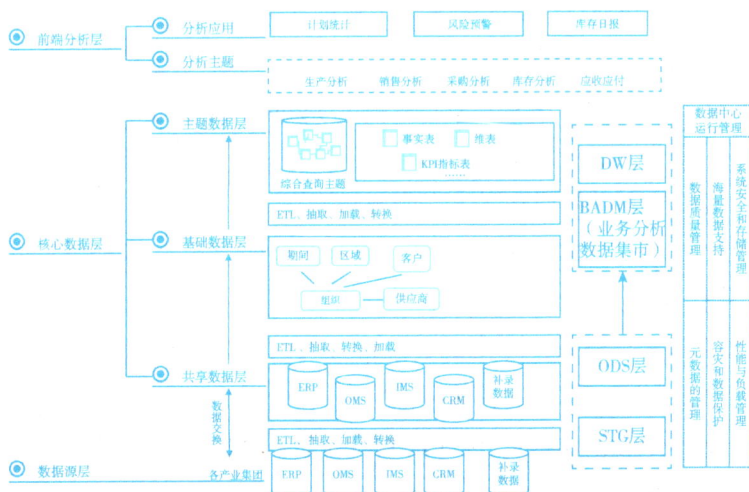

图 9-1 数据仓库的结构

1. 数据采集层

数据采集层的任务是把数据从各种数据源中采集和存储到数据存储与分析层，在此期间有可能会做一些简单的数据清洗。数据源主要有以下 4 种类型。

（1）网站日志

作为互联网行业，网站日志占的份额最大，网站日志存储在多台网站日志服务器上。

（2）业务数据库

业务数据广泛来自 ERP、CRM、SCM、埋点事件（对用户行为的过程和结果的记录）、物联网（Internet of Things，IoT）设备，应用的数据库种类也很多，有 MySQL、Oracle、SQLServer 数据库等。

（3）来自 FTP 或 HTTP 的数据源

一些合作伙伴提供的数据，有可能需要通过 FTP（File Transfer Protocol，文件传输协议）或 HTTP（Hypertext Transfer Protocol，超文本传输协议）等定时获取，阿里巴巴开源的离线数据同步工具 DataX 也可以满足该需求。

（4）其他数据源

例如，一些手工录入的数据等。用户从数据源抽取出的数据，并不能直接使用，通常需要经历一个清洗提纯的过程，这个过程叫作 ETL。ETL 是英文 Extract（抽取）- Transform（转换）- Load（加载）的缩写，用来描述数据从源经过抽取、转换、加载直至目的端的过程。企业通过 ETL 的过程，可以将分散、零乱、标准不统一的数据整合到一起，为上层数据应用提供标准、规范的数据。

ETL 的主要作用体现在以下 7 个方面。

①**空值处理：**可捕获字段空值，进行加载或替换为其他含义数据，并可根据字段空值实现分流加载到不同目标库。

②**规范化数据格式：**可实现字段格式约束定义，对于数据源中时间、数值、字符等数据，可自定义加载格式。

③**拆分数据：**依据业务需求可对字段进行分解。例如，主叫号 861086088888-6666，可进行区域码和电话号码分解。

④**验证数据正确性**：可利用 Excel 里的 Lookup 函数进行数据验证。例如，主叫号 861086088888-6666，进行区域码和电话号码分解后，可利用 Lookup 函数返回主叫网关或交换机记载的主叫地区，进行数据验证。

⑤**数据替换**：对于因业务需要，可实现无效数据、缺失数据的替换。

⑥**Lookup**：查获丢失数据，Lookup 函数实现子查询，并返回用其他手段获取的缺失字段，保证字段完整性。

⑦**建立 ETL 过程的主外键约束**：对无依赖性的非法数据，可替换或导出到错误数据文件中，保证主键唯一记录的加载。

2. 数据存储与分析层

大数据环境下数据仓库或数据平台普遍应用 HDFS（基于 Hadoop 的文件系统）（Hadoop 是一种分布式系统基础架构）作为数据存储解决方案。对实时性要求不高的离线数据进行分析与计算，Hive（基于 Hadoop 的数据存储工具）就是较为合适的选择，它具有以下 3 个特点。

①丰富的数据类型、内置函数。

②压缩比非常高的 ORC（基于 Hadoop 的列式存储）文件格式。

③非常方便的 SQL 支持。

Spark（专为大规模数据处理而设计的快速通用的计算引擎）近年来热度较高，它和 Hive、Yarn（Hadoop 资源管理器）结合得也越来越好。可以使用 Spark 和 Spark SQL（最早叫 Shark，基于 Spark 框架的交互式查询）来做分析和计算。在已有 Hadoop 的架构下，不用单独部署 Spark 集群，即可使用。

3. 数据共享层

数据共享层是指前面数据经过计算与统计分析后存放结果的地方，通常使用关系型数据库和 NoSQL（非关系型数据库）。

前面在统计分析中使用 Hive、MR（MapReduce，一种编程模型，基于集群的高性能并行计算平台）、Spark、Spark SQL 分析和计算的结果仍在 HDFS 上，但大多业务和应用并不能从 HDFS 上直接获取数据，需要一个数据空间使各业务和产品能方便地获取数据，数据共享空间由此产生。

与数据采集层到 HDFS 的流程相反，我们需要将数据从 HDFS 中同步至其他目标数据源。另外，一些实时计算模块的结果数据，也可以由实时计算模块直接写入数据共享。

4. 数据应用层

数据应用通常是面向用户的产品，将数据分析的结果呈现给终端用户。

业务产品（CRM、ERP 等）所使用的数据已经存在于数据共享层，直接从数据共享层访问即可；报表等同于业务产品，报表所使用的数据一般也是已经统计汇总好的，存放于数据共享层。需要即席查询的用户有很多，数据开发人员、网站和产品运营人员、数据分析人员、部门领导等都有即席查询数据的需求。这种即席查询通常是因为现有的报表和数据共享层的数据并不能满足他们的需求，需要从数据存储与分析层直接查询。

5. 联机分析处理

目前，很多的联机分析处理（Online Analytical Processing,OLAP）工具不能很好地支持从 HDFS 上直接获取数据，通常需要将所需数据同步到关系型数据库中做 OLAP，但如果数据量巨大，关系型数据库显然不行。这时候，需要做相应的开发，从 HDFS 或者 HBase（分布式的、面向列的开源数据库）中获取数据，完成 OLAP 的功能。例如，根据用户在界面上选择的不定的维度和指标，通过开发接口，从 HBase 中获取数据来展示。

6. 实时计算

现在业务对数据仓库实时性的需求越来越多，如实时地了解网站的整体流量、实时地获取一个广告的曝光量和点击量。在海量数据下，传统数据库和传统实现方法基本满足不了这些需求，需要的是一种分布式的、高吞吐量的、延时低的、可靠性高的实时计算框架。

7. 任务调度与监控

在数据仓库或数据平台中，有各种各样非常多的程序和任务，如数据采集任务、数据同步任务、数据分析任务等。这些任务除了定时调度，还存在非常复杂的任务依赖关系，如数据分析任务必须等相应的数据采集任务完成后才能开始，数据同步任务需要等数据分析任务完成后才能开始。

这就需要一个非常完善的任务调度与监控系统，它作为数据仓库或数据平台的中枢，负责调度和监控所有任务的分配与运行。

9.1.3 数据仓库的多维数据模型

根据数据分析的需求建立合适的数据模型，是数据仓库建设的一个重要环节。数据模型是指抽象出来的一组实体以及实体之间的关系；而数据建模，便是为了表达实际的业务特性与关系所进行的抽象。

1. 基础概念

（1）主题（Subject）

主题是指所要分析的具体方面。例如，某年某月某地区某品牌某款车的销售情况。主题有以下两个元素。

一是各个分析角度（维度），如时间、地理位置。

二是具体的分析量度，通过数值体现，如车的销售数量。

（2）维（Dimension）

维是用于从不同角度描述事物特征的，是人们观察数据的特定角度。一般维都会有多层（Level，级别），每个级别都会包含一些共有的或特有的属性（Attribute），可以用图 9-2 来展示维的结构和组成。

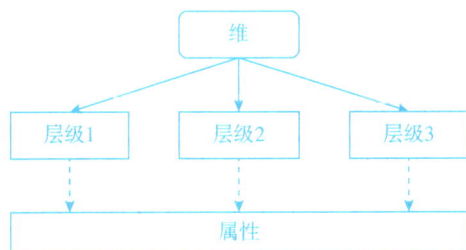

图 9-2 维的结构和组成

例如，某电子公司的销售人员从以下 3 个方面（3 个维）来分析销售额数据，如图 9-3 所示。

时间维： 在某段时间内的销售情况，度量为季度（或年、月、旬、天）。

地区维： 在某个地区的销售情况，度量为省（或国家、市）。

产品维： 某类（或型号）产品的销售情况，度量为类别（或型号等）。

维具有属性值，如产品维可以有产地、颜色、零售价等。

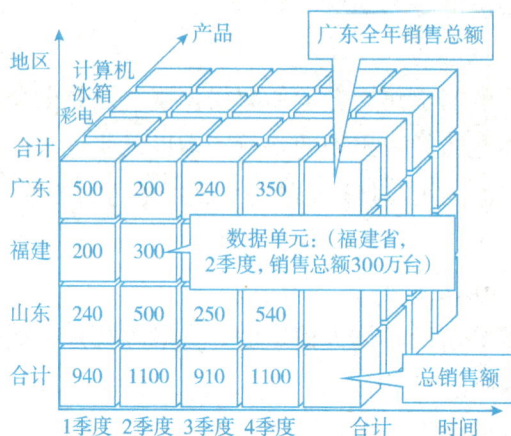

图9-3　某电子公司销售额分析

（3）分层（Hierarchy）

人们观察数据细节的不同程度称为维的层次。人们观察数据的某个特定程度（即某个维）还可能存在细节程度不同的多个方面。例如，描述时间维时，可从日期、月、季度、年等不同层次来描述，则日期、月、季度、年就是时间维的层次。

OLAP需要基于有层级的自上而下的钻取或者自下而上的聚合。所以一般会在维的基础上再次进行分层。

每一级之间可能是附属关系（如市属于省、省属于国家），也可能是顺序关系（如天、周、年）。维的层级关系如图9-4所示。

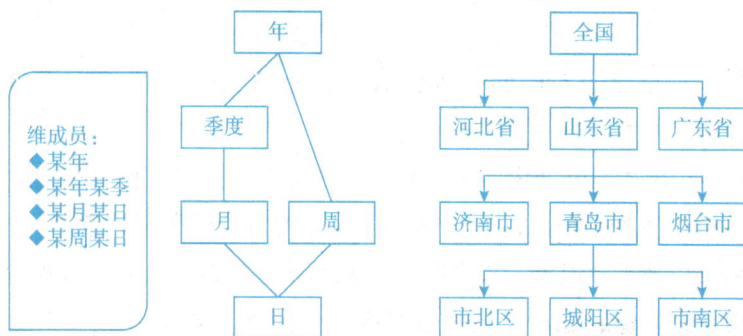

图9-4　维的层级关系

量度是要分析的具体的技术指标，如年销售额。量度一般为数值型数据。将该数据汇总，或者将该数据取次数、独立次数或取最大最小值等。

粒度是数据的细分程度，如按天分、按小时分。

（4）维度表和事实表

维度表描述的是事物的属性，反映了观察事物的角度。

事实表描述的是业务过程的事实数据，反映的是要关注的具体内容，每行数据对应一个或多个度量事件。

分析"某地区某商品某季度的销量"，就是从地区、商品、时间（季度）3 个角度来观察商品的销量。维度表有地区表、商品表和时间表，事实表有销量表。在销量表中，通过键值关联到 3 个维度表中，通过度量值来表示对应的销量，因此事实表通常有两种字段：键值列、度量值列。

（5）星形模型与雪花模型

这两种模型表达的是事实表与维度表之间的关系。

当所有需要的维度表都直接关联到事实表时，模型看上去就像一颗星星，因此它被称为星形模型，如图 9-5 所示。

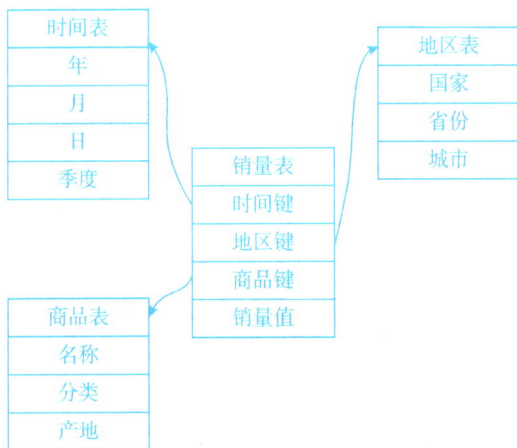

图 9-5　星形模型

当有一个或多个维度表没有直接关联到事实表上，而是通过其他维度表连接到事实表上时，模型看上去就像一朵雪花，因此它被称为雪花模型，如图 9-6 所示。

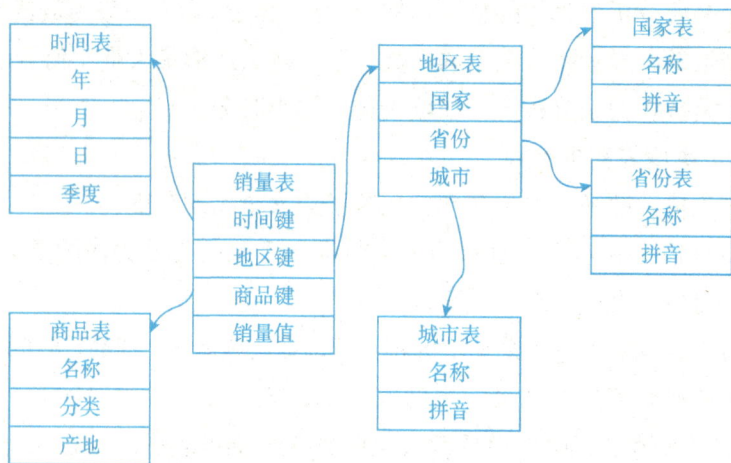

图 9-6　雪花模型

二者的区别在于，雪花模型一定程度上降低了信息冗余度，但是适度的冗余信息能有效地提高查询效率。

2. 基本的维度建模思路

第一，确定主题，即搞清楚要分析的主题是什么，如"某地区某商品某季度的销量"。

第二，确定分析的维度，准备从哪几个角度来分析数据。

第三，确定事实表中每行的数据粒度，如时间粒度细化到季度还是月。

第四，确定分析的度量事件，即数据指标。

3. 业务场景

一家做连锁企业招聘工作的公司，在为麦当劳的所有连锁门店招聘员工时，要分析每家门店的招聘情况如何。结合具体业务，需要引入 6 个维度。时间维度、地区维度、品牌维度、门店维度、职位维度、申请渠道维度。数据指标上，主要有申请工作人数、申请工作次数、聘用人数、拒绝人数，每个指标分别有增量值和总量值两种；数据粒度上，时间维度细分到以小时为单位，地区维度细分到市一级。

9.2　内存计算

及时把握市场脉搏、提升业务洞察力和应变能力是企业生存与发展的永恒主题。随着移动互联网、大数据技术的迅速普及与应用，客户的消费习惯、采购模式正在发生剧烈变化，企业能不能及时、准确地获取和评估各项绩效数据和指标，并使之融入日常运营管理中，将成为企业能否成功转型升级的关键要素。企业转型升级的"速度与激情"可能源自企业家自身的职业敏感和直觉，但真要走向市场，并让整个团队协同并进去赢得市场必须依靠准确的数据支撑。因此，企业的转型升级和优化既是对企业家商业智慧的考验，又是对支撑企业运营的 IT 系统和管理技术不断优化升级的锤炼。企业对市场潜力、经营能力、资金安排、技术储备、产品特色、营销渠道等各类数据的获取与分析的结果，将是企业家做出及时、准确决策的重要依据。

近年来，管理会计越来越受到政府、企业管理者的关注，其原因就在于凭企业家个人智慧和直觉来进行决策的时代已经一去不复返。市场变化需要考虑的因素越多、需要企业家做出决策的时间越短，对形成决策依据的各项数据的获取、提炼、分析的准确度和速度的要求就越来越高。基于内存计算、多维数据库和沙箱技术的企业绩效管理、全面预算管理、费用控制、商业智能分析等分析型软件系统，越来越受到企业欢迎成为一种必然趋势。

9.2.1　内存计算的商业价值

内存计算（In-Memory Computing）就是基于内存的计算，其实质就是 CPU 直接从内存而非磁盘上读取数据，并对数据进行计算、分析。与之对应的则是基于磁盘的计算，即在硬盘、软盘或其他存储介质中进行数据的存储、查询，计算的结果也存储在磁盘上。

从计算机的结构设计来看，CPU 承担计算的重任，磁盘承担数据存储之责。CPU 的计算速度远远超过从磁盘读取数据的速度，解决这个矛盾的办法就是让 CPU 从内存中读取数据，计算的结果再存入磁盘。如果从内存读取数据的速度仍然无法与 CPU 处理速度匹配，则可以加入一个高速缓存器，可以使读取速度更快，并且可以随写随存，在缓存中的数据也是内存中的一小部分。

磁盘的存储介质是磁存储，靠磁头读写。磁盘用来存放文件（包括系统文件），特点是存储容量大，不受断电影响，可以长期存储，但数据传输速度慢。内存的存储介质是 RAM 类型的集成块，采取电子读写方式。内存可以充分发挥 CPU 的运算能力，不至于因数据提取速度过慢而浪费时间。因此，计算机的运行速度是由 CPU、高速缓存器以及内存等存储设备共同决定的。

由于读写方式的不同，即便是采用了新技术的固态硬盘，其数据读写速度也无法与从内存读取数据的速度相比，其速度相差至少几十甚至百倍以上。因此，基于磁盘的数据处理意味着会涉及多个数据集或算法的搜索处理等复杂计算，一般不可能实时进行，必须要等待几小时或更长时间才能获得有意义的结果。磁盘的计算能力、数据交换速度甚至网络速度都决定着查询数据或浏览计算结果的速度。对讲求高效的业务流程和决策的企业而言，这显然不是最佳解决方案。

根据研究机构 Gartner 公司预计，企业有高达 80% 的数据都是非结构化的，对计算机的数据处理能力和读写速度的要求更高。数据类型、数据量和数据访问速度是企业是否选择使用内存计算要考虑的 3 个重要因素。随着在内存中进行数据处理能够带来的价值越来越高，可以处理的数据类型、数据量和访问速度的指标明显改善，内存产品的价格却在不断下降，使内存计算的增值效应更加明显。在性价比不断提升的前提下，把更多计算任务付诸内存计算几乎是必然选择，内存计算浪潮的到来已经无法阻挡。

内存计算带来的商业价值是非常明显的。决策者在可以实时获得信息和分析结果的情况下，能够以前所未有的方式获得新的洞察视野和完成业务流程。实时数据检索不仅可以降低成本、提高效率和提高可视化速度，还可以让电子商务企业这类数据更新频繁的公司可以用无中断的方式快速恢复运营，实现高效运转。

内存计算还让数据库可视性得到很大改善，企业不再局限于在数据仓库中划分的数据子集，而是可以更全面地收集和处理业务数据，使企业从原来被动的事后分析转变为主动的实时决策，并可以以此为基础创建基于预测的而非响应的业务模型。即使没有多少 IT 专业知识的员工也可以构建查询条目和仪表板，由此企业可以培养出更多内容创建方面的专家，激发他们的工作积极性。这些自主处理产生的结果可以惠及管理链的上下游，并为供应链管理和财务运营带来很大的便利。

上述性能的提升让通过手机等移动设备检索更多有用信息成为可能，使数据的便捷性和易用性大大增强。用户可以组合不同的数据集来分析过去和当前的业务状况，用手机或其他移动设备直接与客户进行交互，并依此来开展营销活动。而销售团队也可即时访问需要的信息，掌握客户情况的能力得到全面提升，最大限度地促进绩效增长。

对财务人员来说，其每天可能都会面临不断增长的数据量、数据处理不够迅速、分析延后和数据响应速度慢的挑战，而通常只有几天而非几个月时间来应对这些挑战，在年末、季末和月末，这种情况更加明显。内存计算、大容量数据分析和灵活的建模环境可以帮助财务人员加快处理数据的速度，使更多的财务数据透明化。

消费品公司可以使用内存计算来管理自己的供应商、跟踪和追踪产品、管理促销互动并提供支持，以更好地遵守环境保护局的相关规定并对有缺陷和不合格的产品进行分析。

零售公司可以同时管理多个地点的商店运营，分析销售点的情况，执行多渠道定价分析并跟踪损坏、污染和退回的产品。制造企业可以使用内存计算保证运营绩效管理，进行生产和维护分析，开展实时资产利用研究。

金融服务公司可以进行对冲基金交易分析，具体包括管理客户对货币、股票、衍生工具和其他票据的风险敞口。

借助通过内存计算获得的信息，上述企业可以实时管理系统风险并根据市场交易风险提交报告。

任何行业的企业都能借助内存计算提升运营效率。随着大数据分析的普及，内存计算将会成为很多企业寻求竞争优势的重要影响因素。

9.2.2　基于内存计算的多维数据库

多维数据库就是用维度和数据立方体（Cube）或数据集市模型来描述数据。在关系型数据库中是用星形结构或雪花结构模拟上述多维模型结构，但这无法提供真正意义的多维数据分析能力。

维度是人们观察数据的特定角度，是考虑问题时的一类属性，属性集合构成一个维（时间维、地理维等）。维的层次是人们观察数据的某个特定角度（即某个维），还可以存在细节程度不同的各个描述方面（时间维：日期、月、季度、年）。维度成员是维的一个取值，是数据项在某维中位置的描述，如"某年某月某日"是在时间维上位置的描述。度量是多维数组的取值，如 2020 年 1 月，上海，笔记本电脑，0000。

多维数据库中模型结构与事实数据分别以概要文件和数据块的形式存在。概要文件描述维度、维度成员信息与维度相关的层级、级别信息 Cube 的描述性信息，以及 Cube 与维度的关联性等其他描述性的信息，如实体模型属性。Cube 中度量数据存放在数据块中，数据块可以被理解成多维数组结构，其大小与相关维度的成员数量有直接关系。

例如，北京地区只有 ABC 3 种手机的销售额，天津地区只有 BCD 3 种手机的销售额，河北地区卖出的手机只有 AE 2 种，表明并不是每个地区对于每一种手机都有销售额，所以地区与产品属于稀疏的维度组合。2018 年的 4 个季度都有手机销售额，所以日期维度自身可以构成密集的维度组合。

多维数据库是指将数据存放在一个 n 维数组中，而不是像关系数据库那样以记录的形式存放。因此多维数据库存在大量稀疏矩阵，人们可以通过多维视图来观察数据。多维数据架构方便企业进行数据分析时采用钻取、切片或切块的方式进行分析。多维数据库增加了一个时间维，与关系数据库相比，它的优势在于可以提高数据处理速度，减少反应时间，提高查询效率。

9.2.3　自主可控的内存多维数据平台

2016 年，元年科技在北京宣布收购了美国 IBM 公司 Cognos （一款业务智能软件）的源代码使用权，利用后者基于内存计算、多维数据技术的全套分析模块进行管理会计信息化产品的研发、销售和服务。

当年，为了满足企业采购和销售的预测和计划，分析人员必须进行大量烦琐而繁重的手工计算，还要将公司各个分支机构的计算结果汇总。研发人员意识到这个复杂的计算过程需要多维度的数据结构支持才能完成，用传统关系型数据库模拟后发现无法实现快速计算，唯一的方法是将整个模型驻留在内存里，才能提高计算速度。

当然，由于当时内存的计算能力有限，在关系型数据库应用广泛的情况下，内存计算没有受到更多的关注和发展。如今，内存计算能力和技术进一步提高，内存计算的优势充分发挥了出来。随着内存计算能力的不断提高，内存计算满足了大量多维数据分析的应用场景和需求，基于内存的多维数据应用也越来越广泛。

2017 年 2 月 24 日，元年科技正式宣布推出符合企业管理会计需求的 C1 系列产品，其中包含 C1-Planning（企业计划及预算软件）、C1-Consolidation（企业财务报表合并软件）、C1-BAP（企业业务分析软件）和 C1-BI（商业智能）4 款产品，帮助企业践行管理会计思维，提升企业整体运营水平。

元年科技 C1 系列产品可以帮助企业收集财务、运营、产品、客户等数据，建立分析模型，完成分析报告。企业对滚动预算的要求越来越高，预算期段也越来越短。企业利用 C1-Tabase 多维数据库产品，可以满足多版本、多场景、多层级、多组织、多业态、多利润中心等维度的预算规划。企业可以在任何时间和地点访问、分析和查看企业数据，评估企业以往的表现，确定当前的业务状态以及预测未来的机遇和挑战。

企业使用 Excel 作为报表开发工具，可减少报表开发中的很多中间环节。业务人员可操作数据处理引擎，让数据处理变得更轻松，逻辑更透明，不必借助于 IT 人员、项目实施人员做表单报表，更具方便性。元年科技还在 C1-OLAP 产品基础上拓展对传统数据仓库、大数据基础架构的支持，将多年来积累的异构系统数据集成能力拓展到产品中。

因此，元年科技 C1 产品既融合了国外软件的先进技术，又具有自主可控的知识产权。其功能设计贴近我国企业用户的实际需求，使企业能够以较高的性价比，使用业内领先的软件产品。

9.3　商业智能及场景化自助分析

商业智能（BI）泛指用于业务分析的技术和工具，它通过获取、处理原始数据，并将其转化为有价值的信息，从而指导商业行为。Gartner 公司把 BI 定义为一个概括性的术语（Umbrella Term），其中包括应用程序、基础设施和工具，通过获取数据、分析信息以改进并优化决策和绩效，形成一套最佳的商业实践方案。

BI 的本质是技术和工具的集合，通过处理原始数据，产出对商业行为有价值的洞察。BI 为商业运营提供基于历史、当下和未来的分析视角的数据驱动，对商业决策的支持涵盖营销、运营、人力、财务、产品等对企业至关重要的环节。

9.3.1　商业智能的发展趋势

1. 传统 BI

传统 BI 产品的使用者是有 IT 背景的研发人员和数据科学家，他们多集中在企业的技术部门。但没有 IT 背景的业务分析人员、企业管理者才是数据分析的需求者，以及分析结果的使用者，从而发展成了传统的瀑布式 BI 开发流程，如图 9-7 所示。业务人员从提出需求到最终得到分析结果，往往需要等上数周甚至个把月的时间，效率严重低下。

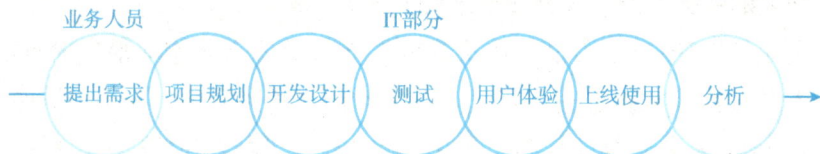

图 9-7　传统的瀑布式 BI 开发流程

传统的瀑布式 BI 开发流程的主要问题就体现在其分割了 BI 的需求者与使用者，导致人力资源无法发挥最大效能。

从业务人员角度来说，因缺少 IT 背景与数据相关知识，业务人员和 IT 人员或数据分析师进行沟通的成本高，另外业务人员每次提出的需求都要很长时间才能被满足。

从数据分析师的角度来说，因业务需求不能被 IT 及时满足，数据分析师的日常工作变成了不停地为业务部门提取数据，从而没有精力去探索、挖掘更有价值的隐藏在数据中的信息。

除了开发部署周期较长外，传统 BI 的报表较为刚性，多为固定格式的周期性监控报表或上报给企业固定部门的固定格式报表。

越来越多的源数据，越来越复杂多变的业务场景，传统的瀑布式 BI 开发流程不能满足当下的业务需求。

2. 基于自助分析的 BI

数据是新时代的"石油"，其中蕴藏了巨大的商业价值。但并不是每一个人都懂数据库，掌握 SQL，会用 Python（一种高级编程语言）。同时，具备丰富经验的 IT 人员如无法将数据与业务、商业结合，再多的数据存在数据库中也只是占用存储资源的 0 和 1，无法产生商业价值。

为了解决传统 BI 的诸多问题，真正地将数据分析的能力赋予业务人员，最大化地开发数据的价值，为用户提供自助式分析服务的 BI 系统应运而生。

自助式 BI 面向的是不具备 IT 背景的业务分析人员，与传统 BI 相比，它更灵活且易于使用，在一定程度上使业务部门摆脱了对 IT 部门的依赖，同时将数据分析师从数据提取等简单低效的工作中解脱，将精力投入真正的数据分析中。自助式 BI 的出现标志着商业智能分析从"IT 主导的报表模式"向"业务主导的自助分析模式"转变。

传统 BI 的使用对象是 IT 人员，它始终没能解决业务与数据的供需矛盾，关键原因是企业缺乏既懂得业务又擅长分析的人才。自助式 BI 的使用对象是最终用户——业务分析师、领导层，用户可以在一定框架和范围内自助进行数据分析，无须 IT 人员提供支持。随着数据越来越多，分析时间越来越长，企业和用户需要通过自助式 BI 工具降低数据分析的门槛。

自助式 BI 工具其实就是指大数据前端分析工具，安装简单、使用方便是其主要特征。

目前的自助式 BI 工具，已经将维度的选择集成到控件组件的拖选操作，自动建模技术避免了手动建立数据模型。这样一来，数据分析工作能很好地落实到业务分析员手中，一方面能更快速地响应业务的需求，另一方面业务与数据的快速结合能提高决策效率。在自助式 BI 工具中嵌入协同办公模块，可以帮助企业实现部门之间的相互协作，帮助企业看到问题所在以及分析问题产生的原因，并将问题交给相关部门解决。

自助式 BI 工具通常具有以下特点。

①丰富的可视化图表，简单、便捷、友好的交互。

②支持多种数据源，不仅是 IT 提供的，还包括其他零散的 Excel、CSV（逗号分隔值）线下数据源。

③可以承载更多更细的数据，并可快速响应用户的探索需求。

④可以实现工作的协同，易于分享和查看报表与分析结果。

⑤可以衔接大数据平台，具备大数据前端分析展现特性。

考虑到数据产品的数据量与复杂性，自助式 BI 工具在进行产品设计时要兼顾以下两个方面。

（1）工具的易操作性

工具是否简单易用、分析逻辑是否符合常规，决定着这个工具能否被快速地掌握。自助式 BI 工具应避免让业务人员学习复杂 SQL 等额外知识。

（2）对大数据量和复杂分析的良好支撑

当前不少企业都有自己的大数据平台，自助式 BI 工具需要支持主流 Hadoop、GreenPlum（用于实时分析的开源数据库）等大数据平台以及和 Hadoop 集群的工具。此外，自助式 BI 工具还需支持德国 SAP 公司的 HANA（内存计算平台）、BW（Business Information Warehouse, 商务信息仓库）这类常用的企业对位数据库。

由于数据库和查询技术的进步，在自助式 BI 工具的帮助下，业务人员凭借自己的专业知识，可以对各种可能的情况进行探索，最终得出结论。如果按照传统 BI 的方式，业务人员向 IT 部门提出分析需求，由技术人员实现，解决问题的时间可能延长到数周甚至数月，到那时早已错过最佳窗口期。

9.3.2　场景化导向的自助分析

向业务人员提供自助化的数据访问、探索的工具，以简单易懂的界面语言，帮助业务人员不用通过 IT 人员即可完成数据查询、分析、可视化，以及数据的分享和发布。这不仅加快了数据化运营的效率，还为业务思考、业务拓展、管理创新提供了开放共享和交流互动的平台。这既让数据的利用更加安全、有效，同时也让企业的数据资产得到升值。

元年科技提倡公司培养数据分析文化。公司可以将更多的分析功能提供给熟悉业务、了解具体情况，并有可能发表见解并充分利用数据的员工，让他们能够在可信和安全的环境中探索数据。他们不仅可以调查数据，还可以进行数据协作，并根据分析结果制定决策。这种数据分析文化鼓励每个人不受职务限制，访问相关数据，进行数据探索，并在其他员工的数据分析基础上进行自己的分析并跟进问题。公司通过建立自助服务的数据分析文化，可以提高员工的工作效率，优化内部的决策流程。

在构建自助数据分析的公司文化时，领导者的推动会带来事半功倍的效果。想要真正理解客户、抓住稍纵即逝的机遇、不断积累竞争优势，就需要应用数据分析来推动企业的商业决策。领导者可以通过设立适当的组织架构来支持分析环境，以奖励为手段激励员工参与数据分析，还可通过分享自己的数据分析发现来树立榜样，或引入数据专家等外部顾问帮助企业建立数据分析架构、打造组织文化，帮助企业深度挖掘数据价值。

通过使用自助式数据分析产品，企业获得的真正价值包括：形成企业信息化闭环，数据产生于业务部门，现在也可以回归于业务部门进行分析利用，由业务带来的商业价值推动提升数据质量、数据完整性；将 IT 人员从低效工作中解脱，他们可以更加专注于技术的创新与应用，也可以更加投入在元数据的维护与管理上，提升分析平台的服务效率；员工经验交叉，人力效率提高，业务部门的分析人员学到了更多的软件工具与分析方法，技术人员也因为掌握业务知识可以设计更好的数据结构。

将沉淀在数据库中的数据变现，数据不再是硬盘上的 0 和 1，而是能够驱动全面决策的数据资产，数据资产可以为企业的经营带来巨大的效益。

企业需要构建数据驱动决策的理念，采用自助式数据分析平台意味着企业具备了数据驱动决策的基础，但这并不意味着将企业的经验与高管的直觉抛诸脑后。在这种环境中，需要同等重视经验数据和直觉，达到理性与感性的平衡至关重要。任何出色的分析活动都是从经验、直觉和假设开始，可以通过数据证实或反驳这种直觉和假设，也可以从数据中挖掘到一些原先忽略的看问题视角。

9.3.3　以 AI 为用户导向的自助分析

我们都亲身经历着科技进步对我们生活的影响。从计算机的普及，到互联网时代再到移动互联网时代，我们已经进入人工智能时代。人工智能的技术也在逐渐成熟，正在从感知智能过渡到认知智能，这将给企业带来全新的机遇和挑战。

人工智能脱离大数据的基础则无法生存，经过多年云计算与大数据的发展，我们已进入数据智能时代。加载人工智能引擎的自助式数据分析平台，具有改变当今商业规则的潜能。

比如，元年科技为自助式数据分析平台（元年智答）注入 AI 的能力，打造更易交互、更智能化的新一代商业智能产品。元年科技应用自然语言处理（Nature Language Processing，NLP）、知识图谱（Knowledge Graph，KG）、机器学习（Machine Learning，ML）、深度学习（Deep Learning，DL）、OCR 等前沿 AI 技术，帮助企业实现智能商业的升级，同时辅以移动化、协同化，让产品更具灵活性。

以 NLP 为例，NLP 的引入将带来全新的人与数据交互方式，同时也将盘活沉淀在磁盘中的非结构化信息的价值。用户将能够以对话的方式向系统提问，从而使每一个普通员工都可以与数据互动，洞察数据获得分析结果。用户可以通过搜索框键入问题或用更直接的语音形式来探索数据仓库中的数据进行分析。这会真正地实现每个员工都能够访问数据、理解数据、分析数据，并利用数据做决策，赋能现代企业。改变传统枯燥、乏味的会议模式，通过引入交互式报告让现场参会的每一个人都可以查看数据，遇到问题的时候与会人员可以在现场实时与系统直接交互，得出数据分析的结果，这将大大提高会议的效率与价值。

应用 NLP 可以带来更便捷的交互；引入 ML 和 DL 进行数据自动分析，实现让数据自己"说话"；应用 KG 进行知识库的沉淀与积累，实现操作流程的自动化以及企业知识的沉淀。

Gartner 公司对未来的 BI 进行了一系列的预测，具体如下。

①自动化分析等技术进步对 BI 的未来产生了积极的影响。

②到 2021 年，75% 的预建报告将被具有直观报告功能的自动化洞察力取代。

③到 2023 年，DL 将接替 ML，成为数据应用的首选方案。

④到 2024 年，企业运用数据科学和先进的 AI 技术将不再需要借助数据科学家。

⑤边缘计算和 NLP 对人类主观经验的研究可能会改变未来的 BI 体系。

我们当下站在一个企业使用、分析数据的转折点，这些转变不仅会影响企业的决策方式，也将影响业务的运转方式。众所周知，数据分析应该和商业结合得更紧密，然而进行数据分析有时却因为需要各式各样的技术使我们不得将业务和分析这样两个环节割裂开来。而现如今，得益于技术的发展，技术不再是企业使用数据的束缚，从而实现真正的数据驱动企业决策。

未来搭载人工智能技术的自助式数据分析平台将成为企业必不可少的强大"伙伴"。元年科技将以前沿科技与专业的服务为企业构建数据驱动的决策引擎，帮助企业在数字化与智能化升级的过程中建立可持续的竞争优势。

9.4　大数据

大数据是信息化、数字化发展的新阶段，是信息技术和统计学、经济学等跨学科技术融合发展应用的结果。随着科技与社会、经济、生活等各个方面的高度融合，尤其是互联网技术和应用的快速普及，全球数据量呈现出爆发式增长、海量集聚的特点，对经济社会发展和政府管理、生活方式都产生了重大影响。

我国正处于全球化、信息化、工业化和数字化等多方面共同发展的重叠期，经济发展处于高质量发展的转型时期，信息公开、数据共享与特色服务成为新时代发展主题，数据资源将逐渐占据或超越工业活动在国民经济活动中的地位。

9.4.1　大数据的基本概念

麦肯锡全球研究院对"大数据"的定义：一种规模大到在获取、存储、管理、分析方面大大超出了传统数据库软件工具能力范围的数据集合，具有庞大的数据规模、快速的数据流转、多样的数据类型和价值密度低四大特征。

研究机构 Gartner 公司对"大数据"的定义：需要新处理模式才能具有更强的决策力、洞察发现力和流程优化能力来适应海量、高增长率和多样化的信息资产。

掌握庞大的数据信息并不是大数据的全部意义所在，对大数据进行专业化处理得到有价值的信息才是，最终目的是将大数据转化为大价值。由此，大数据本身成为产业的属性就会更加显著，而产业本身实现盈利的关键节点仍然在于数据处理或者数据加工能力的提升，从数据收集到数据加工处理，实现对数据的增值。

大数据技术，在感知现在和预测未来两个方面产生作用。

感知现在：历史数据与当前数据融合，挖掘潜在线索与模式，对事件发展状态的感知。

预测未来：全量数据、流式数据、离线数据的关联分析，态势与效应的判定与调控，从数据的角度解释事件发展、演变规律，进而对发展趋势进行预测。

9.4.2　大数据技术

通常，大数据技术包含 5 个方面：数据采集与传输、数据存储与管理、计算处理、数据查询与分析、数据可视化。大数据技术架构如图 9-8 所示。

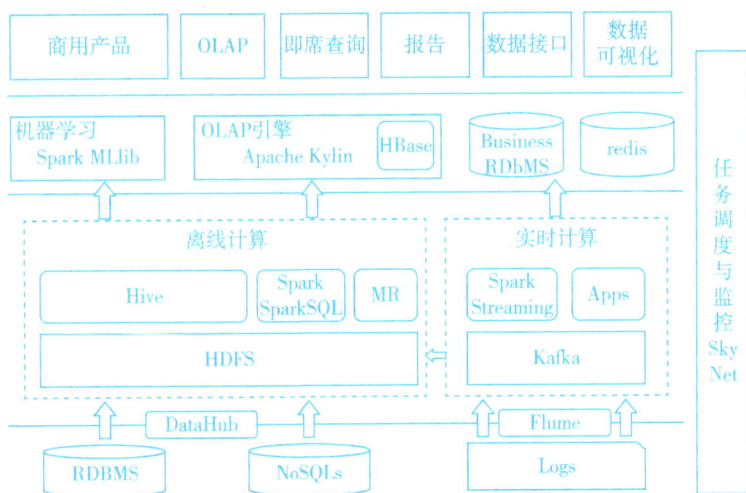

图 9-8　大数据技术架构

在数据采集与传输领域,渐渐形成了 Kafka（开源流处理平台）、Flume（海量日志采集、聚合和传输系统）、Sqoop（在关系型数据库和 HDFS 之间的数据传输工具）等一系列开源技术,兼顾离线和实时数据的采集和传输。

在数据存储与管理领域,HDFS 已经成为大数据磁盘存储的标准,针对关系型以外的数据模型,开源社区形成了 K-V（Key-Value）、列式、文档、图这 4 类 NoSQL 数据库体系,redis（远程字典服务）、HBase（一个分布式的、面向列的开源数据库）、Cassandra（一套开源分布式 NoSQL 数据库系统）、MongoDB（一个基于分布式文件存储的数据库）、Neo4j（高性能非关系型的图形数据库）等数据库是各个领域的领先者。

在计算处理方面,Spark 已经取代 MapReduce（一种编程模型）成了大数据平台统一的计算平台,在实时计算领域 Flink（开源流处理框架）是 Spark Streaming（Spark 核心 API 的扩展,可实现高吞吐量的、具备容错机制的实时流数据处理）强力的竞争者。

在数据查询与分析领域形成了丰富的 SQL on Hadoop 的解决方案,Hive、HAWQ（Hadoop 原生 SQL 查询引擎）、Impala（对 HDFS、HBase 数据的高性能、低延迟的交互式 SQL 查询系统）、Presto（一个开源的分布式 SQL 查询引擎）、Spark SQL 等技术与传统的（MPP 大规模并行处理数据库）竞争激烈,Hive 还是这个领域的主流。

在数据可视化领域，有贴合自身需求的可视化引擎，可以选择 Echarts（图表库）、D3（一种可视化工具）、阿里云的 DataV 等，也有很多自助式 BI 数据分析平台通过简单拖曳即可实现数据的复杂展示。

如今的大数据技术正朝着以下方向发展。

①更快的计算速度。Spark 由于其内存计算带来的运算性能大幅提高，其成功地替代了 MapReduce。

②更注重流式处理。Flink 是 Apache 的顶级项目，是指一个高效、分布式、基于 Java 实现的通用大数据分析引擎，它支持批量和基于流的数据分析，具有高效性、灵活性和扩展性以及并行数据库查询优化方案，正与 Spark Streaming 展开竞争。

③高性能硬件的支持。大数据技术体系本质是数据管理系统的一种，受到底层硬件和上层应用的影响。

④ SQL 的支持。从兼容标准 SQL 语法和性能等角度不断优化，层出不穷的 SQL on Hadoop 技术参考了很多传统数据库的技术。

⑤对深度学习的支持。Spark 等平台逐渐支持深度学习，Tensor Flow on Spark（分布式深度学习框架）等解决方案的出现，有效地解决了两者数据传递的问题。

9.4.3　大数据带来的商业价值

根据有关部门预测，2020 年，全球需要存储的数据量将达到 35 万亿 GB，是 2009 年数据存储量的 44 倍。根据互联网数据中心（Internet Data Center，IDC）的研究，2010 年底全球的数据量已经达到 120 万 PB（或 1.2 ZB）。这些数据如果使用光盘存储，摞起来可以从地球到月球一个来回。对 BI 而言，这里孕育着巨大的市场机会，庞大的数据就是一个信息金矿，但是海量数据也带给传统 BI 前所未有的压力。

BI 利用软件和服务将数据转化为可操作的情报，从而为组织的战略和战术业务决策提供服务。BI 工具可访问和分析数据集，并在报告、摘要、仪表板、图表和地图中提供分析结果，为用户提供关于业务状态的详细情报。换句话说，BI 是指企业提出问题并从自身的信息系统获得有用的回应。

最终，BI 基于企业知识，即正在发生的事情以及需要被跟踪和了解的已经发生的事情进行分析为此，企业建立流程和系统来收集所需数据、分析数据，然后根据数据分析。汇报结果。企业知道需要跟踪什么、如何分析这些数据以及如何报告数据分析结果以及应该将结果汇报给谁。

BI 成为许多供应商的盈利来源。他们开发了构建和利用"数据仓库"的工具，并通过复杂的工具来为决策者提供有用的仪表板和报告工具。但绝大部分 BI 应用的是企业数据库中的结构化数据，这是一个已知推导已知的过程。

大数据技术处理的是大量非结构化数据，它的范围更广，尤其是在探索未知方面。通常，大数据技术的目标是通过 DL 和 ML 技术帮助企业实现数据的自动分析，找到异常数据的特征，以此来发现被经验忽略的信息。一旦排查到问题所在，再应用 BI 流程就可以产生对数据额外的分析和报告。应用大数据技术的 BI 系统如图 9-9 所示。

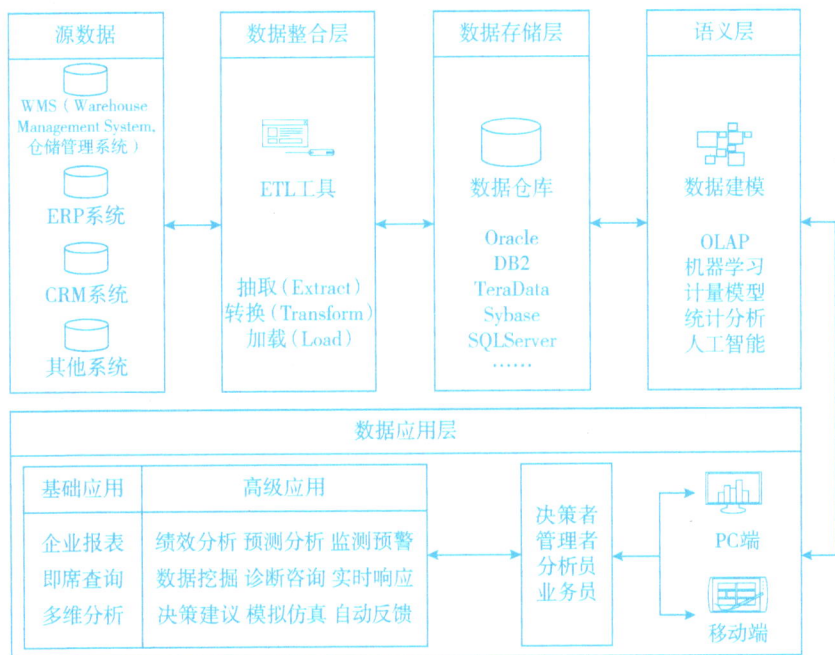

图 9-9 应用大数据技术的 BI 系统

很多时候我们无法完全理解当前正在发生的事情，我们观察到业务运营或客户需求发生的变化，但并不知道发生了什么。我们可能会看到收入突然增加或减少，客户满意度或竞争环境发生变化。如果能实时对这些变化进行响应，企业会不断积累竞争优势，从而达到行业显著领先的地位。

传统 BI 所主要提供的商业洞察无法实现全面、自动地洞察现象背后的本质变化。当企业注意到突然的变化时，他们才会开始思考为什么市场占有率突然下降、是何时并如何错失了市场机会。

大数据技术将为以上情况提供线索。很多时候，企业坐拥大量的数据，并持续积累了相当长的时间，企业非常清楚数据的价值，但通常企业并非数据处理专家，需要借助专业公司的力量来盘活这些数据的价值。这些数据既包含企业内部的运营数据，如销售、生产、人力等内部数据，尤其是随着 IoT 设备的普及，工业大数据也不断被收集起来；也包括互联网大数据，即在微信、微博等社交媒体和淘宝、京东等电商平台上产生的数据，如用户点击的习惯或特点、发表的评论、网民之间的关系等数据。

拥有大数据技术后，企业决策者便可以系统地评估这些数据，排查异常情况以找到问题所在，也可以根据不同客户的需求打造更个性化的产品与服务。例如，电信行业的计费系统，就是对用户各种行为数据整合后的结果。借助大数据应用，运营商可以分析传感器数据是否有异常，从而判断设备是否有异常等。社交媒体和电商平台通过分析用户的浏览习惯，可以了解客户群以及他们的偏好，向用户推荐他们感兴趣的资讯与商品。总之，通过应用大数据技术，企业可以及时了解和关注新问题，洞察事件发生的本质。

数据是企业的重要资产，企业需要更智能的由 ML 技术甚至 DL 技术所驱动的自动化数据分析工具，从大量的历史数据中剥茧抽丝，以帮助企业识别风险、降低营业成本、增加整体收入。

9.5　数据挖掘

随着企业数据越来越多，如何让数据发挥价值越来越困扰企业的管理者，数据挖掘的需求越来越高，对数据挖掘技术的关注度空前高涨。数据、算法和知识是数据挖掘领域的 3 个关键词。企业首先要有数据，而且是达到一定量的数据，通过算法处理获得原来未知的知识，用以指导企业的业务、运营和决策。

9.5.1　依靠算法解决数据挖掘问题

数据库技术和数据处理技术已经有 60 年的历史，传统的、面向关系处理交易的数据框架解决了流程标准化的问题，效率得到了大幅提升。企业积累的数据越来越多，如何存储、管理、运营这些数据面临很多挑战。20 世纪 80 年代，OLAP 技术专注提供数据分析服务的特性让管理者可以更加灵活、个性化地对数据进行加工利用。ERP 中的关系型数据和分析型数据得到了分离，在做大数据量分析计算的时候，也不会影响业务的正常运行。

做 OLAP 时主要依靠人工，如发现利润或销售收入有问题，可以按产品、客户逐级往下查找，最终发现在某一个区域、市场的某个产品上出现了问题，再去看看是什么因素影响了销售业绩，就能找到解决办法。2000 年后，企业数据量越来越大，没有办法靠人工总结经验，必须要依靠算法解决问题，这是数据挖掘技术产生的背景。

沃尔玛通过对海量消费者购物小票中的商品进行关联分析，发现有 30% 购买尿布的消费者会同时购买啤酒，这是通过数据挖掘得到的结果。利用这个知识可以很好地帮助超市员工在陈列货架的时候，把尿布和啤酒放在相近的位置，可以非常有效地促进啤酒的销售。这个通过数据挖掘得到的结果是有内在逻辑的——很多年轻父亲经常在上超市给孩子买尿布的同时，顺手也给自己买啤酒。如果没有数据挖掘，依靠人工很难得出这样的结论。因此，数据挖掘的核心就是"数据 + 算法"。

实际上在数据挖掘的领域中算法种类非常多，大概可以分成两大类。

一类是描述类算法，运用这类算法可以了解现在产生数据的知识、规律。

①最基本的聚类分析。通过了解消费者的特征、年龄、学位、收入、性别、需求获得用户画像。

②关联。找到数据之间的联系，如前述案例中的啤酒和尿布的关联分析。

③异常检测。对数据的状态进行观测的时候，经常会发现一些异常数据。

这些异常数据可能是因为数据质量或某些特殊的问题而产生的，如信用卡欺诈和骗保等，对异常行为的监控能控制业务运营风险。

另一类是预测类算法，运用这类算法可以对未来发生的行为进行预测分析。

①**分类**。通过建立数学模型，利用历史数据对新的数据进行判断。例如，利用大量邮件建立垃圾邮件识别的模型，有一个新邮件进来的时候，就可以相对准确地判断出它是不是垃圾邮件。

②**回归分析**。零售企业也会做"猜你喜欢"的工作，会给消费者推荐其可能感兴趣的商品。

③**序列分析**。基于时间序列对时间归位进行预测。例如，对有季度性波动的产品的销量进行预测，可以用时间序列进行分析。

9.5.2 在理解业务的基础上挖掘数据价值

电商企业最怕客户退货，某电商公司每天都会产生大量的订单，但有30% ~ 40%的退货率。退货成本非常高，是正常发货成本的2 ~ 3倍。因此，了解、分析退货的原因非常重要。

数据研究人员建立了一个数据挖掘模型。数据研究人员认为退货与购买商品的件数有关，40%的客户在购买商品的时候就已经决定要退回一部分，所以先分析了数量和退货率的关系。通过聚类分析，把数据分为3个类别，再不断进行迭代运算，直到所有数据点分类都不会变的时候，计算完成。结果发现退货率最高的"劣质客户"，在购买4件以上商品的时候，退货率达到3%。退货率高低还可能与客户付款时间有关，加上付款时间维度后，再通过聚类分析和计算发现了"劣质客户"的特点：购买了4 ~ 8件商品的客户付款时间长，有购买4天以后才付款的客户。

根据一系列调查分析，数据研究人员给出了这样的解决方案：客户通过多购买再退货来选择商品，意味着客户对商品信息了解不够。尤其是女士在买衣服的时候，她们很难判断哪个款式、尺码、颜色适合自己。因为电商退货政策特别方便，尤其是在"6·18"和"双十一"大促的时候，如果下手慢了就没有了，所以她们干脆会多买几件，这类客户买回来之后一定会退一部分。解决方案是给她们提供更多产品相关信息，通过评价、图片、买家秀等方式让客户多了解商品，再给予一些优惠，从而避免额外采购和退货。

挑剔和难以在商品之间做出选择的客户对商品不一定很满意，付款时间长是因为他们和客服进行了大量的沟通。终于下了决心买回来还是不满意，最终产生了退货。对这种客户，企业也可以采用特殊的策略来避免他们退货。通过数据挖掘给出的结果，企业更能理解数据背后的含义。

同样地，百货公司也通过对销售的精准预测控制库存。这种预测就采用了回归分析的方法。数据研究人员认为产品销量和搜索量有关，发现被搜索1 000 次以上的商品的销量会比较高。通过增加客户评价和库存量等维度来分析其对销量的影响，可以做出很多回归方程，如库存量、评价数、搜索量，以对某些商品进行预测。

没有特定的"一招打遍天下"的数据挖掘方法，一定是在理解业务的基础上了解已拥有的数据。通过一些直觉判断设计初步模型，用这个模型计算出一些数据来验证直觉是否准确。不准确的话再增加维度，调整分析模型。企业需要对每一个应用场景反复迭代，直到模型验证成功才能将其投入解决实际问题的应用中。

9.5.3　不断提升数据挖掘技术和方法

数据挖掘运用到多种技术，其中包括统计学的计算方法、回归方程、用多变量训练的机器学习技术、数据库技术、高性能计算等多种技术的整合，确保数据挖掘能够产生准确的结果，最后用可视化技术呈现出来。在算法层面通常有科学计算的工具，包括一些比较简单的编程语言，用描述性脚本进行算法编写的语言，比较适合财务人员学习掌握。

除了算法之外，企业数据挖掘应用要从数据获取、数据清洗、数据治理到建立数据仓库，再抽象出多维模型，才能提供给算法模型进行数据加工和处理。企业需要建立一整套数据架构支撑，才能做好数据挖掘的工作。

数据挖掘工作并非一帆风顺，过程非常曲折，其受到以下 3 个方面的制约。

1. 数据质量

如果数据都是垃圾信息，那肯定挖不出来有用信息，挖出来的也是垃圾。

2. 算法

几乎只有真正深入掌握统计学和数学的人才能做数据挖掘工作。随着财务机器人把财务人员解放出来，在财务人员中会产生大量的财务科学家，他们在数据挖掘领域会有很多贡献。

3. 计算性能

数据量大、算法复杂，对计算性能就会有很高的要求，这也是制约数据挖掘发展的重要因素。

数据挖掘是大数据技术的核心应用，在金融领域已经有很多实践，因为金融行业数据种类多、数据量大，没有数据挖掘，很多业务问题就解决不了。同时，数据挖掘正成为不少企业建立数据中台、提高企业数据业务质量的重要内容，包括：对传统管理会计系统的升级，支撑场景化的分析，传统 BI 的转型升级，大数据的应用落地和有关主数据、元数据、数据质量管理的数据治理体系 5 个方面。企业可利用数据挖掘技术建立围绕数据中台架构的数据分析体系。

企业通过建设数据中台，能应对前端应用的场景变化，建立多变量、多因素的、复杂的决策网络预算、经营预测，尤其是能够深入销售预测、供应链预测等深入应用模型，为管理预测提供更加准确、清晰的数据支持。在数据中台架构下，企业对价格变动影响销量的预测，把大数据和数据挖掘技术结合起来，利用数据挖掘技术在某些点上把价和量的预测做得更加科学，结合收入、成本、费用、利润、现金流等维度，能够输出更多的结果。

企业要做到这样非常灵活的预测不容易，因为要从基础开始，利用数据中台架构，建立一套经营分析预测的网状模型体系。这既需要建立一整套面向管理的逻辑和分析架构，又需要 OLAP 技术、大数据技术和内存计算技术，只有这样企业才能在未来数字化转型过程中实时产生知识和决策依据。

总之，数据分析正在深刻影响财务人员的工作内容和工作模式，从而进一步改进企业的整体管理和运营。

第 **10** 章 云计算和中台架构

10.1　云计算

10.1.1　云服务模式

随着云计算、大数据、人工智能等一批新技术的涌入，企业信息化建设速度加快，基于云计算的 IaaS、PaaS、SaaS 3 种服务模式是企业整体 IT 架构的重要组成部分。IaaS、PaaS、SaaS 3 种服务模式有何区别呢？

1. 基础设施即服务

基础设施即服务（Infrastructure-as-a-Service，IaaS）是指给消费者提供计算基础设施的服务，包括处理 CPU、内存、存储、网络和其他计算资源。用户能够部署和运行任意软件，包括操作系统和应用程序。

消费者不对任何云计算基础设施进行管理或控制，但能选择操作系统、存储空间和部署应用，也可以获得有限制的网络组件（如路由器、防火墙、负载均衡器等）的控制。

2. 平台即服务

平台即服务（Platform-as-a-Service，PaaS）是指给客户提供开发语言和工具（如 Java、python、.Net 等）的服务，帮助客户把开发或采购的应用程序部署到供应商的云计算基础设施上。

客户同样不需要管理或控制底层的云基础设施，如网络、服务器、操作系统、存储等，但客户能控制部署的应用程序，也可以控制运行应用程序的托管环境配置。

3. 软件即服务

软件即服务（Software-as-a-Service，SaaS）是指给客户直接提供已经在运营商云计算基础设施上的应用程序，客户可以通过各种设备上的客户端界面访问这些应用程序,不需要管理或控制任何云计算基础设施,如网络、服务器、操作系统、存储等。

SaaS 就是客户把软件的开发、管理、部署都交给第三方,客户不需要关心技术问题,可以拿来即用。现在已经在用的很多互联网服务几乎都属于 SaaS,如个人使用的微博、微信、支付宝,企业使用的纷享销客、钉钉、云快报等。

PaaS 和 Iaas 这两个层面通常是软件开发者才会接触到的,PaaS 和 IaaS 也都是由比较知名的云计算供应商提供服务,如国外的微软、谷歌,国内的阿里云、腾讯云、华为云、UCloud 等。以元年科技的业务为例,元年科技通常会和提供 PaaS 和 IaaS 的云计算服务商合作,以 SaaS 的方式提供软件产品。

而云计算产品的部署方式,一般来说又会分为私有云、公有云和混合云 3 种。这 3 种云又有什么区别呢?

1. 公有云

公有云(Public Clouds)通常是指第三方提供商为用户提供的能够使用的云,一般可通过 Internet 使用,可能是免费或成本低廉的,其核心属性是共享资源服务。这种云有许多实例,可在当今整个开放的公有网络中提供服务。

公有云的优点在于成本低、扩展性非常好,作为一个支撑平台,能够整合上游的服务(如增值业务,广告)提供者和下游最终用户,打造新的价值链和生态系统。公有云使客户能够访问和共享基本的计算机基础设施,其中包括硬件、存储和带宽等资源。

公有云的缺点在于对云端的资源缺乏控制,保密数据的安全性、网络性能和匹配性差等。

2. 私有云

私有云(Private Clouds)是为一个客户单独使用而构建的,因而提供对数据、安全性和服务质量的最有效控制。私有云可部署在企业数据中心的防火墙内,也可以部署在一个安全的主机托管场所,私有云的核心属性是专有资源。

私有云的优点有安全性高、服务稳定、管理方便。因为单个公司是唯一可以访问它的指定实体,这也使组织更容易定制其资源以满足特定的 IT 要求。

私有云的缺点在于建立成本较高、共享性低,私有云的高度安全性使从远程位置访问变得较困难。

综上,选择公有云和私有云时,可参考以下标准。

①公有云适合创业公司、个人，私有云适合政府、大企业。

②公有云适合对外互联网业务，私有云适合政企对内业务。

③公有云适合非定制；私有云适合定制，与现有系统集成。

④公有云前期成本低，后期业务量大的时候成本高；私有云前期成本高，后期成本低。

⑤公有云由服务商统一运维，私有云自主运维或托管第三方。

⑥公有云用户的需求就是能快速上线、经济实惠；私有云用户更多要求平滑过渡，保留现有体验，不影响现有业务。

3. 混合云

混合云（Hybird Clouds）融合了公有云和私有云，是近年来云计算的主要模式和发展方向。私有企业主要面向企业用户，出于安全考虑，企业更愿意将数据存放在私有云中，但是同时又希望可以获得公有云的计算资源，在这种情况下混合云被越来越多地采用。混合云将公有云和私有云进行混合和匹配，以获得最佳的效果。这种个性化的解决方案，达到了既省钱又安全的目的。

混合云允许用户利用公有云和私有云的优势，这为应用程序在多云环境中的移动提供了极大的灵活性，如用户可以在私有云上运行关键业务，在公共云上进行开发与测试。但是混合云的缺点在于其更加复杂而难以维护，因此其对软件开发者的技术能力会提出更高的要求。

10.1.2　云计算的特点

谈到大数据和人工智能，就不得不提到云计算。人工智能的核心是大数据和机器学习，而云计算是支撑起大数据和机器学习计算能力的基础。如果把大数据比作生产原材料，人工智能就是取代流水线上的人工的生产力，那么云计算就是加工原材料所需要的电力等基础能源，云计算为大数据和人工智能提供计算能力。

根据美国国家标准与技术研究院（National Institute of Standards and Technology，NIST）对云计算的定义，云计算是一种按使用量付费的模式，这种模式提供可用的、便捷的、按需的网络访问，进入可配置的计算资源共享池（资源包括网络、服务器、存储、应用软件、服务），这些资源能够被快速提供，企业只需做很少的管理工作或与服务供应商进行很少的交互。云计算是一种基于互联网的超级计算模式，它使计算分布在大量的分布式计算机上，而非本地计算机或远程服务器中。在远程的数据中心里，成千上万台计算机和服务器连接成一片计算机云，因此云计算甚至能够拥有每秒 10 万亿次的运算能力。云计算通过网络的计算能力，取代原本安装在计算机上的软件，或是取代原本把资料存在自己硬盘上的动作，转而通过网络进行各种工作，并将资料存放在庞大的虚拟空间中。

云计算的主要特点为：超大规模、虚拟化、通用性、高可扩展性、低成本、按需服务。

①**超大规模：**"云"具有相当的规模，Google 云计算已经拥有 100 多万台服务器，IBM、微软、Yahoo 等的"云"均拥有几十万台服务器。企业私有云一般拥有数百上千台服务器。"云"能赋予用户前所未有的计算能力。

②**虚拟化：**一方面，云计算支持用户在任意位置使用各种终端获取应用服务。用户所请求的资源来自"云"，而不是固定的、有形的实体。应用在"云"中某处运行，但实际上用户无须了解，也不用担心应用运行的具体位置。另一方面，云计算采用虚拟化技术，用户并不需要关注具体的硬件实体，只需要选择一家云服务提供商，注册一个账号，登录到它的云控制台，去购买和配置需要的服务。这比传统的在企业的数据中心去部署一套应用要简单、方便得多。

③**通用性：**云计算不针对特定的应用，在"云"的支撑下可以构造出千变万化的应用，同一个"云"可以同时支撑不同的应用运行。

④**高可扩展性：**基于云服务的应用可以持续对外提供服务（7×24 小时），"云"的规模可以动态伸缩，满足应用和用户规模增长的需要。

⑤**低成本：**从长远来看，企业采用云计算的成本比自行部署服务器的成本更低。一方面，企业不再需要聘请技术支持团队来解决服务器问题；另一方面，如果企业花费大量前期费用部署服务器或升级硬件设施，但是业务没有像其期望的那样进行扩展，那么收入无法弥补成本的增加。云计算服务提供商通常可以让企业无缝扩展和缩减云计算资源。当企业根据需求来购买更多的计算资源时，其就可以节省成本。

⑥**按需服务**：用户可以根据自己的需要来购买服务，甚至可以按使用量来进行精确计费。按需服务更加经济实惠，大大节省 IT 成本，而资源的整体利用率也将得到明显的改善。

10.1.3　财务共享上云

随着全社会数字化转型的加速，"上云"已经成为各行各业数字化转型的关键一步，"用云量"也成为衡量行业数字经济发展程度的重要参考指标。传统的财务共享服务中心多是在本地部署，虽然本地部署的方式可以灵活匹配用户的需求，实现按需建设，但是随着财务共享对信息系统支撑的要求越来越高，本地部署量越来越大，企业不得不投入大量的运维成本，这将占用企业大量资产。除此之外，大数据和机器学习的应用使财务共享服务中心存储海量数据信息，因此传统共享的本地部署模式受限。云计算带来的巨大算力使其成为一个有效的解决方案，因此财务共享走向云端成为不可避免的新时代共享趋势。

使用云计算技术后，财务共享服务中心给企业带来以下四大管理价值。

①降低企业信息化建设成本。

企业引入云计算平台建立财务共享服务中心，按需向云计算服务供应商购买服务，按实际使用量付费，云计算服务供应商全面负责软件的安装、系统的维护。相比于传统的信息化建设，此类模式将大大降低企业的信息化建设成本。

②促进企业内外部协同。

首先，借助云计算平台建立财务共享服务中心可以连接企业内部主要信息系统平台，如电子报销系统、票据影像系统、ERP 系统、档案管理系统、合并报表系统等，实现信息流、审批流、票据流三流合一，促进业财融合。其次，财务共享服务中心可以借助云计算平台与外部的银行、证券市场、客户、供应商系统对接，从而实现企业边界的模糊化。

③提高财务共享服务中心员工的工作效率。

云服务模式让员工可以随时随地处理工作，让流程推进、交流交互更快、更及时，大大提高工作效率。

④为财务共享众包模式提供基础。

只要有手机或计算机、网络，员工可以在任何地点登录云平台进行办公，因此企业可以将财务流程标准化分割，雇佣来自世界各地的财务人员处理业务，以众包模式来运营财务共享服务中心。

10.2　中台需求因何而生

财务数字化未来的方向是什么？企业在哪些方面要进行这种数字化的转变？笔者先引入中台概念，其是在 2019 年关注度很高的一个热词。阿里巴巴公司最早提出"中台"的概念，为什么会有中台？阿里巴巴公司有很多业务，如淘宝、天猫、聚划算、蚂蚁金服等，每一项业务都是独立的事业部，每一条线上都有一套独立的管理体系，独立的系统在独立地运营。在运营的过程中，阿里巴巴公司发现上述不同事业部面临的是同样的客户，但是内部的系统是割裂的，无法打通来进行数据的共享，这是面临的第一个问题。

另一个问题是很多信息化应用是在重复建设。天猫用了，淘宝也用了，造成了企业内部资源的严重浪费。所以在后期，阿里巴巴公司把这些公共功能和应用抽取出来。例如，每一块业务都会用到客户画像的管理，阿里巴巴公司就把这一块功能抽取出来；再如支付功能每块业务都会用到，阿里巴巴公司也同样把这一功能抽取出来。这样，就把一些公用的功能、业务、服务抽取出来，成立一个专门的部门来进行管理，然后给每一块业务提供公共支持，后来这个组织越做越大，形成了中台部门，在组织架构里被称为"大中台、小前台"。正是因为这种组织上的、技术上的架构，使阿里巴巴公司这样一个庞大的"航母"能够灵活地应对客户的需求变化。这是阿里巴巴公司这几年能够快速发展的一个很重要的支撑，阿里巴巴公司把这个理念应用于 B2B 业务。

"阿里人"通过多年不懈的努力，在业务的不断催化滋养下，将自己的技术和业务能力沉淀出一个综合平台，这个综合平台具备对前台业务变化及创新的快速响应能力。这个概念又被扩展到更广的领域，业务中台、数据中台、组织中台、技术中台等概念纷纷被提出，其核心是业务中台和数据中台。

这几年，中台思维由以零售为主的互联网行业快速推广到全产业。为什么中台管理思维顷刻间流行起来，其发展的背景和实质是什么？

10.2.1 中台是企业管理变革的产物

1. 中台能够平衡前台和后台的配速

企业结构有两个部分：一部分是业务前端，被称为前台组织，如销售、市场、生产；另一部分是传统的职能部门，如财务部门、人力部门等。过去前后台衔接得不是很好，很多业务部门都在抱怨，说财务部门给他们提供的支持不是很多，认为财务部门就像一个管家，今天管预算，明天管资金，但他们认为财务部门真正提供给业务部门的支持是不够的。所以业务部门对财务部门保持敬而远之的态度。

反过来，很多的财务人员其实也有抱怨，业务变化太快了，信息反馈不及时，财务人员每天的工作都很辛苦。产生这个问题的原因是两个部门分别属于两个管理体系。如果用轮子来比喻，两个轮子的配速不一样：一个轮子面向市场，配速快；一个轮子处于后台，它更多地强调标准、规范，配速慢。如何把这两块结合起来？在两者之间再加一个轮子——中台，能够把两边的配速平衡起来，这就是中台的概念，如图 10-1 所示。

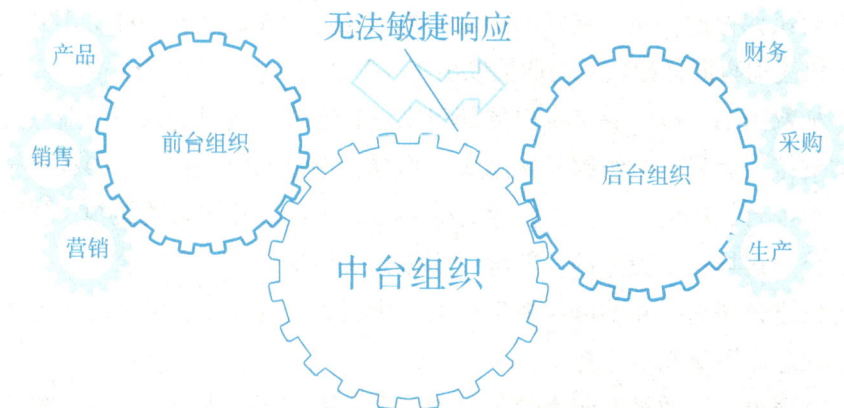

图 10-1 中台是企业应对市场竞争的必然产物

相对于面向客户的前台和面向管理者的后台，专注于数据处理的"数据中台"的概念大受欢迎。数据中台满足了企业在进行大数据处理时的能力需求和与前端客户实时互动的现实需求。与此同时，把很多相同的商业逻辑进行抽象，就可以避免为不同行业特性单独开发从前端到后端的完整运营系统，而没有复用模块是所有 IT 开发项目成本支出最大的开发模式，也是最没有效率的应用模式。强大的数据中台可以接收不同行业的数据，用相同的逻辑完成数据运算，并给出相应的运算结果，给前台或后台调用，这样就可以用同一个数据中台服务不同行业实体的运营管理，为集团企业扩展业务带来更加快捷、有效的部署方式，企业总拥有成本（Total Cost of Swnership，TCO）大幅降低。

2. 数字化转型推动了中台思维的产生

关于如何理解数字化转型，应先明白"数字化"这个概念。

最近两年，"数字化"悄悄替代了"信息化"。从各种定义中，我们可以得出数字化所指：把模拟数据转化成 0 和 1 表示的二进制代码，涉及计算机技术的使用。

信息化时代，因为技术手段有限，对于一个客户、一件商品、一条业务规则、一段业务处理流程方法，企业只能以数据的形式人为地将其记录下来，大量依靠关系数据库——表（实体）、字段（属性），把这些数据都变成结构性文字描述。而如今，人工智能、大数据、云计算一系列新兴技术在经历了前期摸索式发展，并逐渐向产业和行业下沉后，企业大可利用这些技术把现实缤纷世界在计算机世界全息重建。现实世界什么样，企业就有能力把它在计算机的世界里存储成什么样。

这就是企业数字化，而"数字化转型"便是基于信息技术提供一切所需要的支持，让业务和技术真正产生交互而诞生的。例如，海尔通过对传统生产模式的颠覆与升级，打造按需设计、按需制造、按需配送的互联工厂体系，使整个制造过程实现高度的柔性，满足个性化定制的需求。

具体而言，数字化转型包括以下 3 个方面。

①**"转换"**——从传统的信息技术承载的数字转变成"新一代信息技术"的数字，实现技术应用的升级。

②**"融合"**——从实体状态的过程转变成信息系统中的数字、从物理形态的数字转变成虚拟形态的数字，打通全方位、全过程、全领域的数据

实时流动与共享，实现信息技术与业务管理的真正融合。

③"重构"——适应互联网时代和智能时代的需要，在实现数字化精准运营的基础上，加快传统业态下的设计、研发、生产、运营、管理、商业等的变革与重构。

数字化的快速发展，使企业可以利用便利的手段进行全价值链的管理，所以利用数字化建立各种管理模式，以便更快速地应对市场变化成为当今的管理潮流，中台架构正是利用了各种数字化工具孵化出来的管理模式。

10.2.2　企业管理模式和价值链变化催生了中台思维

随着数字化以及社会经济的发展，企业原来的业务运作模式以及商业模式也在发生重大变化，企业的价值链也随之发生变化，具体表现在以下两个方面。

1. 数字化技术的发展创新带来财务管理模式的转型和创新

随着"大智移云物"以及交易电子化的快速发展，企业业务模式和财务管理模式也会发生相应的变化，如图 10-2 所示。企业借助数字化工具能更好地提高管理效率，获得更多有价值的、实时的分析数据。

图 10-2　数字技术推动财务转型

2. 数字化转型时代带来商业模式和企业价值链的改变

随着社会经济的快速发展，我国的商品经济由以供给为重点管理对象的年代转变为由需求为重点管理对象的新时代，相应的企业价值链也由"以生产计划为核心"的管理价值链转变为"以客户需求为核心"的管理价值链，如图 10-3 所示。企业不再以标准化产品的生产为主要管理对象，而是以客户需求的产品为重点管理对象。通俗来讲就是标准产品制造转变为按客户需求制造，所以价值链的重点是快速响应客户的订单需求和服务需求。

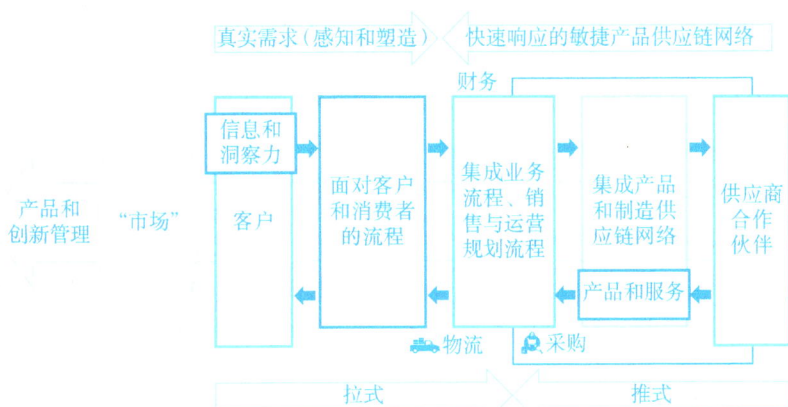

图 10-3　客户驱动的端到端企业价值链

随着商业模式的变化和竞争的加剧，企业逐步建立起全价值链的数字化管理流程，如图 10-4 所示。除了内部管理的数字化，和客户交互的数字化逐渐被重视，这催生了后台资源服务和前台客户需求频繁交互的可能，中台思维也就应运而生。

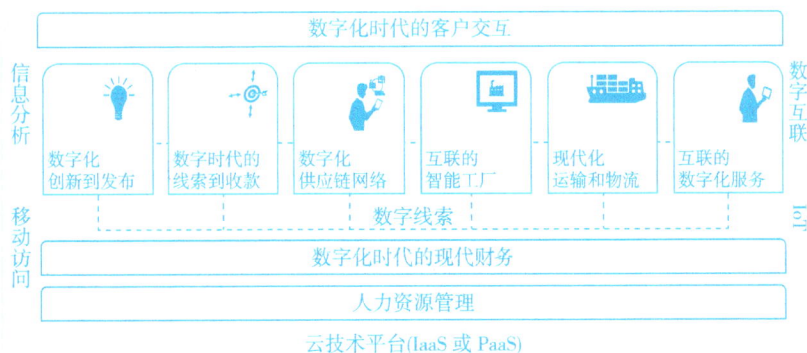

图 10-4　数字化时代的企业管理全价值链的数字化管理流程

IoT 技术在工作中心、生产线、车辆、物流设施等相关设备上的数据感知、数据收集、数据传输环节上为企业准确掌握运营数据和状态起到非常关键的作用。整个物联网体系为企业搭建端到端的数字化运营体系奠定了良好基础，在企业整体的数字化转型方面发挥着越来越重要的作用，如图 10-5 所示。

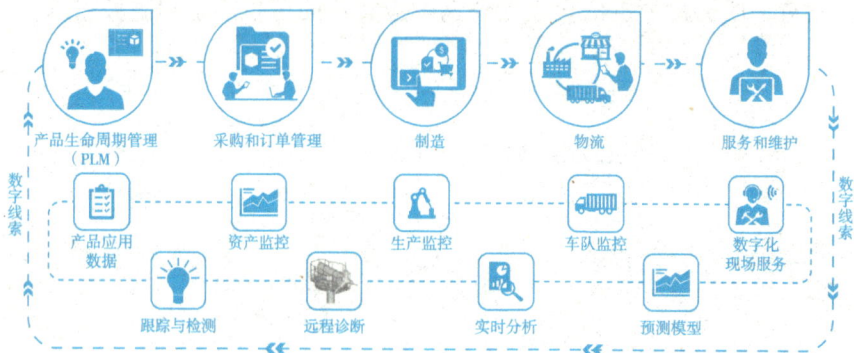

图 10-5　利用物联网技术建立端到端的数字化运作模型

10.2.3　中台思维的实质和内涵

1. 中台思维下的企业管理架构和信息化架构

要说清中台，必须结合前台和后台来介绍。前台通常是指面向客户的市场、销售和服务部门或系统，后台通常是指技术支持、研发、财务、人力资源、内部审计等二线支撑部门或系统。提出中台概念主要有两个原因：一个原因是前台与后台经常脱节，前台抱怨后台脱离业务、支持和服务不到位，后台抱怨前台经常变化、信息反馈不及时；另一个原因是后台部门能力重复建设、共享程度低、存在数据孤岛、信息传递不通畅。

前台与后台在管理上的矛盾突出地体现在对客户需求的快速响应的效率上，现在的商业模式和企业价值链要求企业后台的部分服务职能前移，"能听得到前线的炮火"，能更好地支持前台和客户的需求，快速地为前台提供更多、更快的"炮弹"。

所以，在管理架构上和企业信息化的架构上逐渐地"中台化"，这也是企业数字化转型后的典型架构，如图 10-6 所示。

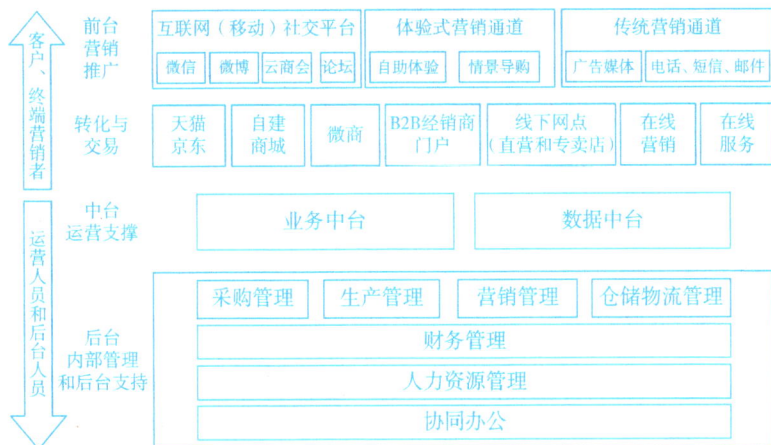

图 10-6　企业数字化转型后的典型架构

2. 业务中台的核心构成

业务中台将后台的部分服务职能前移，使之更接近客户，以便能更快地响应客户需求并提供相应的服务，承担起前后台的衔接作用。业务中台的场景分析如图 10-7 所示。

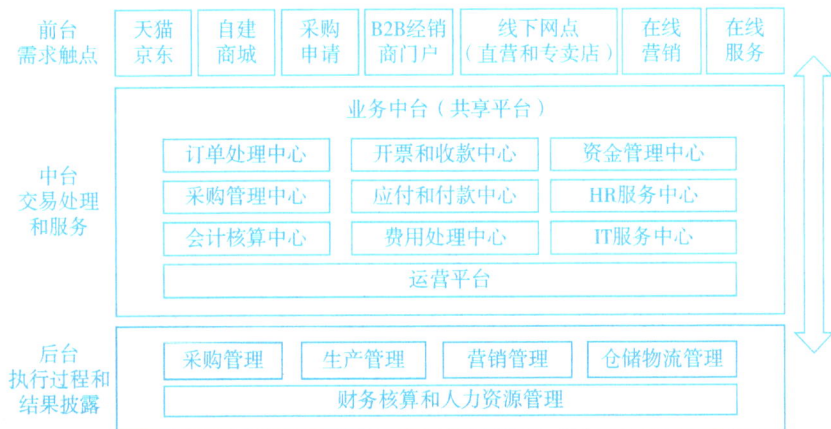

图 10-7　业务中台的场景分析

业务中台作为企业"承前启后"的重要资源，是企业快速发展中的中坚力量。业务中台作为服务中心和资源调度中心，更多的是发挥服务职能，是为前台提供更好、更快的服务而设立的。业务中台本身没有固定的模式，一切以前台和客户的满意为宗旨进行建立。

3. 数据中台的核心构成

数据作为企业的重要资产，既可以发挥对内的分析作用，支持企业的业务创新，又可以依靠数据资源为客户提供相应的服务。企业在经营过程中形成的数据需要依靠数据中台才能被很好地利用，通常数据中台会包括3个层次。数据中台的场景分析如图10-8所示。

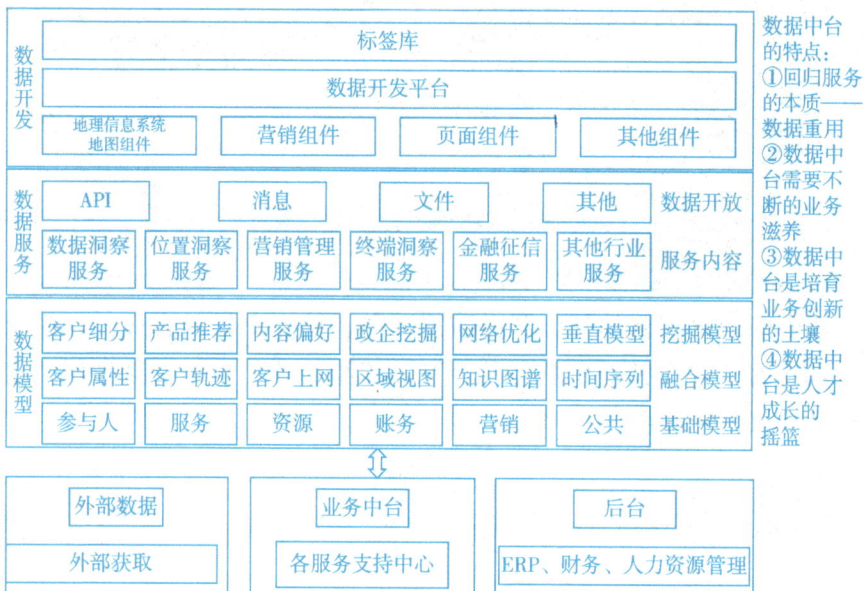

图 10-8　数据中台的场景分析

（1）数据模型

数据模型是分层次的，以前叫作数据仓库模型，笔者将其概括为3层。基础模型一般是关系建模，主要实现数据的标准化，笔者将其叫作"书同文、车同轨"；融合模型一般是维度建模，主要实现跨越数据的整合，整合的形式可以是汇总、关联，也包括解析；挖掘模型其实是偏应用的，但如果用的人多了，也可以把挖掘模型作为企业的知识沉淀到中台。例如，离网挽留的模型具有很大的共性，就应该有人把它整合到中台模型，以便开放给其他人使用。中台的中是相对的，没有绝对的标准。

（2）数据服务

将数据模型按照应用要求做服务封装，就构成了数据服务。数据服务的概念与业务中台中的服务概念是完全相同的，只是数据封装比一般的功能封装要难一点，毕竟联机事务处理过程（Online Transaction Processing，OLTP）功能的变化有限，而数据分析受市场因素的影响很大，变化更快，这导致数据封装的难度变大。

随着企业大数据运营的深入，各类大数据应用层出不穷，对数据服务的需求非常迫切，大数据如果不服务化，就无法规模化。例如，浙江移动封装了数据洞察、位置洞察、营销管理、终端洞察、金融征信等上百种服务，每月调用量超过亿次，灵活地满足了内外大数据服务的要求。

（3）数据开发

有数据模型和数据服务还是远远不够的，因为再好的现成数据和服务也往往无法满足前端个性化的需求。"授人以鱼不如授人以渔"，数据中台的最后一层就是数据开发，其按照开发难度可分为 3 个层次：首先是提供标签库，用户可以基于标签的组装快速形成营销客户群，一般面向业务人员；其次是提供数据开发平台，用户可以基于该平台访问所有数据并进行可视化开发，一般面向 SQL 开发人员；最后就是提供应用环境和组件，让技术人员可以自主打造个性化数据产品，层层递进以满足不同层次人员的要求。

标签库到底属于 SaaS 还是 PaaS 是有争议的，但标签库这类平台显然较生意参谋类产品更像中台，因为其通用性更强，专有业务的特性不是非常明显，笔者认为标签库可以归为中台。

10.2.4 中台应用在财务领域的重要体现是什么

很多企业正在做的财务共享服务中心其实就是重要的中台——财务领域的中台。当然财务共享服务中心里面不光有财务，还有采购、商旅、人力、IT 等。一个大的共享体系扮演着中台的角色，把企业公共职能提取出来，建立一个中台，提供更加标准、更加高效的服务，使企业内部聚焦于它的核心业务，非核心的、公共的东西都由这个平台来提供支持和服务。

这样的应用其实已经有很多具体实践了，元年科技从 2008 年开始服务的海尔集团就是一个很好的例子，从以下数据中可以看出海尔集团在实施共享之后有什么样的变化：元年科技在 2009 年给海尔集团提供服务的时候，海尔集团的业务规模大约是 1 300 亿元，财务人员将近 1 300 人，10

年过去了，目前海尔集团的业务规模是 2 500 亿元，财务人员有 700 人。如果按照过去的模式，业务规模翻了近一倍，财务人员也应翻倍，即需要 2 500 多人，但实际上现在财务人员只有 700 人，财务人员占比大幅下降！由 700 人组成的财务共享服务中心支撑着整个集团国内的业务，目前，海尔集团在建立海外的财务共享服务中心。从这个例子中可以看出，采用财务共享服务中心后，财务人员减少了，效率却提高了，而且服务的标准、服务的质量比以前更好了。所以，现在越来越多的企业认识到共享服务的价值。

很多企业提出一个问题："共享概念是不是也会昙花一现？"尽管有人爱炒概念，昨天一个概念，今天一个概念，共享服务是不是像以前那些概念一样两三年就沉寂了？笔者的判断是不会，因为共享是一个持续的、有广泛适用范围的新的组织方式，它更加高效。财务共享服务中心不仅是大企业适用，一些中型企业也适用，所以未来企业会把财务共享服务中心作为一个基本的组织形态。

当然，适用共享模式的也不是只有财务领域，采购、商旅、人力、IT、信息等领域都可以实现充分的共享。这种共享模式在国外已经发展得比较成熟，很多跨国公司建立的都是大型共享服务中心，甚至是全球的共享服务中心。前几年，很多国际公司在大连建了全球的共享服务中心，不仅可以服务国内，还可以服务全球，原因很简单，建立共享服务中心可以节约成本。现在是互联网时代，地域差异影响大大降低了，在哪儿办公都一样。

共享模式对企业组织也产生了重大影响。企业一般采用金字塔结构，这会面临一个很大的问题，就是企业规模大了以后组织会急剧膨胀，就会犯"大企业病"，这个问题过去是无解的。大家都知道问题在哪儿，但是解决不了，因为企业确实太庞大了。但这种结构的企业在互联网时代越来越难适应外部的变化，内部太僵化，外部变化又很快。很多互联网企业开始尝试另外一种结构，如谷歌采取的网状结构，就是去中心化。去中心化的核心就是前端的业务管理单元尽量小，尽量给前端的业务单元赋予更多的权利，让其能够自主决策、快速响应。但这种管理组织模式也产生了一系列问题——每个小的组织单元在大的体系里面怎么获得资源支持？怎么获取资源？不同的经营体制间如何能够有效地协同？这些问题过去是解决不了的。包括前文案例中提到的海尔集团，很多年前海尔集团建立自主经营体系，核心的理念就是这样，但是其体系在运作上还是有种种困难。

共享模式在一定程度上会很好地匹配未来的模式，即尽可能把公共的职能提取出来建立一个业务中台，以给企业提供很好的支持，再给一线人员提供更加有力的支持，未来这种网状的结构才有可能走得通。

10.3　基于中台的服务

业财税共享业务就是业务中台，涵盖了财务共享、商旅共享、采购共享、税务共享，通过依托互联网化和智能化的商旅、采购、税务等业务共享平台，未来扩展到销售共享，逐步替代或扩展传统 ERP 形成企业业务交易层主要的交易处理、结算处理、账务处理、税务处理平台，形成企业更灵活、更强大的业务支撑平台。传统的管理会计业务与更业务化、场景化、实时化数据分析融合，逐步融合物联网大数据分析，利用数据赋能业务。

中台服务依托中台架构和架构上的各种应用，给客户搭建业务运营平台，支持客户搭建业务中台，实现了企业各类业务的共享服务；以数据处理和分析平台为依托建立客户数据中台，为企业集团提供数据存储和分析的数据中台服务。

中台服务平台是基于新一代智能技术打造的，可以支持企业利用平台能力发展适合自身业务需要的中台服务能力，如图 10-9 所示。

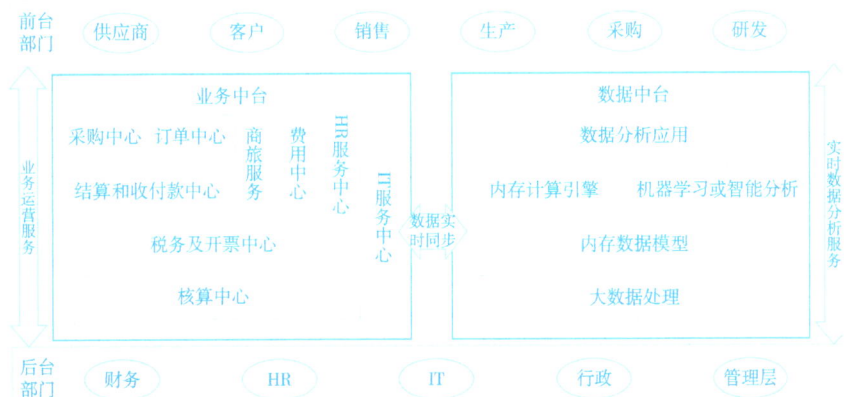

图 10-9　建立连接前台与后台的中台服务平台

　　要评判一个平台是否称得上中台，最终评判标准不是技术也不是长什么模样，而是前台，毕竟前台才是"战争"的关键，才能感受得到"战场"的残酷，才能看得见用户。前台想不想用中台，爱不爱用中台，中台帮了前台多大的忙，前台从中台获得了多大的好处，愿意掏出多少利润来帮助建设中台，这才是评价中台建设的唯一标准。对中台来讲，前台就是用户，以用户为中心，在中台建设上同样适用。

　　企业为前台"战斗"所需建立起自己的"中流砥柱"，这就是中台服务，中台服务平台将大大提升企业的应变能力和竞争实力。

第 *11* 章 人工智能的应用

11.1 人工智能应用场景

用人工智能为企业的生产赋能，能够为价值链上的每一个环节带来前所未有的深刻洞察，将以前由人工干预带来的主观因素误差降低到可控的范围，并进一步利用有价值的沉淀数据产生预期数据，利用时间差，在一定范围内降低成本、提高效率。

1. 提高经营效率

人工智能能进入企业的核心，在于企业通过让人工智能理解企业数据，优化数据处理结构，并使用算法智能分析出趋于合理的生产和经营模式，从而将过去的依靠人工粗略判断转变为依靠人工智能进行判断，最终提高经营效率。

2. 降低多元成本

运用人工智能技术，企业不仅可以提高良品率、降低人工成本、提高安全生产系数，还可以通过人工智能外部工具来提高员工工作质量，降低企业多方面的成本压力。

3. 交互方式迭代

讨论人工智能带来的 NLP、语音交互、机器阅读理解、机器视觉、机器传感等技术，正在让人与机器间长久以来通行的"手指命令输入"变得并不绝对。人类开始可以用语音、动作来完成对机器的命令输入，甚至什么也不用做，让机器来主动理解人类。

11.1.1 OCR 扫描和电子发票技术

传统的 OCR 扫描对信息的识别是有限的，升级后的平台通过简单的拍照就实现对发票的 OCR 扫描，实现智能确认和填单。系统自动把发票信息上传到税务局网站进行查验，以确保这张发票是真的。

这一个动作实际上干了 3 件事情：一是 OCR 扫描；二是创建消费记录，根据发票内容可以判断出这是餐饮发票还是其他发票；三是连接税务局网站验真。除此之外，系统还有"防重"的功能，就是同一张发票不能再次输入，若重复输入系统会自动提醒。此外，系统还有防伪验证功能。如果业务人员交来的发票有问题，如税号写错了或者名字写错了，系统会自动将这张发票作为废票处理。拍完发票之后系统会自动校验税号和单位名称，如果与企业的税号和单位名称完全一致，则验证通过。

智能识别提取技术对有国外业务的公司非常重要。国外没有发票只有收据，这些收据在系统里可以通过人工智能技术，自动提取票面信息。同时系统根据票面信息自动映射和对应，生成报销所需要的信息。例如，通过城市的简称来识别员工是在哪个国家出差，进而识别该国家对应的货币是什么。所有这些都是基于人工智能和机器学习的能力来做的。

11.1.2　机器人流程自动化

机器人流程自动化（RPA）并非工业机器人那样需要本体、传动系统、减速器等装备，而是通过模拟并增强人类与计算机的交互过程，实现工作流程的自动化。RPA 的部署基本上不用编码，实施周期短，对企业原有系统的影响很小，对技术背景不强的业务人员要求不高。RPA 利用或者融合了规则引擎、光学字符识别、语音识别、虚拟助手、高级分析、机器学习及人工智能等前沿技术来实现其流程自动化的目标，加快产品和服务的上市速度，降低企业的运营成本，将员工从重复性的工作中解放出来，已经成为企业数字化转型的重要途径之一。

近两年，"财务机器人"这一概念不断吸引着人们的眼球。全球数据显示，2016 年已有超过 10% 的企业或机构引入了 RPA 技术，用以优化日常运营管理。而在 2020 年，预计这个数字会超过 40%，全球 RPA 市场规模也将达到近 50 亿美元。

企业可以将 RPA 视为一位数字化操作人员，而不是单纯的工具。它是数字化转型企业的一位得力助手，相当于 15 倍的人工工作效率、7 天 × 24

时 × 365 天的无间隙工作时间、指定环境下零错误率的稳定工作质量等都是运用 RPA 技术可以带来的好处。可以说，RPA 是低成本、低风险的财物流程改造首选。企业级 RPA 应用模式涵盖以下流程。

①编制机器人指令程序，并将其发布到机器人服务控制器上。

②为机器人分配任务指令，并监督其执行。

③与业务程序交互，执行指令。

④审查并解决执行问题，审核执行结果。

⑤机器人程序与软件应用程序进行交互，完成业务。

RPA 可以运用在那些价值不高的工作环节，高效完成重复却有逻辑性的工作，包括但不限于以下场景。

①业财数据传递——应收单据传递。

②应收账款。

③应付业务——"三单匹配"及单据信息传递。

④与商城、商旅平台对账结算。

⑤开票申请核对。

⑥增值税发票查验。

在基础的 RPA 应用基础之上，元年科技的智能财务还将覆盖更广的业务范围，为企业的业财架构带来更深层次的变革。

①基础层：业财深度一体化的智能财务共享平台。

②核心层：基于商业智能的智能管理会计平台。

③深化层：基于 AI 的智能财务共享平台。

11.1.3　语音助手

语音助手是指一款智能程序，通过智能对话或者即时问答的智能交互解决用户关心的问题，目前还主要解决用户生活类的问题。从历史的发展趋势来看，智能语音交互技术的普及速度要比其他任何技术的普及速度都快，现在市场上已经出现了带有屏幕的智能语音助手。

语音助手的功能强大，但为什么使用它的人群比例却不高？首先，从目前使用情况来看，语音助手本身的应用场景非常有限，想要实现质的突破还面临着很多瓶颈。其次,语音助手发展面临着语音识别率不足的问题。在真实的应用场景中有许多复杂的情况、环境噪声,用户的语气、情绪的不同也可能会大大降低语音助手的识别率。还有一个重要的原因就是,系统对语义的理解力远远达不到要求,尤其是面对极为复杂的中文,语音、语调、方言、口音等多种因素都可能导致答非所问的情况出现。

那么问题又来了,既然语音助手使用率不高,那么为什么科技企业还对它如此着迷呢?因为人工智能是未来发展趋势,技术应用也将会逐渐成熟,语音助手将会嵌入各类行业应用,并与各种设备融合在一起。也就是说,只要核心的语音助手功能得到质量保证,设备和产品本身是没有任何固有限制的。试想一下,在不久的未来,商店或公共场合的语音助手,不仅能够正确识别人脸,还能根据不同需求给出不同反应。语音助手作为一种行业趋势,必然会深入生活的方方面面,其外在形式也会出现多种变化,如依据适合外带或适合家用进行设计。所以,随着语音识别技术的逐步成熟,智能汽车、智能家居、智能机器人产业的日渐完善,定会有一批优秀的技术类公司在智能语音产业的浪潮中顺势而起。这也就是智能语音助手能吸引如此多的目光,会有如此多的科技企业提前在此布局的原因所在。

比如,在元年科技的诸多产品中,不难发现这些高新技术的身影,如OCR、智能推荐,以及接下来将详细介绍的语音助手等。元年科技在云费控产品中,集成了语音助手功能。用户只需要说一句话,如"买一张明天下午 5 点左右去北京的高铁票",便可通过相关的人工智能技术来智能识别出其中的目的地、时间、要求等重点要素,然后可直接跳转到火车票购买模块并自动录入相关信息,如图 11-1 所示。这样用户就可以只凭借短短一句话完成购票,避免进行较多录入操作。毫无疑问,语音助手功能的增加给用户带来了极大的便利,这会使产品更具竞争力。

元年科技和科人讯飞在通威集团上线的"智答"产品,可以帮助企业非常灵活地通过语音调取发票、凭证、报表,并可以通过数据抽取、计算,迅速完成特定报表的制作,用于领导汇报和会议讨论,大大提高了工作效率和智能决策水平。

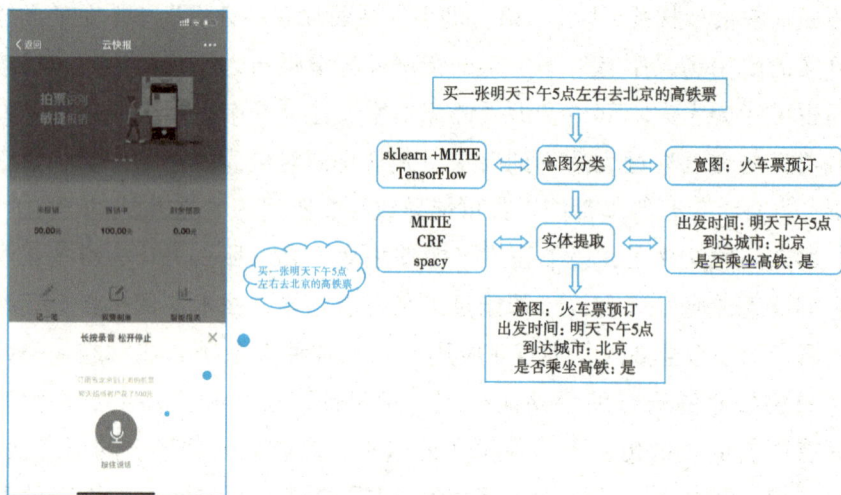

图 11-1　借助语音助手购票的过程

11.1.4　酒店推荐

在互联网时代，酒店信息量的剧增拓展了消费者选择的空间，同时也带来了很大的信息负担。消费者想从大量信息中找到自己感兴趣的酒店信息，酒店信息平台想让自己生产的信息脱颖而出得到关注，这都是很难的事情。推荐系统的任务就是连接用户和信息。同时，推荐系统要解决的另一个问题是需从用户行为中找到其个性化的需求，从而准确地给用户推荐其所需要的长尾商品，同时帮助用户发现其感兴趣但是很难找到的商品。推荐系统可以解决信息过载的问题，根据用户的兴趣爱好，向其推荐符合用户个性化的对象。

对大型的酒店预订平台来说，会有大量的酒店信息呈现在用户面前，用户需要花费大量的时间去寻找自己感兴趣的酒店信息。推荐系统在用户和酒店之间架起了一座桥梁，就像一个私人导购一样，根据用户的历史行为、个人信息等，为每位用户进行推荐，帮助用户更便利地选择自己较满意的、符合个人需求的酒店。同时通过系统与用户之间的交互，系统能够更好地拟合用户的喜好。此外，推荐系统是能在几乎所有产品中存在的实体，几乎可以无延时地以用户需求为导向来满足用户。未来通过积累的用户行为数据和推荐模型的迭代，推荐系统可以尽可能地拟合用户的需求和爱好。

推荐系统的本质是通过一定的方式将用户和商品联系起来，而不同的推荐模块利用了不同的方式。用户作为推荐系统的主要参与者，其满意度是评测系统最重要的指标。满意度可以通过用户调查获得。预测准确度是指一个推荐系统或者推荐算法预测用户行为的能力，这个指标是最重要的离线评测指标之一。同时用户的兴趣是多样的，推荐系统需要覆盖用户各方面的兴趣。在满足兴趣多样性的同时，推荐商品的新颖性和惊喜度也至关重要，这在一定程度上可以增加用户对推荐系统的信任度。在推荐系统中，用户对推荐结果产生信任是非常重要的。同样的推荐结果，以让用户信任的方式推荐给用户就更能让用户产生购买的欲望，而以类似广告的方法推荐给用户就可能很难让用户产生购买的欲望。

评测推荐系统更加注重商业目标是否达成，而商业目标和盈利模式是息息相关的。一般来说，最本质的商业目标就是每个用户给公司带来盈利。虽然这种指标不是很难计算，但是计算一次需要比较大的代价。所以很多公司会根据自己的盈利模式设计不同的商业目标。

11.1.5 智能行程规划

假设你明天 14：00 要参加在北京的一个行业会议，一个复杂的行程规划活动就此展开。

在订票软件中查看各个航空公司飞北京的航班的时间和报价，订一班14：30 之前能到北京的航班。

估算明天中午到出发地的飞机场的时间，预订出租车。

估算明天从北京机场到目的地的时间，预订出租车。

会议持续 2 天，需要在目的地附近预订酒店。

估算出行需要的成本，报领导审批。

向财务申请暂支。

审批过程中，如果航班没票了需要重新修改行程，则再次提交审批。

等上述流程都完成，你突然发现时间已经过去一个多小时。这就是一个典型的商务出行的流程。而智能行程规划系统结合 AI 报销、审批一体化流程，可以在 5 分钟内完成上述的整个流程，大大降低商务出行的成本。

你只需说出出发地和目的地，智能行程规划系统就会为你规划好一个完整的行程。整个流程可以完全自动化，自动帮你确定市内交通方式，规划市内行程时，会充分考虑第二天的天气状况，以及上下班高峰可能带来的交通延迟等因素。订票时系统会综合考虑你的习惯，比对多家供应商的票价，在你的可报销范围内为你选择最合适的航班。订票、审批全流程只要单击几次"确定"就可以完成，并且系统会通过推荐算法自动在目的地附近为你推荐合适的酒店。通过行程概览，你可以知道整个行程花费的时间和成本，如图 11-2 所示。

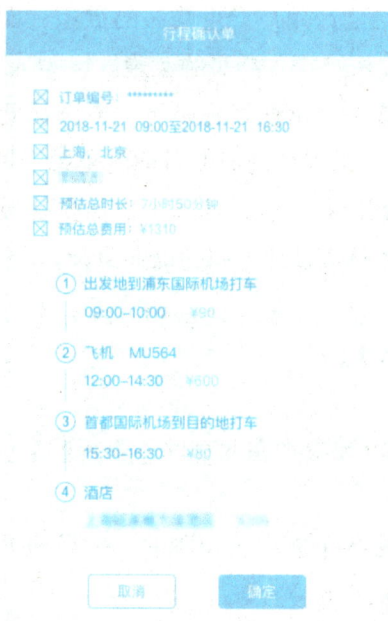

图 11-2　手机显示购票信息

11.1.6　商品推荐

用户画像就是要通过大数据抽象出一个用户的信息全貌，包括精准、快速地分析用户行为特征、消费习惯等重要信息。

产品设计人员经常不自觉地把自己当作用户代表，根据自己的需求设计产品,导致无法抓住用户的实际需求,使即使对产品做了很多功能的升级,用户体验反而变差了。用户画像帮助设计人员将产品设计的焦点放在目标用户的动机和行为上,避免设计人员简单地将自己的喜好当作用户的需求。用户画像就是根据大量目标用户的社会属性、生活习惯和消费行为等信息进行汇总分析,抽象出一个可以标签化的用户模型,以告诉我们潜在顾客是谁,他们是什么样的人,有什么消费偏好。

将用户的消费记录、消费频次、消费金额、会员积分、优惠券使用等描述客户的数据转化为标签,从而建立丰富的标签体系来对用户行为进行全方位的解读。可以说,用户画像的主要工作就是给用户打标签,从而方便计算机可以根据标签信息进行处理、统计、分析和数据挖掘工作,企业利用用户画像信息可以精准推荐用户喜欢的商品,识别高价值用户、提出广告投放建议、优化会员营销服务、提升用户满意度等。图 11-3 所示为数据收集流程。

图 11-3　数据收集流程

用户画像的特点除了标签化以外,还有低交叉率。当两组画像除了较小的标签外其余标签几乎一致,那就可以将二者合并,弱化低权重标签的差异。

用户画像包括用户属性画像和用户行为画像,其作用多样,可用于以下场景。

①精准营销,完善产品运营方式,通过事先调研用户需求,设计制造更合适用户的产品,提升用户体验。

②构建智能推荐系统,据此开展促销活动。

③进行效果评估,提升服务质量。

④业务经营分析，为业态调整提供依据，进行业绩预测等。

⑤对服务或产品进行私人定制。

11.2 区块链

区块链是一种按照时间顺序将数据区块以顺序相连的方式组合成的一种链式数据结构，是以密码学方式保证的不可篡改和不可伪造的分布式账本。每个区块包含特定事务中涉及的数据，当每个事务发生时，数据被存储在一个块中并添加到链中。这些块组成了一个分布式数据库，可以容纳越来越多的记录。但是，与传统数据库不同的是，分布式的区块链数据库创建了一个共享的数字分类账，而传统数据库中的信息驻留在跨多个合作伙伴的唯一存储库中，并且最终必须进行协调。

区块链具有以下特点。

1. 去中心化

由于区块链使用分布式核算和存储，不存在中心化的硬件或管理机构，所以任意节点的权利和义务都是均等的。

2. 信息不可篡改

一旦信息经过验证并添加至区块链，其就会被永久存储起来。在单个节点上对数据库的修改是无效的，因此区块链的数据稳定性和可靠性极高。

3. 开放性

系统是开放的，除了交易各方的私有信息被加密外，区块链的数据对所有人都公开，任何人都可以通过公开的接口查询区块链上的数据，开发相关的应用功能，因此整个系统中的信息是高度透明的。

4. 自治性

区块链采用基于协商一致的规范和协议，使整个系统中的所有节点都能够在让人感到信任的环境里自由地、安全地交换数据，使对"人"的信任变成对机器的信任，任何人为的干预都不起作用。

5. 匿名性

由于节点之间的交换遵循固定的算法规则，其数据交互是无须基于信任关系的，区块链中的程序规则会自行判断活动是否有效，所以交易对手无须通过公开身份的方式让对方对自己产生信任。这对信用的累积非常有帮助。

在"互联网+"背景下，财务运作存在的问题主要有以下 3 个。

①企业间财务信息交流没有统一的平台，信息分享不透明，这增加了资金筹集的成本。

②企业各部门之间无法完全实现资源共享，而且由于企业的很多财务信息相互之间不可公开，一项财务运作所涉及的流程错综复杂，在执行过程中需要耗费很长时间。

③信息不透明，尤其是涉及关联交易问题时，不易控制财务风险。

由于技术和管理的限制，财务运作存在诸多问题，而区块链这一新技术可以改进企业内外部财务业务运作流程，为企业节省交易管理的成本，降低财务管理的风险。区块链与财务共享服务的结合的主要应用场景如下。

有多个参与方的交易。在智能化财务共享服务中，财务共享向业务延伸形成采购共享，向后延伸形成税务共享，并将供应商管理、税务管理纳入共享范围。当交易参与方包含多个供应商、客户、监管机构以及可能涉及的税务机构时，拥有去中心化特征的区块链技术将是一项能够提升交易管理效率的解决方案。

需要长期保存记录以供合规监管的交易。很多大型交易不是一次就可以完成，需要在较长时间内创建和维护记录。区块链能够提供相对理想的解决方案，通过记录交易合规情况，为持续的合规管理提供可靠的资料。财务共享加载区块链技术后，保证财务、业务信息真实准确，无法被随意篡改。

需要马上支付或转移资产的交易。很多跨境的贸易融资和供应链融资，需要保证交易的公开透明，并且资金需要快速到账，区块链可以帮助实现这个目的。区块链通过消除支付周期和资产转移滞后的情况，有助于财务共享中心的财务处理流程"降本增效"、流程处理精准度提高。

11.3　智能化的规则

数据可视化是人类大脑理解海量数据最直观的方法。商务智能中的查询报表、数据分析、数据挖掘、数据可视化处理流程，即通常所说的 OLTP 系统，现在已然成为各大企事业单位的标配。大数据看板让企业管理层看到他们最关心的指标的运营趋势，如各类商品的销量、库存等在不同时序的数据，或者是各部门的 KPI；销售大屏能直观展示企业销售业绩图、客户分布图、近期活跃用户数，甚至是用户画像分析，标注出高价值用户数、低价值用户数等，让销售及市场业务开展情况一目了然。

客服部、实施支持中心等部门则更关心实时报表看板：实时在线客服与呼叫排队数，让客服部能及时调度资源，减少客户的流失；各类自定义指标的实时更新使管理层及时发现问题、解决问题。在类似元年科技 C1 这样的数据分析软件产品中，这些报表都能一键展现。

如果说 BI 的能力是最大化展示现有数据所蕴含的信息，那么 AI 的能力则是通过对数据的自主学习寻找数据之间的关联和意义，分析业务趋势并预测未来。据预测，自然语言处理和 AI 技术将在 2020 年后成为 90% 的现代 BI 平台的标准性能。

AI 赋能 BI 是指通过机器学习的技术自动从数据中发掘出规律，挖掘出模型，从而完成关联分析、分类、聚类、回归、预测等功能。BI 中的 AI 就应用场景可分为以下 6 个部分。

1. 数据的特征工程

特征工程包括数据预处理、数据特征选择、数据降维等，是挖掘、分析、预测任务的前期准备工作中最基础和最重要的一步。可以说特征工程决定了机器学习的模型能达到的上限。特征工程中的数据预处理包括：数据标准化、数据归一化、数据二值化、分类特征编码和缺失值插补。这些预处理使数据中不同量纲的、不同量级的、有无缺失的，甚至是文字编码的数据都被映射到同一量级的数字内，从而让机器可以公平地学习到各维度数据的特征。特征工程中的特征选择包括过滤、包裹、嵌入等方法，可以剔除数据中冗余的和对结果影响不大的维度数据。

2. 关联规则的学习

常见的关联规则算法包括 Apriori（逐层搜索迭代）算法，FP-Growth（频繁模式树）算法，K-means（均值聚类）算法等，其可用于寻找数据间的关联关系，从而给予市场销售或是管理层在数据层面启发式的思考。

沃尔玛关于啤酒和尿布的故事就是数据启发营销的经典案例。数据本身显示了沃尔玛啤酒和尿布销量的强相关性，沃尔玛通过调查发现，购买尿布的主力军为下班后的年轻父亲，所以通常他们也会为自己买一些啤酒。得到启发的沃尔玛将尿布与啤酒放在一起，使两个商品的销量同时剧增。

在 AI 时代，关联规则的学习会被内嵌到 OLTP 产品的内部，用户只要一键选择算子，给定目标，就能直接看到机器学习的关联规则。

3. 分类算法与聚类算法

分类算法与聚类算法的不同之处在于数据集是否有标签。通过有标签的数据，学习其中的类别区分规则的是分类算法；通过无标签数据中的数据成团边界，学习划分数据分类的是聚类算法。常见的聚类算法有 KNN（最近邻分类）、K-means，常见的分类算法有支持向量机、决策树、集成算法、深度学习等。数据的分类算法与聚类算法可帮助企业得到用户画像分类、商品分类、流量关键字分类、排序推荐、广告点击预测、用户异常行为分析，以及用户评分预测、用户流失率预测等。

以用户画像为例，企业只要收集好用户的各类数据录入元年科技的 C1 系统，便能一键展现用户画像。以地域划分的用户画像可供分析不同区域的营销策略；以活跃用户、非活跃用户分类的用户画像可供分析目前产品最吸引的客户群体，启发对潜在客户的营销策略。查看实际营销后的新注册用户画像并与预测值比对，可供分析该营销方案对目标用户的吸引度。

推荐算法和排序算法结合了用户分类与商品分类的算法，再结合推荐算法，如决策树、集成算法等，将商品精准地推送给对应的用户。在元年科技的 C1 产品中，用户可以一键获取各维度数据的分类和聚类的可视化结果，从而为后续决策提供数据支持。

4. 预测

常用的算法有逻辑回归、岭回归、套索（lasso）回归以及深度学习中的 RNN（用于处理序列数据的神经网络）、LSTM（长短期记忆网络），以及 Bi-LSTM（双向长短时记忆循环神经网络）+注意力机制等，可用于销量、销售额、交易数、注册数等时序数据的预测。只要数据中存在暗含逻辑，即数据是有内在意义的，则将海量的数据交给 AI 处理，AI 就能自动找到其中的关联，如季节性、周期性或是动态性的关联，并给出下一时刻的预测。

在农业领域，AI 可以结合气候因素预测农作物的产量；在股票领域，AI 结合新闻、百度指数等信息，能预测股票走势；在零售领域，销量预测的优势是不言自明的，若能成功预测销量，则能把握销售时机、提前指导排产、管理库存、规划物流，还可以评估销售目标进度。AI 的算法与传统统计回归算法的不同是，AI 通过划分测试和训练数据集，利用测试结果自动模型调优，从而提高预测精度。同样，在 AI 时代，各类回归、深度学习的算子会被内嵌入产品，用户只要选取目标和算子，就能直接得到预测值和通过历史数据计算得到的模型精确度。

5. 自然语言处理

在 BI 中引入 NLP 模块，能使用户通过自然语言口令自动生成图表，或者调用相关计算模块。用户不再需要从数据库中选取各类数据，放入横轴、竖轴、视角维度或页面维度，而是利用简单一句自然语言的口令，程序便可以从该口令中抽取所提到的数据，自动生成图表展示。在 AI 时代，以上的算法都能内嵌在系统中。例如，在沃尔玛的啤酒与尿布的案例中，现在只需一句"给我看一下什么和啤酒销量的关系最大"，数据就能展示在用户的眼前。

AI 处理数据的自动化流程除了可以为企业的数据工程师和管理层节省大量前期预处理数据所耗费的时间，还能大量提升预测、分类、关联规则的精度。然而值得注意的是，除了算法本身，对数据集的理解和相关的领域知识也会影响模型的准确度，因此 AI 需要结合业务场景调优。

6. 知识图谱

知识图谱是一种以图模型的方式来组织知识的技术，可以图数据库的方式保存，每一个知识都以"节点—边—节点"的方式来组织。在人类的认知中，这样的组织方式实际上等价于主—谓—宾的知识表达。知识图谱是一种比较底层的技术，相比于早期的知识工程系统更加自动化和智能化。在知识图谱的基础之上，企业可以尝试很多业务场景的应用，来助力知识的提取、融合、推理，从而可以产生新的知识，进而产生价值。不同于传统的关系数据库，知识是以分散的方式存储的，在知识图谱的存储中，当大量的节点（实体）、边（关系）以及本体（属性）关联在一起之后，可以呈现知识的网络结构，如可以获取一个实体（节点）的各种属性，以及与之通过边（关系）关联的实体，或者拥有同一个关系的不同实体对。

首先应用知识图谱产品的场景是搜索引擎，如百度推出"知心"和搜狗推出"知立方"来改进其搜索质量，旨在通过语义把碎片化的数据关联起来，让用户能直接搜索到与语义相关的事物，而不是字符串。不同于基于关键词搜索的传统搜索方式，知识图谱可用来更好地查询复杂的关联信息，从语义层面理解用户意图，改进搜索质量。例如，在百度搜索框里输入"阿里巴巴创始人"，搜索页面不只出现了阿里巴巴创始人的页面，在其右侧还会出现与阿里巴巴相关的企业家，除了马云、蔡崇信、孙正义之外，还有马化腾、任正非等与阿里巴巴所在行业相关的企业家的信息，这就说明搜索引擎通过知识图谱真正理解了用户的意图。

后续的知识图谱产品主要依托深度学习技术，实现更加丰富的场景落地，实现垂直领域知识图谱的构建和应用。例如，阿里巴巴基于自己庞大的电商数据，构建了电商认知知识图谱，用于淘宝的商品推荐、商品应用场景推荐、"猜你喜欢"的主题推荐等。腾讯星图（Star Knowledge Graph，SKG）企业知识图谱平台，是一个同时具有图数据库和图计算（Graph Computing）引擎两类图处理系统的一体化平台，在金融、安全和物联网领域都可以为企业提供商业服务。税务共享平台中的知识图谱应用，可以把国家税务总局颁布的有关税务政策做一个梳理，企业在进行税务处理的时候，可以很快地进行关联处理。

知识图谱作为一项基础技术研究，覆盖的技术战线非常漫长。利用结构化数据可以减少初期的投入，然而，大部分工业场景并没有质量很高的结构化数据。因此，从非结构化数据构建知识图谱，到最终应用到工业场景，其中涉及很多业务难点和技术难点。图 11-4 以税法图谱为例，介绍了从知识图谱框架、数据抓取到应用场景的全流程。

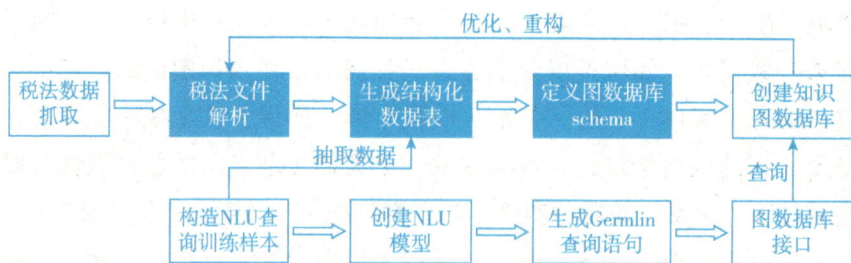

图 11-4　税法知识图谱的数据处理逻辑

（1）定义知识图谱的框架

涉及专业知识的提炼和整体知识体系的完备性构建，定义框架几乎是知识图谱的根本。这要求在这个框架内，专业知识的联结不会出现逻辑性的混乱，从而不会给最终知识推理造成困难。

（2）非结构化数据中的知识提取

根据知识图谱框架，定义垂直领域的实体、实体关系、实体属性，用人工智能中的信息提取算法从非结构数据中做命名实体识别和关系提取。

（3）知识融合

由于知识表达的模糊性，所以需要对不同来源的知识进行（重名的）指代消解和（一词多义的）歧义消解，将含糊的知识归并融合。

（4）知识图谱表示、存储和查询技术

需要将融合后的实体、关系和属性按照合理的方式表示，并将其存储到图数据库中，并能进行知识的查询。

（5）知识图谱的场景应用

应用知识嵌入（图嵌入）技术，将不相关的节点和关系进行语义性的分类，从而可以产生新的知识，用于辅助搜索、辅助问答、辅助决策、知识推理等不同的应用场景。

图 11-5 是一个典型的税法知识图谱，在其中可以看到每个税种连接到多个税法文件，税法文件连接到多个主条款，每个主条款具有文号连接到文号和发布部门的属性。元年科技智税图谱，以税法主条款为基础，层级关系关联到主条款所属的税种、文号、部门等节点，主条款中的税法要素节点包括科目，是指对征税对象的征税项目，即对什么内容进行征税。

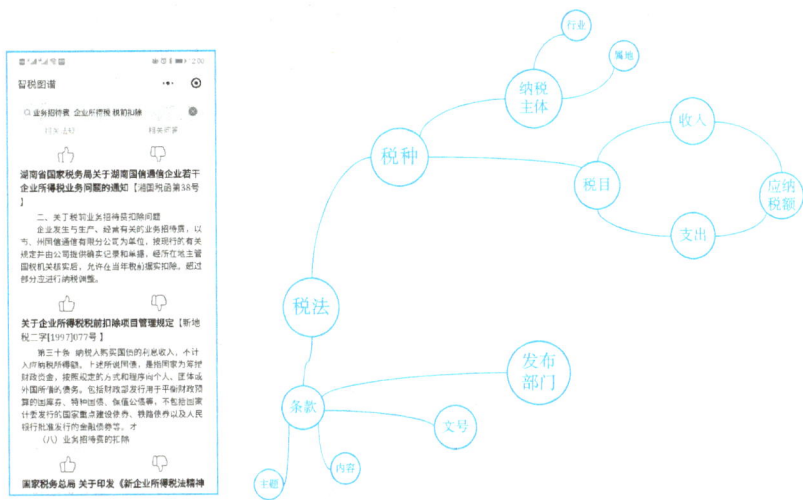

图 11-5　税法知识图谱示意

　　基于构建的知识图谱，企业可以进行知识推理，从而实现业务场景的落地，如潜在商业价值挖掘、智能搜索、意图识别、推荐系统、智能问答、风险控制等。元年科技作为服务于商业用户的财务系统的 SaaS 供应商，旨在为用户提供业财税一体化的行业知识体系。目前，元年科技的智税图谱在不断改进，以助力企业的税务需求，开发相关场景的人工智能应用，包括但不限于以下场景。

　　①智能纳税对话系统。

　　②纳税申报智能提示和填表。

　　③智能算税，帮助企业合理避税，优化纳税结构。

　　④公司税务分析及风险提示。

11.4　企业 AI 转型应用的关键节点

　　如果把人工智能技术发展分为运算智能、感知智能和认知智能 3 个阶段，可以认为以前的 IT 投入处于运算智能阶段，也就是能存会算。感知智能是指能听会说、能看会认阶段。认知智能阶段是指能理解、会思考，也就是可以联想推理的阶段。随着计算技术的蓬勃发展，现在基本解决了运算智能的问题，正在进入火热推进中的感知智能阶段，而真正需要突破和形成AI应用价值的地方正是认知智能，这也是企业 AI 转型发展需要突破的关键节点。

11.4.1　企业 AI 转型的关键在于认知智能的突破

智能技术在企业中的最初应用就是要解决效率低、手工作业量大、用户体验差的问题，如在财务领域的着力点基本上是在员工报销、发票核验、财务共享服务中心派工方式、收付款方式、风险管控上。随着企业业务的快速增长，管理模式变化快，原有的信息化系统已经无法有效赋能业务。利用 OCR、语音等技术可以满足图像识别、语音识别的需求，这部分已经比较成熟，应用也开始火热，会渐渐普及。但智能财务的发展不会就此停步，会在认知智能领域有所突破，尤其是在认知计算领域，这是 AI 技术在企业级应用领域的发展方向。

知识图谱和算法是财务领域正在推广的智能财务需要攻克的难题。财务领域利用深度学习可能不能解决智能财务的所有问题，因为财务领域的典型问题是有明确的、显性化的规则应用场景，具有认知计算能力的知识图谱推理是做好智能财务最核心的应用。

负责产品研发的企业技术高管更多关注创新的应用场景和产品落地，而企业客户有实际的场景、数据，任何 AI 应用产品都必须与企业客户的实际应用相结合才可能得到更好的发展。厂商、企业和研究机构进行横向联合，企业提供场景、数据，软件厂商和研究人员提供解决问题的思路、方法和软件技术，这样就可以加快智能财务落地的速度。

11.4.2　突破认知智能需要产业协同

要做好认知计算非常需要产业之间的相互协同，甚至需要动员整个社会资源的支持，才有可能把认知计算的底层平台做好，然后开放出来供全社会使用。这样的合作一定是跨界的，是包括政府、产业、学界、研究机构和用户在内的全社会资源的协同推动，只有这样才能把智能财务深度应用进行下去。

以元年科技的"智问"产品为例，产品原型完成后一直很难产品化，就是因为没有具体的客户应用场景和数据来落地。后来元年科技与四川一家客户联合共创一个项目，利用场景和数据，用两个月时间就快速把一个产品原型做成可以真正商品化使用的产品，这就是企业客户和研发团队通力合作的成果。元年科技的智能财务客户提供了场景需求，但在 AI 技术上，元年科技采取了与科大讯飞深度合作的方式，因为这个项目里涉及自然语言处理的问题，之前使用的开放语音平台很难解决四川话录入的问题，切换到科大讯飞平台，很快就把四川话识别率从78%提高到83%。虽然只有5%的提升，但已经大大改善了用户体验，使其从"勉强能用"转变为"好用"。

元年科技和科大讯飞的合作非常顺利。科大讯飞在语音识别、语音合成、机器翻译、图像识别、医学影像、机器阅读理解等多项人工智能技术上位居前列，元年科技在财务领域的管理会计、财务共享、数据分析领域有多年的积累，两家公司的深度整合很快产出了一些成果。例如通用语音平台没法识别素材，而通过科大讯飞专门为元年科技开发的个性化词库定义功能，把企业产品、员工等个性化的名词提前导入，企业就能够快速冷启动，在冷启动状态下产品能识别个性化的人名、产品名。

11.4.3　强大的人才培养体系

人工智能的应用在与具体行业相结合的时候，具体应用研究需要大量复合型人才。元年科技在做税务管理智能化过程中，试图把税法结构化、图谱化，但发现做好人工智能离不开人才，需要有人对税法进行标注。针对客户端的应用标注很简单，听懂一句话了标出来就行。财税领域知识图谱的构建就需要深入了解税法和会计准则，元年科技找了一些研究生来做标注，结果非常不理想，事实证明特别深入研究税法的专家才能完成这项工作，至少是多方面专家一起，才能把这个产品做好。

在产业协同过程中，需要各方面的专业人才，如有数学专业、物理专业的博士和博士后，也有大量的财务专家，但在实际合作过程中，双方的知识背景不同、行事风格有差异，往往会造成不少的沟通障碍。因此，让参与人工智能项目的人说"同一种语言"很重要。

与此同时，没有一家公司拥有足够的内部 AI 人才，人才奇缺是人工智能应用行业的常态，因此，人才培训是当务之急。随着数字内容和培训教材的兴起，如课程、电子书和 MOOC（大规模开放式在线课程），培养大量员工使用 AI 等新技能比以往任何时候都更具成本效益。

因此，教育机构在设计课程体系时，除了要给专业人士培训 AI 技术以外，还要面向研究、IT 和 AI 开发人员，给他们建立相应专业的知识框架。例如，财务智能化应用就必须给研发人员提供专业的财务培训课程，这样更有助于双方理解对方的语言体系，共同推动人工智能在具体领域内建立专业化的应用体系。

11.4.4　从易到难的项目推进原则

对企业而言，最初的几个 AI 项目的成功非常重要，其将大大提升企业和项目小组的信心，有助于技术团队熟悉企业业务，也会使业务人员更熟悉 AI 技术的价值，并说服更多部门投身到与之相关的 AI 项目建设中，AI 团队可以获得更多动力。企业高层也会从最初的项目成功上看到 AI 项目的更大价值，将会在此基础上，给 AI 团队更多资源。这个时候再考虑设计价值更高、回报更好的项目，将使企业 AI 项目推进走上一个良性循环的发展轨道。

第 *12* 章 搭建适应数字化的 IT 架构

12.1　中台架构加速企业数字化转型

企业数字化转型可以分为两个方向：一是数字技术改变了商业运行方式，获客方式、采购模式和生产方式都在发生剧烈转变，因此，商业模式和管理方式都被颠覆和重塑；二是数字技术本身给管理运营带来新的可能性，从局部优化改造，慢慢积聚到对整体 IT 架构的重建，使 IT 架构本身更加适应商业模式转型和管理方式变革。

中台架构的出现是企业实践推动的结果，关于如何设计和建设中台架构也成为当下热门话题。笔者的观点是中台建设的价值在于帮助企业搭建更加适应企业数字化转型的全新 IT 架构。或者说，中台架构本身就是企业全新 IT 架构的核心内容和骨干系统，让企业 IT 运营更加顺畅，更能帮助企业尝试新的商业模式，完成战略转型的目的。

12.1.1　中台架构是商业实践不断调适的结果

企业对中台的需求是伴随着企业规模的不断扩张带来的，规模较小的企业后台管理部门和前台业务部门的互动频繁、高效，没有对中台管理的需求。所以，企业一定要从实际出发，而不要陷入为中台而建中台的思路。

中台架构内大致可以划分为业务中台和数据中台，业务中台连接不同业务形态的前台和不同管理重点的后台，业务流程和职能的标准化是业务中台的基础功能。业务中台在运营过程中产生的大量数据，经过数据中台的抽取、处理、分析又回馈给业务中台，让其做出符合实际情况的正确决策。业务中台、数据中台构成了企业的大中台结构。

业务中台的模块内容随着企业流程、规则标准化的进展不断丰富、添加和调整，数据中台的能力也在技术能力不断加强的过程中，逐步丰富和匹配。企业前台的调整是根据市场环境的不断变化做出的，自然要求企业中台也要做出快速的调整。企业后台的管理必然需要做出适当调整，但在没有中台支持的情况下，后台的快速变化不可能实现，甚至是一场灾难。因此，大中台的建设对企业来说是一个必然选择，也是企业不断适应市场变化、不断适配的结果。

企业中台架构的搭建之所以如此迫切，就是因为消费领域的互联网应用的快速普及和深度应用。从技术发展源头来看，数字技术最先应用的领域基本上都是企业级的，但却在消费领域、个人终端使用上形成大面积爆发，这很大程度上就是通过互联网技术，尤其是移动互联网技术的普及应用完成的。从通信、搜索、娱乐到社交、电商、支付等，基于个性化需求的各类服务在互联网技术的推动下迅速普及。长尾理论、免费模式等各种经营方式应运而生，用户和客户的概念被进一步细化区分，基于流量的商业模式逐渐成熟，新零售正在迫使提供消费零售和服务的商家，开始一轮从前端消费到后端采购管理的系统性改造。

同样地，同处在供应链各个环节的企业，也在不断受到下游客户的挤压，对客户采购数量的精准性和供货及时性要求大大提升，促使企业必须对管理系统进行整体改造。对企业来说，消费端的火爆并非都是好事。如果节奏掌握不好，生产、采购、物流和内部管理没有与前端营销密切配合，运转速度不能匹配，很可能会影响企业的正常运营，带来无法挽回的后果。

毫无疑问，供应链环节的压力带来的运营压力实际上是对企业管理系统的直接诉求，企业对现有管理系统改造升级的需求越来越迫切，更加深入和全面的数字化改造也就成为必然选择。打通上下游的协同平台是必然趋势，"大智移云物"技术应用不可阻挡。"要么数字化，要么'灭亡'"，软银创始人孙正义在 2013 年发出的预警并不只是针对企业运营管理，这句话同样适用于企业运营管理的数字化转型。

12.1.2 企业 IT 系统需要做出哪些重构

传统的 ERP 系统是基于局域网设计研发的，具有套件式、紧耦合、高内聚的特点。而新一代企业数字化平台是基于互联网、IoT、微服务、中台化、大数据、AI 技术建设的。

企业管理的需求基本上来自各个专业系统，如 ERP、CRM、SRM、HR、费控、OA、企业商城等，每个专业模块满足的是部门级或某个领域的管理需求，即使是覆盖企业管理全局的骨干系统 ERP 也不会覆盖营销和采购环节，所以需要 CRM 和 SRM 来补充，有些专业领域的深度管理需求还需要专业系统来满足。但企业对 IT 系统的基本要求是它既要作为一个整体的运营支持系统，还要能满足企业迅速变化的敏捷性要求，针对不同应用具有可伸缩性，还要能满足个性化需求。

在传统 IT 架构中，企业的各类服务数据是通过企业服务总线（Enterprise Service Bus，ESB）来完成的。

但如今的企业需求正在发生又一次重大改变，就是企业希望对企业内的一些通用应用进行标准化处理，使之可以让更多部门复用或调用，至少在集团内部可以共享，基于企业运营的前端和管理后台，中台概念应运而生，其核心思想就是"共享""复用"。尽管企业的前端应用各异，但是它们都可以调取数据中台的数据，数据中台负责数据采集、治理、建模和各类分析服务。这些数据来自业务中台，数据中台是包括用户、产品、结算、发票、合同、流程、权限和管控等各个功能模块形成的集中管理中心。

中台概念的提出和应用堪称我国企业对信息系统理论改造升级的一个重要贡献，这个具有中国特色的概念，还没有一个合适的英文单词来匹配。一方面，大家对这个概念还有达成完全的共识；另一方面，在英文 IT 概念体系里的确也没有找到一个恰当的语境来做相对应的阐释。甚至某些国际厂商在面临我国企业关于如何利用其系统建设业务中台的咨询中显得有些尴尬，这些厂商的阐述逻辑显然与企业的愿景产生了偏差。这或许可以解释为我国更加成熟普及的电商和移动互联网的应用环境已经在呼唤新的应用场景，而海外厂商还没有及时、完整地捕捉到这一重大变化。尽管如此，所有支持中台概念的技术环节其实都还来自全球 IT 公司、互联网企业不断更新的技术进步成果。应用场景的变化与技术细节的进步再次成为一对互相推动的力量，互为因果，相辅相成。

"大智移云物"经常被称为数字技术发展趋势的具体方向。云计算是应用环境，人工智能是应用领域，大数据则是智能化的基础，物联网是探测、收集、传输数据的手段，移动化是应用场景，上述 5 个方面都依赖数字技术的进一步发展和广泛应用。对用户来说，其直接接触的就是各类应用，支撑这些应用的软件开发模式和开发平台是数字化应用的关键所在。如今，一系列技术的系统性变化到了从量变转变为质变的时候了。

首先，软件运行环境发生了很大变化。

在 20 世纪 90 年代，传统的软件开发模式都是基于硬件设备完成的，也就是各种类型的服务器。2005 年，为了提高资源利用率，以 VMWare 为主流的虚拟化软件开始流行，硬件服务器开始虚拟化。2015 年，出现了 Docker 容器。在容器场景下，应用的构建无须关注服务器、操作系统，研发和 IT 人员可以更聚焦于应用代码本身，软件开发、部署、运维模式发生了很大变化。

容器技术的出现，使企业 IT 系统的开发、实施、运维的模式都发生了巨大的变化。基于容器化云模式下开发和运维的高度自动化，有效地支撑了敏捷开发和交付，加快了系统版本的迭代速度，经常是每周发布一个版本。企业系统的交付模式正在由传统的瀑布式模式，即数月甚至一年的从业务蓝图设计到长周期的开发测试上线的漫长过程，逐渐向小场景快速开发上线并不断迭代演进的模式过渡。

现在，在云计算环境下的软件应用环境应用范围较广，云服务概念会更加普及。无论是基础设施 IaaS、中间平台 PaaS 还是软件应用 SaaS，都是以服务的方式提供给客户的。对不同性质的企业来说，无论是公有云、私有云还是混合云，云部署模式将成为常态。

其次，软件应用开发交付的模式发生变化。

企业应用程序通常由客户端用户界面、服务器端应用程序和数据库 3 个部分组成，在传统模式下，某个业务系统的各种业务逻辑通常都在一个应用程序中运行。如果对应用程序的一小部分进行修改，则需要重建和部署整个应用程序。随着云计算容器技术的普及，对应用程序进行服务解耦，即所谓的微服务化的浪潮正在迅速地由互联网领域向传统企业的 IT 架构渗透。

微服务架构将应用程序构建为服务套件。除了服务是可独立部署和可伸缩的之外，每个服务还有一个严格的组件边界，甚至允许用不同的编程语言编写不同的服务，也可以由不同的团队来管理。

因此，微服务架构是一种将单应用程序作为一套小型服务开发的方法，每个应用程序都在其自己的进程中运行，这些服务是围绕业务功能构建的，可以通过全自动部署机制进行独立部署，组件整合在一起就可以构建系统。组件是可独立更换和升级的软件单元，方便安装应用程序后的维护操作。

微服务的特点使软件开发和修改非常便利，版本更新和迭代速度大大加快。云原生架构通常就是使用微服务构建的，利用云服务即利用敏捷和可扩展的组件（如容器）来提供离散和可重用的功能，这些功能集成之后可以跨越不同云之间的技术边界，进行自动化的快速迭代。

随着互联网应用领域的社会化分工越来越精细，仅提供某项功能或函数的函数即服务（Function-as-a-Service，FaaS）模式也越来越多，这些专业组织利用互联网对外提供某些专业的 API 接口（如图像识别、语音识别、天气查询等专业服务）供其他应用调用，并按使用量付费。大量的云端专业服务将极大地丰富企业应用可以使用的第三方资源，让这些资源可以更方便地被发现、应用和集成。

微服务架构是中台理念落地的有效支撑，通过将企业应用中可复用的功能微服务化，有效避免了各应用系统重复造轮子。用户、权限、商品、订单、流程这些通用的数据管理和交易管理功能，以服务方式在容器中运行，可以灵活地被前端应用集成和调用。基于这些服务可以快速构建面向不同业务需求的前台系统，并且可以快速试错调整。服务的容器化运行又可以方便地被启用、复制、停用，在系统的可伸缩性和高可用性方面提供了粒度更细的支持和保障。

最后，软件部署和运维管理模式也发生了变化。

传统的软件企业将开发、IT 运营和质量保障分为 3 个各自独立的部门，软件开发和部署需要紧密的多部门协作。为了按时交付软件产品和服务，DevOps（Development 和 Operations 的组合词）管理方式就是把开发和运维打通，促进开发、运营和质量保障部门之间的沟通、协作与整合。

　　但是，微服务架构使人的思维方式发生了改变，从过去的"构建一个框架运行在一台服务器上，对多个事件进行响应"转变为"构建或使用一个微服务或微功能来响应一类事件"。基于云计算的无服务计算（Serverless）理念，让开发者不用过多考虑服务器的问题，计算资源作为服务而不是服务器。一些微功能、微服务的云计算零收费或收费很低，这有助于减少整体运营费用。

12.1.3　新一代技术架构的核心优势

　　对企业来说，无论是自建商城还是通过天猫、京东的第三方电商平台销售或者寻源采购、经销商门户或者线下网点的管理、在线营销或在线服务等功能都是企业接触客户的前台。后台则包括采购管理、生产管理、营销管理、仓储物流管理、财务管理和人力资源管理等。

　　连接前台和后台的大量交易处理和服务的平台就是中台，包括业务中台和数据中台。对集团企业来说，这部分标准化和可以复用的功能模块也被称为共享平台，这个共享平台可为不同业务形态的分、子公司提供服务。中台具有订单处理、采购管理、会计核算、开票收款、收票付款、费用处理、资金管理、HR 服务和 IT 服务等功能。业务中台在运行过程中产生大量数据，数据中台需要进行数据采集治理、数据建模、数据开发，形成有针对性的数据服务。这就是新一代的企业 IT 架构，如图 12-1 所示。

图 12-1　新一代的企业 IT 架构

　　从技术架构看，基于微服务框架开发的软件产品可以获得更高的灵活性和复用性，增强中台服务能力，如图 12-2 所示。

| PC端 | IE9+ | Chrome | Safari | Firefox | | 移动端 | iOS | Android | H5 | |

服务网关

微服务管理	应用MS1	应用MS2	应用MS3	应用MS4	……	数据集成服务
服务治理						
	ECS（企业云服务）平台微服务					
配置管理	业务对象	单据	流程	控制	凭证	数据	
集群监控						
	元年框架					
容错保护	缓存	异常	日志	安全	调度	

图 12-2　基于微服务框架开发的软件产品

底层技术设施相当于后台，就是基于 Docker 容器技术、Kubernetes（K8s，管理容器化应用部署、规划、更新、维护的一种机制）、Jenkins（持续集成工具）、Kafka、redis、Oracle、MySQL 数据库等各类信息技术。

前台则是针对 PC 端或者移动端的各种浏览器和操作系统，通过服务网关的方式获得中台的支持。元年科技的技术中台包括元年框架、ECS（Enterprise Cloud Service，企业云服务）平台微服务和各类应用，同时包括微服务管理和数据集成服务。元年框架具备缓存、异常、日志、安全、调度的功能，而元年的 ECS 平台提供的微服务包括业务对象的选择、确认，单据、流程、控制、凭证和数据，同时，针对微服务进行管理，包括服务治理、配置管理、集群监控、容错保护等，还有贯穿始终的数据集成服务。

分析型软件是打造数据中台的最佳工具，再加上主数据管理、数据治理能力、对外数据服务（API）、大数据和 AI 应用产品端，形成了新一代的 IT 数据架构。元年科技提供的大数据和 AI 能力包括 AI 算法、知识图谱、图数据库，在数据处理上达到 PB 级。

新一代技术架构除了将继续在财务预测方面完成各类指标预测和洞察未来财经走向上发挥优势外，还将加强经营推演、风险量化、价值优化（现金、资产、成本）、决策自动化、信息推荐等业务管理，包括在语音识别、发票识别、智能规则引擎、财务机器人等人工智能技术方面有了不少应用，在智能交互式分析方面也发挥了重大作用。通过语音、图表等方式实现交互，如智税图谱就是通过智能交互分析技术打造税法搜索引擎，实现针对各类税法条文的查询。

　　智能共享软件帮助企业建立自己的业务中台，支持厂商、合作伙伴、客户开发部署自定义应用，平台统一门户、用户管理及授权、工作流程及消息机制，PC 端与移动端一体化。基于平台灵活开发部署自定义应用等扩展应用，元年科技软件标准模型支持业务对象、交易、流程、数据全过程配置。业务对象定义包括业务对象类型自定义、数据结构自定义以及展现形式和操作自定义。

　　随着业务发展，集团公司会建立多种共享中心来增强中台服务能力，如建立多个财务共享服务中心、采购中心、行政共享服务中心，以满足各个区域的管理需求。每个共享中心都有相对标准的管理体制、工单管理体系对接第三方的业务单据、共享中心的内部组织流程和分级授权。从以财务为核心的企业运营和数据分析云平台入手，提供智能共享服务（财务、税务、商旅、采购、人力、IT）、智能管理会计（预算管理、合并报表、管理报告、成本盈利管理、投资管理、风险管理）、智能数据分析（管理驾驶舱、战略大屏、大数据分析、销售绩效、供应链优化），再基于公有云、私有云和混合云，利用强大 PaaS 平台，元年科技软件通过自建、与客户和渠道合作建立了面向非财务领域的业务和分析应用。

　　新一代 IT 架构的优势如下。

核心优势一：云原生的分布式 PaaS 平台。

　　①新一代的企业 IT 架构的业务中台和数据中台，产品底层基于 Spring Cloud 的云原生架构，核心能力微服务化，全面支持基于容器的分布式部署，支持公有云、私有云和混合云。

　　② Tabase 内存引擎微服务化，分布式部署管理，突破内存计算的单机内存瓶颈，支持大型集团企业海量数据的实时分析计算。

　　③ PaaS 平台可以快速配置、开发多种业务管理和数据分析应用。

核心优势二：内存实时分析引擎：Tabase。

　　①内存多维数据库。

　　②对标 SAP HANA。

　　③实施成本低，性能优越：用普通 PC 服务器（32G/8 核 1.9GHz）计算 1 亿条数据，仅用 3 秒就完成了汇总展示。

　　④能实现在线实时分摊、预测、what–if 分析等复杂模型计算。

核心优势三：实时数据采集引擎，颠覆传统数据仓库，实现热数据实

时分析。

①数据全生命周期管理能力。

②实时数据采集引擎，通过 PaaS 平台融入业务流程中，实现数据定义、采集、校验、工作流处理，在业务流程中埋点，实时将数据写入分析引擎，进行存储、计算、分析、归档。

③突破传统数据仓库和数据治理事后数据处理模式，实现在业务交易过程中进行实时数据管理，颠覆了传统数据仓库管理模式。

④中台是一种企业 IT 架构思想，不是一种产品，元年科技的产品能够有效支撑中台落地，这些也是提升企业管理竞争力的"屠龙刀"。

12.2　数字化转型的风险

数字化转型是企业的必由之路，但是要想取得数字化转型的最后成功，需要充分考虑风险因素。如同任何战略性计划一样，数字化转型是关乎企业发展战略和战略落地的关键之举，也是毫无疑问的"一把手工程"，并非 IT 部门或其他部门领导的职责，必须由企业家本人或者企业管理层全体投入和全权负责，数字化转型才有可能取得成功。

在麦肯锡 2018 年 9 月对 1 733 名企业高管进行的调查中，只有 14% 的人表示，他们在数字化转型方面的努力取得了持续的绩效改善，只有 3% 的人表示自己在持续变革方面取得了全面的成功。

具体来看，导致企业数字化转型失败的原因有以下 8 个。

12.2.1　"一把手"缺位

企业"一把手"或者高层管理者是否对数字化转型有清晰明确的战略，是企业战略转型能否成功的关键，而这一战略本身就肇始于企业家和管理层。企业家和管理层必须在企业整体战略框架下有一个明确的、非常连贯的企业数字化战略，才能指导具体的实施工作。

当然，数字化转型并非一夕之功，需要持续不断地改进、优化，而没有达到预期目标的一个重要原因就在于战略、技术、文化和人才等问题，归根结底也是领导力的问题，就是"一把手"缺位或管理者能力没有施展到位的问题。

12.2.2　管理层没有形成共识

在统一的企业数字化战略指导下，各个部门需要各司其职、相互协同。CIO 可能关注数字化技术本身，而首席营销官（Chief Marketing Officer，CMO）则关注如何利用数字化技术提升客户参与度，CFO 关注转型之后的实际绩效，而真正的数字化转型则都需要兼顾这 3 个方面。

成功的数字化转型是创造一种全新的、独特的客户体验和管理模式，需要企业管理层和每一位员工的参与。CEO 有责任掌控全局，但管理层必须达成共识，在各负其责的同时，还要相互协同，让数字技术真正推动业务的转型升级。

12.2.3　犹豫不决，贻误良机

数字技术对整个产业和社会基础设施的影响巨大，企业原本立身的商业模式面临被全面颠覆的危险，因此，数字化转型并非一个简单优化的过程，有时候是企业转型发展的必然之举。因此，企业数字化转型的速度、节奏非常关键。如果没有更快的反应速度，企业转型的优势可能瞬间丧失，从而成为行业的落伍者。企业如果不想被人颠覆，最好制定先发制人的策略。

因此，企业一旦确立明确的数字化转型目标和战略，就应该尽快行动，一再犹豫不决，最终只会贻误良机。

12.2.4　在如何起步上纠缠太久

很多企业无法快速执行数字化转型战略和步骤的一个重要原因就在于

大多数公司在财务状况不佳、董事会和竞争对手的压力不断加大的情况下，没有弄清楚自己究竟需要改变什么，以及如何改变。大多数领导者的这种优柔寡断的作风可能会产生惯性，或者更糟糕的是，会带来错误的决定。

如何将数字化变革战略与短期和长期财务目标相协调也是企业面临的挑战之一，有时短期的决定对企业的长期发展来说并不是最好的。

12.2.5　没有合适的技术人才策略

数字化转型是一项技术性很高的工作，需要聚集一批掌握新技术的人才才能顺利完成。企业必须清楚需要什么样的技术，也要清楚需要什么样的人才，如需要聚集多少敏捷专家或 DevOps 工程师、需要选择什么样的合作伙伴。企业只有对人才需求有清晰明确的策略，才能打造新的数字化运营模式，才能完成企业战略落地。

业务部门的领导者必须与他们的信息技术管理团队保持联系，以掌握新技术的进展及其在企业应用的前景，从而确定合适的人才招募、使用和储备策略，并通过数字化转型项目的实施，帮助人才队伍继续成长，长期推动企业进步。

12.2.6　变革的阻力

无论是主动变革，还是被迫做出转型，对已经发展到一定程度的企业来说，要做出改变不是一件容易的事情。对原有工作模式的习惯和对变革的抗拒可能会在不经意间流露出来。更何况任何变革都会触及一部分利益，如何平衡这些利益以化解阻力，这是任何企业的数字化转型都必须要迈过去的一道坎。

12.2.7　落入技术的陷阱

除了对变革的意愿和对技术的开放态度之外，选择什么样的技术路线和实施路径也是影响企业数字化转型项目取得成功的关键因素。企业必须充分研究技术发展趋势，并了解这些技术给业务应用带来的实际效果。

当然，数字技术的发展速度很快，CIO 们不能只关注其中某一项技术的发展，而忽略其他技术及其对业务改进带来的重大影响。事实上，整个社会经济生活几乎已经被完全数字化了，这些数字化生产、生活和工作模式的影响是多种技术相互应用的融合，而企业级的应用是不断尝试的结果。

任何技术路线的运用都会有不断调适的过程，企业必须对可能面临的技术陷阱做好预案，并及时做出调整。

12.2.8　缺乏连续性

在企业战略和技术路线确定之后，人员稳定是影响数字化转型项目的关键因素。因为对项目实施来说，临阵换将会严重影响项目的顺利进展。

部分高级领导通常不愿意承接上一任的工作，甚至否定前一任领导者的工作，而总是喜欢自己另起炉灶。普通员工和其他管理人员的离职也是造成这一问题的主要原因，这会导致项目无法继续执行。

参考文献

[1] 苏海波.用户画像的构建及应用[J].上海:程序园,2015年.

[2] 刘晓冰,高天一.CAD 技术的发展趋势及主流软件产品[J].中国制造业信息化,2003年.

[3] 杨鼎宁,邹经湘等.计算机辅助工程(CAE)及其发展[J].力学与实践 , 2005年.

[4] 郭晓风,李英明.计算机辅助工艺规程设计系统的开发[J].成组技术与生产现代化,2002年.

[5] 王康,成泉.浅谈PDM在企业中的应用[J].轻型汽车技术,2013年.

[6] 白永红.应用PLM实现企业产品研发的协同和创新[J].电气制造,2007年.

[7] 徐毅,孔凡新.计算机辅助工程(CAE)技术及其应用[J].机械制造与自动化,2004年.

[8] 余红燕.成本管理的变奏曲[J].财务与会计,2017年.

[9] 杨建华.智能制造在常州电子信息行业发展中的思考[J].无线互联科技,2015年.

[10] 田云龙,肖志余.工业4.0下的信息物理系统(CPS)的构建[J].现代工业经济和信息化,2018年.

[11] 欧阳生,孔德洋.工业4.0时代中国制造业新出路[J].中国机械工程,2018年.

[12] 朱铎先,赵敏.机·智：从数字化车间走向智能制造[M].北京:机械工业出版社,2019年.

[13] 田君.华夏典当行的双行线[J].首席财务官,2015年.

[14] 彭霖,朱波.商旅电子商务平台项目接口管理的实现[J].数字技术与应用,2014年.

[15] 徐维维.商旅管理趋于简化高效：AI应用存数据完整性挑战[J].21世纪经济报道,2018年.

[16] 杨英花.财务共享平台下的企业财务管理问题研究[J].时代经贸,2018年.

[17] 余红燕.管理会计应用的新版图[J].财务与会计,2016年.

[18] 贡华章,于增彪,刘强,衣应俭,张双才.我国企业预算管理的引进与发展——纪念我国改革开放30周年[J].会计研究,2008年.

[19] 杨子馨.滚动预算在跨国电梯制造企业的应用——基于K公司的案例分析[J].现代商业,2015年.

[20] 杨世红.如何让预算真正滚动起来[J].财务与会计,2018年.

[21] 万寿义,王红军.1949–2009年中国企业成本管理发展历史考察[J].经济问题探索,2010年.

[22] 岳旭琴,闫旭根.管理会计报告体系的搭建和实施[J].财会信报,2015年.

[23] 宋鹏官.管理会计与财务会计的区别[J].知识经济,2013年.

[24] 周翠霞.同源不同效——财务会计与管理会计的区别[J].现代经济信息,2009年.

[25] 韩向东.构建基于商业智能的管理会计信息系统[J].财务与会计,2015年.

[26] 杨亚刚.数据仓库增量数据抽取在保险行业的应用[D].北京:北京邮电大学,2009年.

[27] 杨思佳.基于商务智能的客户/销售分析系统[D].大连:大连理工大学,2006年.

[28] 赵雪峰.基于互联网企业的大数据分析系统研究[D].成都:成都理工大学,2016年.

[29] 王建辉.基于Hive的日志分析系统的实现与优化[D].南京:南京邮电大学,2017年.

[30] 何英.数据仓库技术在社会保险基金收支预测中的应用研究[D].西安:西安电子科技大学,2008年.

[31] 白亚男.基于大数据的实时交通流预测方法研究[D].广州:广东工业大学,2018年.

[32] 何明.机场数据仓库/商业智能平台的设计与实现[J].计算机时代,2012年.

[33] 储著源.大数据时代理论供给：现实困境,战略对策与有效治理[J].重庆大学学报（社会科学版）,2018年.

[34] 孙逸,董志强.RPA:财务智能化的必经之路[J].新理财,2017年.

[35] 吴恩达.人工智能转型手册[J].美国:Landing.AI网站,授权北京:量子位编译,2018年.

[36] 吴恩达.如何引领公司走入AI时代？[J].北京:钛媒体,2018年.

[37] 《虚拟化与云计算》小组.虚拟化与云计算[M].北京:电子工业出版社,2009年.

[38] 张为民,唐剑峰,罗治国等.云计算——深刻改变未来[M].北京:科学出版社,2009年.

[39] 尹维伟.基于SOA的数据仓库工具的架构设计[J].齐齐哈尔大学学报（自然科学版）,2011年.

[40] 苏金树.大数据的技术挑战与机遇[J].国防科技,2013年.

[41] 陈骞.国外商业智能软件发展态势[J].上海信息化,2016年.

[42] 皮兴杰.基于Spark的电网大数据统计中等值连接问题的优化及其应用[D].重庆:重庆大学,2016年.

[43] 李阳懿.OLAP技术的数据分析的研究[J].硅谷,2012年.

[44] 佚名.数字化转型失败的12个原因[J].企业网D1Net编译,2018年.

[45] 姚忠将,葛敬国.关于区块链原理及应用的综述[J].科研信息化技术与应用,2017年.

[46] 李雪娇.语音助手如何闯出红海？[J].经济,2018年.

[47] 王庆福.贝叶斯网络在用户兴趣模型构建中的研究[J].无线互联科技,2016年.

[48] 五矩,石头.德国工业4.0凉凉后,中国靠5G就能成功实现工业联网吗？[J].腾讯科技,2019年.

数字化是这个时代的典型特征，企业数字化转型也正在进行之中。正是由于数字化转型给经济社会发展带来的全方位的、颠覆性的深刻影响，从不同角度对数字化转型加以阐述，不断认清其本质、丰富其内涵，找到适合不同企业需求的路径和方法，就显得尤为必要了。《企业数字化转型》的开题和创作，意义就在于此。

回顾半年多来的创作过程，也是我们对企业数字化的认识不断走向深入的过程。大部分观点论述都是我们与大量企业充分互动后的直接感受和思想积淀，这些思考和观察的结果也基本上在本书中做了分门别类的阐述。总结起来，大约有以下 5 点。

（1）数字化转型不是局部的，而是涉及企业整体的战略转型，有全局和局部、宏观和微观、内部和外部的不同影响，需要进一步厘清和深刻理解。

（2）财务转型有可能成为贯穿企业整体转型的发动机。一是因为企业业务的表现都需要从财务视角进行计量评判，二是因为财务与业务部门的紧密互动将对数字技术的应用产生强大的推动作用。

（3）财务数字化转型和智能化升级有其自身需要完成的理论创新与技术进步空间。无论是核算会计、管理会计、财务共享，还是绩效评估、数据分析领域，都存在着理论创新和技术进步的相互融合及交叉影响。这部分的改进既是财务升级的需要，也是全面影响企业整体数字化转型的战略安排。

（4）从微服务架构到数据中台、应用中台的火热开展，到新一代 IT 技术与我国企业群体的创新思维的有机融合，正在颠覆传统的 IT 技术架构，形成新一代的数字化应用架构和模型。这个渐变的过程看似无声无息，但一定会很快形成一个全新趋势，成为在"新基建"背景下的全新应用模式。

（5）中国企业群体拥抱数字化时代到来的热情大大超过以往任何新技术概念的被接纳速度。由于中国企业的规模效应，中国企业数字化转型的效果不仅助力中国企业本身的健康快速发展，也因为其不断扩大的全球化实践，而给其他国家带来新的示范效应。中国企业的管理思想和路径，也就是中国管理之道将会成为中国文化软实力的重要组成部分。

在本书的创作过程中，我们得到了北京元年科技股份有限公司专家群体的大力支持和帮助。在此特别感谢余红燕（管理会计、财务共享领域）、孟德胜（商业智能与大数据领域）、许彬（人工智能应用领域）、杨熠（云计算领域）、姜喜峰（中台领域）等专家在资料收集、章节撰稿、技术校对等方面的大力支持！本书的创作不仅是我们的观察、思考，更是业内一批专家共同努力的结果。

希望通过本书的出版，能给正在孜孜以求数字化转型的企业高管和学界、媒体界的朋友新的思考维度。由于水平有限，本书的不足以及疏漏之处在所难免，敬请专家和各界同仁提出宝贵意见。